本书得到了山东省社会科学规划研究项目"社会治理创新背景下工会枢纽型社会组织的作用研究"（17CSHJ11）的资助

和谐劳动关系语境下我国劳动行政执法问题研究

RESEARCH ON THE ADMINISTRATIVE ENFORCEMENT OF LABOR LAW IN THE CONTEXT OF HARMONIOUS LABOR RELATIONS

陈俊洁 著

图书在版编目（CIP）数据

和谐劳动关系语境下我国劳动行政执法问题研究/陈俊洁著.—北京：经济管理出版社，2020.9
ISBN 978-7-5096-7390-4

Ⅰ.①和… Ⅱ.①陈… Ⅲ.①劳动法—行政执法—研究—中国 Ⅳ.①D922.5

中国版本图书馆 CIP 数据核字（2020）第 157720 号

组稿编辑：何　蒂
责任编辑：何　蒂　王冬霞
责任印制：黄章平
责任校对：熊兰华

出版发行：经济管理出版社
　　　　　（北京市海淀区北蜂窝 8 号中雅大厦 A 座 11 层　100038）
网　　址：www.E-mp.com.cn
电　　话：（010）51915602
印　　刷：北京玺诚印务有限公司
经　　销：新华书店
开　　本：720mm×1000mm/16
印　　张：13
字　　数：262 千字
版　　次：2020 年 9 月第 1 版　2020 年 9 月第 1 次印刷
书　　号：ISBN 978-7-5096-7390-4
定　　价：68.00 元

·版权所有　翻印必究·
凡购本社图书，如有印装错误，由本社读者服务部负责调换。
联系地址：北京阜外月坛北小街 2 号
电　　话：（010）68022974　　邮编：100836

前　言

劳动行政执法是国家行政机关在劳动法适用领域内（含劳动监察、社会保障等）的行政执法行为。劳动行政执法具有特殊性：一方面作为一种行政执法，是与行政立法和行政司法相对应的概念；另一方面作为一种劳动执法，是劳动行政机关执行劳动法律、法规和规章的行为，与我国劳动保障监察制度密切相关。劳动行政执法涉及行政法与劳动法两个法学领域，其中行政法以平衡多方利益为原则，而劳动法以保护处于"弱者"地位的劳动者的合法权益为己任。现阶段，以"强资本弱劳工"为特征的劳动力市场结构失衡，需要国家有关机关充当社会利益平衡者，由劳动行政部门实施的劳动行政执法就是这种制衡作用的表现。劳动行政执法，对于劳动法律法规的贯彻与实施、劳动者合法权益的保护、和谐劳动关系的构建具有重要意义。

然而，纵观我国劳动行政执法的历史，我们发现，在几十年的计划经济时期，劳动行政执法在行政执法的领域内遭到了严重虚化和弱化；目前处于市场转型期的中国，劳动行政执法也是相对薄弱的，尤其是我国的劳动监察体制面临着规制的危机和法律权威的缺失。可见，我国劳动行政执法的现状与其应有的作用存在巨大的差距。基于构建法治秩序的使命，法学家们对我国劳动行政执法问题进行了多方面的研究。目前研究劳动行政执法的既有文献大致有两类：一类是从劳动法的角度，将劳动行政执法作为劳动权保护的一种救济途径予以涉略，探讨劳动权的救济机制（常凯，2004；胡芬，2009；杜曙光，2005；刘湘琛，2012；秦国荣，2012；薛长礼，2010；董保华，2005）；另一类是从行政法的角度探讨劳动行政执法的原则、程序、监督等问题（陈凤鸣、孙学玉，1996；吕唐勋、丁春庭，1993；肖金明、冯威，2008；张健明等，2008）。但少有文献综合劳动法和行政法的学科特点，有针对性地从劳动法法律中的行政执法这一特殊领域对我国劳动行政执法的法律基础和存在的现实问题进行深入探讨和系统梳理。此外，既有研究多着眼于分部门、分类别的劳动行政执法，如安全生产行政执法（姜威，2009）、职业卫生监管（高瑛，2005；赵宏光，2007）等，缺乏对劳动行政执法制度的整体审视。

从劳动权诞生之日起，劳动权的发展及法律保护就成为人权事业发展与人权法律保障的题中应有之义。和谐劳动关系是构建我国和谐社会的关键，本课题正是立足于这一时代背景，以劳动法的私法公法化特征为逻辑起点，综合劳动法和行政法的学科特点，深入研究了我国的劳动行政执法制度。

本书共包括六章：

第一章是和谐劳动关系语境下我国劳动行政执法研究的理论基础。该章重点分析了和谐劳动关系视角下我国劳动者权益的应有内涵，并借鉴境外劳动权的理论研究，结合我国国情，挖掘劳动权发展的本土资源，探讨劳动权的性质及其与行政权的关系。第二章是和谐劳动关系语境下完善我国劳动行政执法的必要性分析。完善我国劳动行政执法既是劳动行政机关转变职能的需要，也是劳动关系社会化对我国的劳动行政执法提出的新要求，劳动关系调整的国际化也给我国的劳动行政执法带来了新的挑战。第三章是和谐劳动关系语境下我国劳动行政执法的现状及存在的问题。这一章主要从我国现行劳动行政执法的立法、执法现状入手，发现问题、分析问题，然后从构建和谐劳动关系的视角出发，将这些不和谐因素置于行政执法的体制框架下进行系统研究和深入剖析，重点研究我国现行劳动行政执法的依据、执法机关和队伍、执法观念、执法的运行机制（包括执法范围、执法程序、执法监督）以及执法救济体系等。第四章是亚洲国家和地区劳动行政执法制度及法律借鉴。第五章是欧美国家劳动行政执法制度及法律借鉴，这两章主要列举了日本、德国、法国、英美等国家和中国澳门、中国台湾的劳动行政执法制度及其对我国劳动行政执法制度的法律借鉴，重点考察境外立法的劳动行政执法的性质定位、劳动行政执法体制、劳动行政部门职能的配置结构、劳动行政执法职能范围和救济途径等。第六章是和谐劳动关系语境下我国劳动行政执法改革。这一章主要阐述我国劳动行政执法观念改革、行政执法模式改革、行政执法的制度设计以及行政执法的立法完善等。在观念变革上，重点探讨行政法的利益均衡原则、保障人权原则等在劳动行政执法上的运用；在执法模式改革上，重点研究多元参与、共同进行社会治理的劳动行政执法模式；在制度设计上，主要围绕我国劳动行政执法运行机制（包括执法范围、执法程序、执法监督）的改革完善，重点探讨劳动行政执法的功能定位、听证程序和时效制度、工会社会化等理论问题；在立法完善上，主要从健全劳动基准立法、规范劳动监察立法、完善劳动行政执法责任制度等方面展开研究。

本书的创新之处在于：①突破传统研究套路，以劳动法的私法公法化特征为逻辑起点，综合劳动法和行政法的学科特点，采用学科交叉法等对劳动行政执法这一特殊领域进行深入的研究。②从理论源头入手，综合劳动法和行政法的学科特点，对我国现阶段劳动权的应有内涵进行了合理阐释，探讨劳动权的性质及其与行政权的关系，深入研究我国劳动行政执法存在的客观必要性、法理基础和改革的方向。③引入价值位阶等法学理论，对现行劳动领域的立法存在的立法混乱、立法滞后等问题进行系统梳理，为健全我国劳动基准立法提供改革方向。④考察和借鉴国外劳动行政执法制度，将现代行政法的执法理念融入劳动法领域，揭示了我国劳动行政执法"公法私法化"发展模式的历史局限性，为充分保护劳动权和构建和谐法治秩序设计较为完整的劳动行政执法模式和制度。

本课题研究成果以构建和谐劳动关系为视角，通过调研实践、考察借鉴，理性分析我国现行劳动行政执法存在的不和谐因素和改革的方向，为相关执法部门和决策部门改善执法现状提供理论基础和建设性意见：

（1）劳动权是社会权和自由权的统一，应当基于劳动权益保护的法律文化背景来思考并研究劳动行政执法的法理基础。

（2）应当检讨我国劳动行政执法所明显体现的"公法私法化"倾向。

（3）劳动行政执法作为一项社会性规制应当采用多元参与的社会治理模式。

（4）随着"劳动关系国际化"的趋势，我国政府应当改变劳动法"重立法、轻执法"的职能定位。

（5）目前我国劳动法已基本完成"从身份到契约"的发展过程，今后劳动法领域应加强"身份立法"，以改变劳动关系实质上的不平等。

（6）劳动法的难题不是在公益、私益之间做出非此即彼的选择，其生命力源自公益与私益的融合。

（7）对劳动权的行政法保护是直接有效也是最具有开拓性的。

目 录

第一章　和谐劳动关系语境下我国劳动行政执法研究的理论基础 ………… 1

　第一节　和谐劳动关系的构建与劳动权保护 ……………………………… 1
　　一、和谐劳动关系与劳动权的概述 ………………………………………… 1
　　二、和谐劳动关系语境下劳动权的功能体系 ……………………………… 6
　　三、和谐劳动关系语境下劳动权的保护路径 ……………………………… 9
　第二节　劳动权的行政法保护 ……………………………………………… 16
　　一、劳动权的行政法保护理论 ……………………………………………… 17
　　二、劳动权的行政法保护方式 ……………………………………………… 19
　第三节　劳动权的载体：劳动基准法 ……………………………………… 22
　　一、劳动基准的概念厘定 …………………………………………………… 22
　　二、劳动法与劳动基准法 …………………………………………………… 23
　　三、劳动基准法的立法理念 ………………………………………………… 24
　　四、我国现行劳动基准的主要内容及相关规定 …………………………… 26

第二章　和谐劳动关系语境下完善我国劳动行政执法的必要性分析 ……… 32

　第一节　劳动行政执法在我国政府治理中的地位和作用 ………………… 32
　　一、治理、社会治理与政府治理 …………………………………………… 32
　　二、劳动行政执法在政府治理中的地位和作用 …………………………… 35
　第二节　完善我国劳动行政执法的必要性 ………………………………… 37
　　一、劳动行政机关转变职能的需要 ………………………………………… 37

二、劳动关系社会化的要求 ………………………………… 43
　　三、劳动关系调整的国际化挑战 …………………………… 52

第三章　和谐劳动关系语境下我国劳动行政执法的现状及存在的问题 …… 61

第一节　我国劳动行政执法的现状 ……………………………… 61
　　一、我国劳动行政执法的依据 ……………………………… 61
　　二、我国劳动行政执法的运行机制 ………………………… 65
　　三、我国劳动行政执法救济制度 …………………………… 68

第二节　我国劳动行政执法存在的问题 ………………………… 72
　　一、劳动行政执法立法不健全 ……………………………… 72
　　二、劳动行政执法程序不规范 ……………………………… 75
　　三、我国劳动行政执法队伍薄弱 …………………………… 76
　　四、劳动行政执法的救济体制失位 ………………………… 78

第四章　亚洲国家和地区劳动行政执法制度及法律借鉴 ……… 85

第一节　中国澳门地区劳动行政执法制度及对中国内地的借鉴 …… 85
　　一、中国澳门地区劳动行政执法制度 ……………………… 85
　　二、中国澳门地区劳动行政执法制度法律借鉴 …………… 87

第二节　中国台湾地区劳动行政执法制度及对中国大陆的借鉴 …… 88
　　一、中国台湾地区劳动行政执法制度 ……………………… 88
　　二、中国台湾地区劳动行政执法制度法律借鉴 …………… 91

第三节　日本劳动行政执法制度及法律借鉴 …………………… 94
　　一、日本劳动行政执法制度 ………………………………… 94
　　二、日本劳动行政执法制度法律借鉴 ……………………… 97

第五章　欧美国家劳动行政执法制度及法律借鉴 ……………… 101

第一节　英国劳动行政执法制度及法律借鉴 …………………… 101
　　一、英国劳动行政执法制度 ………………………………… 101
　　二、英国劳动行政执法制度法律借鉴 ……………………… 104

第二节　美国劳动行政执法制度及法律借鉴 …………………… 107

一、美国劳动行政执法制度 …………………………………… 107
　　二、美国劳动行政执法制度法律借鉴 ………………………… 109
　第三节　德国劳动行政执法制度及法律借鉴 …………………… 112
　　一、德国劳动行政执法制度 …………………………………… 112
　　二、德国劳动行政执法制度法律借鉴 ………………………… 114
　第四节　法国劳动行政执法制度及法律借鉴 …………………… 117
　　一、法国劳动行政执法制度法律 ……………………………… 117
　　二、法国劳动行政执法制度法律借鉴 ………………………… 125

第六章　和谐劳动关系语境下我国劳动行政执法改革 ………… 131

　第一节　和谐劳动关系语境下我国劳动行政执法观念改革 …… 131
　第二节　和谐劳动关系语境下我国劳动行政执法模式改革 …… 133
　　一、传统劳动行政执法模式存在的弊端 ……………………… 134
　　二、治理型劳动行政执法模式探讨 …………………………… 135
　　三、和谐劳动关系中的政府与工会 …………………………… 138
　第三节　和谐劳动关系语境下我国劳动行政执法的制度设计 … 141
　　一、我国劳动执法体制功能失位的原因分析 ………………… 141
　　二、劳动行政执法的功能定位和职责范围 …………………… 143
　　三、完善劳动行政执法体制 …………………………………… 146
　　四、完善劳动行政执法责任制度 ……………………………… 146
　第四节　和谐劳动关系语境下我国劳动行政执法的立法完善 … 147
　　一、健全劳动基准立法 ………………………………………… 148
　　二、规范劳动监察立法 ………………………………………… 152

附录：山东省社会科学规划课题《社会治理创新背景下工会枢纽型社会组织的作用研究》（项目编号17CSHJ11）研究报告 ………… 156

　专题报告一　中国工会在社会治理中的角色定位及作用研究 ……… 156
　专题报告二　我国工会向枢纽型社会组织转型的现状分析——问题、机遇和挑战 ………………………………………………… 167
　专题报告三　社会治理创新背景下工会向枢纽型社会组织

　　　　转型的实现路径 …………………………………………… 178

参考文献 ………………………………………………………… 190

后　记 …………………………………………………………… 195

第一章 和谐劳动关系语境下我国劳动行政执法研究的理论基础

劳动行政执法是国家行政机关在劳动法适用领域内（含劳动监察、社会保障等）的行政执法行为，劳动行政执法具有特殊性：一方面作为一种行政执法，是与行政立法和行政司法相对应的概念；另一方面作为一种劳动执法，是劳动行政机关执行劳动法律、法规和规章的行为，与我国劳动保障监察制度密切相关。劳动行政执法涉及行政法与劳动法两个法学领域，其中行政法以平衡多方利益为原则，而劳动法以保护处于"弱者"地位的劳动者的合法权益为己任。现阶段，以"强资本弱劳工"为特征的劳动力市场结构失衡，需要国家有关机关充当社会利益平衡者，由劳动行政部门实施的劳动行政执法就是这种制衡作用的表现。和谐劳动关系语境下，我国劳动行政执法研究的理论基础：一是劳动权的基本人权属性功能；二是行政法的劳动权保障功能。基于劳动权的人权属性和行政权的保护职能，行政权要对劳动权负责，直接表现为劳动行政执法对劳动权保障的公权介入。

第一节 和谐劳动关系的构建与劳动权保护

一、和谐劳动关系与劳动权概述

劳动是人类最基本的实践活动，劳动权是劳动法的理论基石。以劳动权为核心构建劳动法学的理论体系符合劳动法的历史使命，如何维护好劳动者的劳动权也是构建和谐劳动关系的关键。洞悉劳动权的内涵，需要我们明晰劳动权产生及发展的脉络、厘清劳动权的价值定位和内容体系。

（一）从正义到劳动权

劳动权是从法律理念中演绎并推论出的，但从法律的相关现象里是无法总结出它的定义的。拉德布鲁赫曾经说过："法律只有在涉及价值的立场框架中才可能被理解。"① 正义就是法律的理念，在有目的地实现正义理念的前提下，才可能确定劳动权这一法律权利。

对于"正义"一词，思想家们各持己见。休谟的观点是，正义是人类利益的协约。休谟在《人性论》里谈到，"正义只是起源于人的自私和有限的慷慨，以及自然为满足人类需要所准备的稀少的供应"②。人们建立完整的法律法规系统是在对共有利益的追求下，对个人利益和共同利益的关心是正义理念的来源。那么，法律法规系统是采用什么设计方式来体现正义理念的呢？

罗尔斯在《公民与正义》中提到，"正义是社会制度的首要价值，正像真理是思想体系的首要价值一样"。制度正义有两个准则：一是每个社会成员所拥有最大范围的最平等的基本自由体系与他人所拥有的相似体系相包容应是公平的权利。二是社会和经济的不公平应这样计划：一方面，与正义的原则相一致，让少数人获得最大利益；另一方面，在机会相等的公平条件下，工作职位和条件公平面向社会开放。在保证自由的前提下，罗尔斯认为要实现机会平等和结果平等，最大平等自由原则、机会平等原则和差别原则都归属于他的正义原则之中。

哈耶克是主张自由主义的，他曾经说过："一般性的法律规则和一般性的行为规则的平等，乃是有助于自由的唯一一种平等，也是我们能够在不摧毁自由的同时所确保的唯一一种平等……正义或公平确实要求，人们生活中由政府决定的那些状况，应当平等地提供给所有的人享用。"但是，这些状况的平等，却必定会导致结果的不平等……"分配正义的原则（The Principle of Distributive Justice）一旦被采用，那么只有当整个社会都根据此项原则加以组织的时候，才会得以实现"③。哈耶克主张的是在面对法律的时候，每个人都是平等的。既然了解了机遇的公平不一定能产生出公平的结果，那么当二者之间的天平出现偏倚的时候，

---

① 拉德布鲁赫 G. 法哲学 [M]. 王朴，译. 北京：法律出版社，2005：4.
② 休谟 D. 人性论 [M]. 北京：商务印书馆，2004：536.
③ 哈耶克 FA. 自由秩序原理 [M]. 邓正来，译. 北京：生活·读书·新知三联书店，1997：56–57.

第一章 和谐劳动关系语境下我国劳动行政执法研究的理论基础

作为法律规则的正义理念要如何追求呢？我们生存于当今这个文明社会中，正义理念的存在是要在实现每个人自身正当利益和需求的同时，提升社会的聚拢性、增加生产效率（博登海默，2004）①。这个观点指的是，要在法律公平划分利益的基础之上，合乎正义理念的要求，同时兼顾个体自身利益的实现和社会共同利益的保障。

法律赋予了我们正当的权利——劳动权，体现出其对利益的公平划分，不仅能实现个体自身的正当利益，还可以促进社会进步。如果一部分利益突然要通过另一部分利益的消灭才能得以实现，或是两部分利益实现有先后顺序的话，和谐局面就会被这种利益矛盾所打破。在市场经济体制确立之后，拥有生产资料的资产者就具有处于劳动者之上的优势地位。通过审视世界上多次发生的工人运动，可以看出，一旦契约双方的劳动关系被资本控制之后，不仅会带来社会局面的不安定，也会阻碍社会生产的前进脚步。因此，通过法律中所规定的双方应履行的责任和义务限制人的所作所为就是监督契约自由的主要方式，由此确定了劳动权。

（二）劳动权的产生和发展历程

在人类的历史上，劳动是人类最基本的实践活动，通过劳动谋生是人们的基本要求，但是这种"人们的基本要求"作为一种权利即劳动权出现则经历了漫长的过程。这是因为，在奴隶社会，劳动是奴隶的义务，而奴隶在法律上并不具有人格；在封建社会，劳动是农民的义务，而农民与地主之间是一种严格的人身依附关系，而不存在平权性。

从历史的角度，劳动权的思想萌芽于资产阶级早期的"天赋人权"思想。在资本主义国家建立之初，公民所有的人身自由权、财产权就被法律给予了全面肯定，但劳动权作为一项最重要的基本权利，却没有在当时确定其法律地位。由于当时英国的资本主义起源最早、发展速度最快，就产生了被现代人所认同的劳动法。在这一背景之下，资本主义国家前期对劳资关系不予插手，秉持的是自由竞争发展的原则。在巨大利益的驱使下，为了使利润最大化，资本家们不仅加长工人的工作时间、减少工人应得的报酬，还招聘了许多妇女、儿童为其工作，使得工作的条件渐渐下降。这成了欧洲19世纪前期许多工人运动的导火线，也使得工人队伍与资本家之间的矛盾愈加尖锐。资本主义国家认识到了要调整劳资关

---

① 博登海默 E. 法理学：法律哲学与法律方法 [M]. 邓正来，译. 北京：中国政法大学出版社，2004：261.

系并维护社会安定的迫切性。1802年《学徒健康与道德法》在英国的议会上得以通过，主要内容是使工人的劳动时间得以控制，这也成了资本主义国家《工厂法》演变的起源。在英国的带动下，欧洲其他国家如德国、法国、瑞士也都颁布了限制各年龄段工人工作时间的类似法律。19世纪中期以后，资本主义国家全都颁布了新的工厂法，在原有的工厂法对劳动权内容规定的基础之上完善了许多法令条例。资本主义从19世纪70年代过渡到了垄断时期，雇佣劳动与垄断资本二者的矛盾进一步激化。资本主义社会的矛盾在第一次世界大战爆发和俄国十月革命的胜利之后已经急剧显现。在这一背景下，资本家为了缓解社会矛盾，开始使用改良方式改变面临的现状。只有安抚劳动者，才能保护劳动工人的合法权利。进一步完善劳动法就成为其中一个重要的改良措施。1919年德国《魏玛宪法》明确规定："德国人民应有可能之机会，从事经济劳动，以维持生计。"首次以宪法的形式规定了公民的劳动权[①]。随着工人阶级为争取生存权和发展权而不断进行斗争，劳动权开始进入了国际人权保护的视野，劳动权的国际立法也迅速发展起来[②]。劳动权经历了从自由权向社会权观念的大变革，对劳动权的保护经历了从私权保护到公权保障的转变。

（三）劳动权与劳动者

从字面上理解，劳动者的含义非常广泛。凡是具有劳动能力，以劳动活动作为生活来源的公民，无论其劳动内容、劳动对象、劳动方式、劳动性质、身份地位如何，都可以被看作劳动者。我国宪法使用的是"社会主义劳动者"的概念，即必须拥护社会主义制度和"四项基本原则"的人民，从范围上而言，包括工人、农民、自由职业者、公务员、知识分子等。除此之外，《中华人民共和国劳动法》将公民界定为劳动者。并给予劳动者特殊的保护，因而通过劳动法来认定劳动者具有重要的法律意义。

[①] 汪火良. 从劳动权的历史维度看人的发展[J]. 湖北社会科学，2005（12）：107-108.

[②] 1944年5月国际劳工大会通过的《费城宣言》，确认了保护劳工的新原则和十项具体目标；1948年的《世界人权宣言》向全世界宣告了劳动者的权利；1966年的《经济社会和文化权利国际公约》以及《公民权利和政治权利国际公约》都要求缔约国采取有效措施保障公民劳动权的真正实现。随后，国际劳工组织通过了180多个公约和建议书，内容涉及结社自由、就业机会均等、禁止就业歧视、废除强迫劳动、最低工资、保障工作时间、职业卫生与安全社会保障、妇女与童工保护等各个方面，已构成一个比较完整的保护劳动者权利的国际劳动法典。如今作为社会权的劳动权，不仅在各国的宪法中有明确的体现，也成为国际人权公约的重要内容。劳动权的内涵也不仅仅指个人自由选择职业的权利，而且还包括国家提供劳动保障的权利。

第一章　和谐劳动关系语境下我国劳动行政执法研究的理论基础

迄今为止，劳动者的含义没有在劳动法律中进行明确规定。有学者的看法是："劳动法意义上的劳动者，是指在现代产业社会中受雇于他人，以工资报酬收入为基本生活来源的体力和脑力工作者。"① 因而，农民、公务员、各种经济形式的企业家以及管理者均不属于"劳动法意义上"的劳动者的范畴。还有学者持有观点："劳动者只要是达到法定年龄，具有劳动能力，能够依法签订劳动合同，独立给付劳动并获得劳动报酬的自然人都是劳动法所调整的主体范围。"② 如此一来，公务员、农民、现役军人和家庭保姆等就不在劳动法调整的范围内。由此可见，在上述两种观点中，劳动者的范畴都不包括农民、国家机关工作人员、个体营业者等。但对比两者可知，前者着重强调契约关系中被雇主严格支配的劳动者被雇佣的地位，无疑代表的是雇主的利益；而后者不包括家庭保姆等，着重强调权利主体的权利能力和劳动行为的社会性。这两者只是把劳动者当作社会劳动契约关系中的被雇佣者。

每个公民在没有与用人单位建立从属关系之前均享有作为公民的合法权利。公民成为劳动者应满足以下三个条件：符合劳动的年龄、具有劳动的能力、有从事工作的欲望和要求。③ 第一，关于年龄的要求。根据国际公约和各国劳动法的规定，法律上的劳动者年龄一般为16周岁以上，雇用16周岁以下的童工是法律禁止的行为。我国《未成年人保护法》《禁止使用童工规定》等均对此有所规定。值得注意的是，《禁止使用童工规定》中存在例外情况，允许"文艺、体育单位招用不满16周岁的专业文艺工作者、运动员"。由于我国的文艺、体育单位的事业单位属性，决定了这些"专业文艺工作者、运动员"不属于劳动法上的劳动者范畴。除了下限，劳动者的年龄还有上限，即达到法定退休年龄的人员不再属于劳动者的范畴，而是进入了国家社会保障体系，因此引发的用工争议按劳务关系处理。第二，关于劳动能力。劳动能力一方面是对劳动者的技能要求，即具备从业资格或岗位条件；另一方面则是要求劳动者有人身自由，没有受其他的人身依附关系或隶属关系约束，可以自己决定行为并为自己的行为负责任。在此意义上，虽然有学者开始对监狱中"囚犯"的劳动权进行研究，但是囚犯显然

---

① 常凯.劳动权：当代中国劳动关系的法律调整研究［M］.北京：中国劳动社会保障出版社，2004：120.
② 黎建飞.劳动法的理论与实践［M］.北京：中国人民公安大学出版社，2004：95.
③ 有学者认为，我国一般通过以下五个方面的因素来确认劳动者的资格：年龄、健康、智力、自由、就业愿望。参见侯玲玲，王全兴.劳动法上劳动者概念之研究［J］.云南大学学报（法学版），2006（1）．

并不是劳动者,因而对"囚犯"的劳动保护不能从劳动法的角度去研究。同样,全日制在校生、正在服役的军人等因其人身依附关系的存在,均不属于劳动法中的劳动者。第三,关于就业愿望。劳动法上的劳动者是通过让渡劳动力的使用权与生产资料相结合谋取生活的,而不愿意就业的人群或不愿意让渡劳动力的使用权的人就不属于劳动法意义上的劳动者。

二、和谐劳动关系语境下劳动权的功能体系

目前对劳动权的界定,理论界有两种:一是从个人劳动权与集体劳动权的角度表述劳动权,如常凯教授[①]。二是从劳动基准权与劳动契约权的角度表述劳动权,如秦国荣教授[②]。我国关于劳动权的立法集中在《宪法》《劳动法》等法律中。这些法律促进了劳动权的制度化、法治化。在诸多权利体系中,工作权是基础,报酬权是核心,其他权利是保障。作为基数最为庞大的群体,劳动者是广大人民群众的主体。

和谐劳动关系语境下,劳动权是基本人权的重要构成部分。劳动权是一项重要的基本人权,其人权属性源于被通称为《国际人权宪章》的三个国际人权文书,世界上很多国家在宪法中都规定了这项权利[③]。从劳动权的起源来看,劳动权的概念与现代人权思想有着不解之缘,劳动与人的尊严有着密切联系,对劳动权的认可即是对人的个体价值(生存权)和社会价值(发展权)的认可。"劳动权"问题也一直是我国劳动法学研究中的核心问题,正如常凯教授所言"劳动法律体系的建构,应以劳权本位作为理论出发点,应以劳权的实现和保障为其理论基点和理论核心"[④]。然而我国劳权理论的研究深度却是远远不够的。笔者认为,劳动权的基本人权属性是其最本质的属性,以此为基点可以将劳动权的功能体系相应地划分为劳动防御权、劳动受益权和劳动保护权,从而实现对劳动权的系统性分析。

---

① 常凯.劳权论:当代中国劳动关系的法律调整研究[M].北京:中国劳动社会保障出版社,2004.
② 秦国荣.劳动权的权利属性及其内涵[J].环球法律评论,2010(1):59-68.
③ 《世界人权宣言》《公民权利和政治权利国际公约》《经济、社会和文化权利国际公约》被通称为《国际人权宪章》。德国1919年《魏玛宪法》第163条第2款规定:"德国人民应有可能之机会,从事经济劳动,以维持生计。无相当劳动机会时,其必需生活应筹划之。"这是作为生存权的劳动权在世界上首次受到宪法明文保障。
④ 常凯.劳权本位:劳动法律体系构建的基点和核心——兼论劳动法律体系的几个基本理论问题[J].工会理论与实践,2001(12):10.

第一章　和谐劳动关系语境下我国劳动行政执法研究的理论基础

(一) 劳动防御权功能

劳动防御权功能是通过"劳动自由权"来实现的，并且在严格意义上意味着劳动者的一种消极自由权，即劳动自由免受国家公权力恣意干涉的功能，这是劳动权作为基本人权的首要功能。德国联邦宪法法院在1958年的"吕特案"判决中指出"基本权利主要是人民对抗国家的防御权"，自此"防御权"的概念深入民主宪政理论①。从劳动权理念的发展历史来看，劳动权经历了从"自由权"向"社会权"的观念转变。从立宪精神来看，对公权力的不信任是基本权利的防御权功能存在的根源。汉密尔顿在《联邦党人文集》中早就提到："如果人都是天使，就不需要任何政府了。如果是天使统治人，就不需要对政府任何外来的或内在的控制了。"②对公权力的防御和控制是基本权利得以实现的首要前提。近代以来，民主宪政国家均通过宪法性的规范或解释明确了劳动权的防御功能及其对国家公权力的制约指向③。我国宪法对劳动自由权没有明确规定，但是在《宪法》第四十二条中对国家义务的规定已然彰显了劳动权的防御权功能，我国的劳动权是典型的"社会权"。我国《宪法》第三十三条中"国家尊重和保障人权"的规定将"尊重"列在"保障"之前，也充分说明基本人权之防御权功能的首要地位。我国1997年签署的《经济、社会及文化权利国际公约》第六条第一款规定"人人应有机会凭其自由选择和接受的工作来谋生的权利"等均意味着劳动权具有防御的功能。在此，劳动权的防御权功能意味着公权力的不作为，即尊重、不干预劳动自由权。关于劳动自由权，各国宪法文本规定不一。依据《国际人权宪章》，这类劳动自由权包括：就业自由、择业自由、培训自由、结社自由和迁徙自由等。对于这五项自由，国家公权力应当尊重劳动者的选择权和自由，不得强迫和干预。

(二) 劳动受益权功能

劳动受益权功能是指劳动者或潜在劳动者基于人格尊严和生存权而所具有的请求国家采取某种行为，从而享受一定利益的功能，意味着公权力的积极作为。随着国家福利体系的完善，劳动受益权功能日益凸显，作为生存权的劳动权逐渐

---

①　在西方立宪国家的理论与实务中，劳动权的基本指向是防御国家权力的侵害，防御权被看作是劳动权的最初的、最首要的功能，劳动权最初的功能是对抗国家的"不受国家干涉的自由"，即使劳动权功能不断拓展，防御权功能依然占据极其重要的地位，仍是劳动权的本质取向，并且有不断强化的趋势。

②　汉密尔顿，杰伊，麦迪逊. 联邦党人文集 [M]. 张晓庆，译. 北京：中国社会科学出版社，2009.

③　如美国《权利法案》规定"国会不得制定有关下列事项的法律"；法国《人权宣言》规定"人人皆将其服务及实践与人订约，但不得自卖或被卖"、"法律不承认仆人的身份"；《日本宪法》规定"在不违反公共福祉的范围内，任何人都有居住、迁徙和选择职业的自由"；等等。

为各国宪法和法律普遍承认，生存权成为政府给付义务的传统权利基础。① 以人格尊严和生存权为依据的劳动受益权，要求国家负有保障公民最低限度的经济文化生活的义务和责任，如就业服务、失业救济等。当然，没有发展的生存必然会萎缩，发展权是生存权的必然结果，因而承认生存权的人权属性就必须承认发展权。1986年《发展权利宣言》和1993年的《维也纳宣言和行动纲领》均明确了发展权的重要性和国家义务。② 自此，发展权成为政府给付义务的新型权利基础，也是劳动受益权功能的拓展。从上述宣言中我们可以看出，发展权的主要内容是法律地位平等和平等对待（禁止歧视），即对于国家政治、经济、社会、文化等各方面的发展所带来的利益，公民有平等获得的机会和权利。具体到劳动发展权上，就是劳动者就业机会平等和社会保障再分配制度的平衡。我国劳动权是典型的社会权，而社会权的首要意义在于公民享有要求政府给予一定的物质利益和帮助的权利，因而受益权的功能成为社会权的主要功能③。根据我国宪法和劳动法的规定，劳动权的受益权功能体现在对公民生存权和发展权的维护和促进上，具体体现为最低生活保障权、就业权、环境权和福利权（社会保障权）等。

（三）劳动保护权功能

劳动保护权功能的理论基础是基本权利对第三人效力理论④。在国家社会二元论的观念下，传统基本权利的效力仅是对抗国家公权力，认为"个人自由的最大威胁来自国家"。然而随着社会的发展，私人的基本权利也往往会受到其他私人主体的侵犯，尤其是处于强势地位的一方私主体对于弱势地位一方基本权利的侵害，由此产生了基本权利的效力可否及于私人的问题。基本权利对第三人效力说认为"基本权利作为最高层的规范如不能在私人间的法律关系上适用，其最高规范的效力就无从体现"⑤。为了避免公法与私法体系的混乱，学界通常采用间

---

① 如德国1919年《宪法》第163条明文规定："德国人民应有可能之机会，从事经济劳动，以维持生计。无相当劳动机会时，其必需生活应筹划之。"美国联邦宪法法院在"大学名额案"等判决中也确认了"关乎人的生存的基本权利，如果国家不给付，就是侵犯基本权利"。

② 1986年《发展权利宣言》明确提出："国家有权利和义务制定发展政策，保障每个人发展均等和公平享有发展所带来的利益。"1993年《维也纳宣言和行动纲领》重申了发展权是一项不可剥夺的人权。

③ 社会权的功能包括防御功能、受益功能等多个方面，但是受益功能居于主导的地位，其他的功能是次要和辅助的。也就是说，社会权首先是要求国家进行积极干预和帮助个人实现其利益，只有在个人已经自主地实现了社会权所指向的利益时，才有必要去要求国家不干预。

④ 基本权利对第三人效力是德国的说法，美国称为"国家行为理论"，英国则称为"水平效力"，不管是哪一种称谓，都是指基本权利对于私人的效力。

⑤ 陈新民. 德国公法学基础理论：上册 [M]. 济南：山东人民出版社，2001：297.

接效力说,即宪法的人权保障通过《劳动法》等具体法律的规定来间接地实现,从而为第三方确立了法定的劳动保护义务。可见,劳动防御权功能和劳动受益权功能均是针对国家的,而劳动保护权则是针对私人的。对私人领域的介入需要有正当的理由,这便有了以"修正民法契约自由"为目的的劳动基准立法。我国目前尚无一部统一的劳动基准立法,相关内容散见于各种劳动法律文件、规章之中,但劳动基准的框架是具备的,包括劳动合同、工资、工时、休息休假、劳动安全卫生、女劳动者和未成年工劳动保护、职业技能培训、工伤赔偿、企业规章制度等内容①。劳动基准立法使用人单位承担起保障劳动者享有最低劳动条件的公法义务,而行政机关担负的则是对第三方(用人单位)法定义务履行的监控和对弱势一方(劳动者)权利受侵害时的救济。由此体现了以保护劳动者免受用人单位侵害为目的的劳动保护权功能。

三、和谐劳动关系语境下劳动权的保护路径

(一) 劳动权的法律保护

如前所述,劳动权的人权属性功能,决定了其在人权体系中的核心地位。人权是普遍的,是所有人依据自然属性、社会属性所享有的作为人满足自身生存与发展而享有的基本权利;同时,人权也是具体的,具体的个人能够享有法律赋予的具体权利。法定权利是法律赋予人的权利,目的是保护持有权利人的利益,带有强制性,而道德权利不在法律的强制保护范围之内。自然而然,由此可知,如果一项没有在国家法律中明确规定的权利,就不属于法定权利,就没有法律效应,也不会得到国家强制性的保护。当持有权利的人在自己的权利将要或者已经受到侵犯的时候,没有意愿舍弃自己的权利,就能运用法律武器向公共权力机关请求相关的保护以维护自己的合法权益,这就是权利保护。实际上,如果社会上没有个人或者国家机关侵犯个体权利的行为,那么法律也就没有赋予个体权利的必要了。因此,只有法律才能保护个体的正当权利,才能减少或避免个人或者国家侵犯他人利益这一行为的出现。公民权利就包括劳动权。由此可知,法律对劳动权的保护可分为两种:一种是公法的保护;另一种是私法的保护。劳动权持有人的权利受到侵犯或有受到侵犯的可能性时,可以凭借相关的法律规定向权力机

---

① 在这些分散的劳动基准立法中,主要规定了劳动者在劳动关系中所享有的获得劳动报酬权、休息休假权、劳动安全卫生保护权、最低工资保障权、工伤和职业病救助权、职业培训权、民主管理权、参加和组织工会权等权利,这些权利成了劳动者的合法预期,用人单位不得损害。

关寻求保护,这就是所谓的劳动权的法律保护。

1. 劳动权的公法保护

在当代民主法治的环境下,所有公民都享有自己的基本权利。这个权利体系中存在着在劳动权之前就被确认并加以保护的权利,即财产权和自由权。"公法是调整公共权力与公民权利之间以及公共权力相互之间关系的法律规范的总称。"当资本主义还处在原始积累的时期,劳动者只能履行所有的劳动义务,没有任何劳动权利可言。如1349年英国的劳工法规定了雇佣劳动者工作时长的最低限度和获取报酬的最高限度。法国在1804年颁布了第一部资产阶级的民法典《法国民法典》,也叫《拿破仑法典》。在这部法典第1条中出现了"劳动力租赁",指的是雇主与雇员之间的关系。这部法典还规定,劳动关系中,双方要签订契约:出卖劳动力给雇主的人要完成雇主为其指定的工作,然后雇主再支付相应的劳动报酬。这一规定表明,雇佣关系是被资产阶级民法当作一种独立且自由的关系来对待的,在"意思自治"的核心原则上调整劳动关系。在此基础之上,还有一些国家的资产阶级民法典认为劳动关系具有契约自由,同时将雇佣规定为独立契约关系,如《德国民法典》《瑞士民法典》等。德国在1919年颁布的《魏玛宪法》明确规定了劳动权的生存权属性。同一时间颁布的相关法律还有《失业救济法》《集体合同法》等。在第一次世界大战后,各国宪法才相继出现了劳动权的字眼,同时劳动权也成为了公民的基本权利。直到1948年,《世界人权宣言》中第一次出现并且规定要保障劳动权,其中规定"人人有权工作、自由选择职业、享受公正和合适的工作条件并享受免予失业的保障"。联合国也在一些人权文件里肯定了劳动权,如《公民权利和政治权利国际公约》《经济、社会及文化权利国际公约》。由此可以看出,劳动权经历了从最初在私法中被确立发展到在宪法中被规范再到最终得以确立,这个过程不可忽视。

我国《宪法》尊重和保障公民的劳动权,将公民的劳动权确定为公民的基本权利之一,为劳动权提供了公法的保护[①]。宪法是一个国家的根本大法,是具有最高法律效力的,也是其他法律制定的依据和前提,一切国家机关及其工作人

[①] 我国《宪法》第四十二条明确规定:"中华人民共和国公民有劳动的权利和义务。国家通过各种途径,创造劳动就业条件,加强劳动保护,改善劳动条件,并在发展生产的基础上,提高劳动报酬和福利待遇。劳动是一切有劳动能力的公民的光荣职责。国有企业和城乡集体经济组织的劳动者都应当以国家主人翁的态度对待自己的劳动。国家提倡社会主义劳动竞赛,奖励劳动模范和先进工作者。国家提倡公民从事义务劳动。国家对就业前的公民进行必要的劳动就业训练。"同时,第四十三条也做出规定:"中华人民共和国劳动者有休息的权利。国家发展劳动者休息和休养的设施,规定劳动者的工作时间和休假制度。"

第一章　和谐劳动关系语境下我国劳动行政执法研究的理论基础

员、社会群体、所有公民都必须将宪法作为行为准则。所以，劳动权既然被宪法确立为公民一项重要的基本权利，就可见公民的劳动权被宪法赋予了强制保护，具有最高的法律效应；同时，宪法设立了公民寻求劳动权保护的机构以及各个机构负有的保护职责，其中包括立法机关、行政机关和司法机关的职权和职责以及相互之间应该怎么配合工作。宪法对劳动权的公法保护，需要通过有关行政机关的执法行为予以落实，通过监督机制规范用人单位的用工行为，切实维护好劳动者的权益。没有发展的生存必然会萎缩，发展权是生存权的必然结果，因而承认生存权的人权属性就必须承认发展权。宪法对于公民劳动权利的设定，一方面，是为了让人们继续发扬劳动的精神来为社会和国家创造出更多的经济效益；另一方面，是为了通过权利的设定相应地为公民设置劳动的义务，以及获得报酬等利益的权利以保证人们的生存有物质支持。所以，宪法对劳动权保护起的作用不仅是基础性的，而且具有决定性。国家对劳动权的保护是委托给国家行政机关的，由其履行保护义务。公民就业的实现是受政府相关就业政策、相关经济和社会政策影响的，劳动者的劳动权是否被有效维护也是靠政府通过劳动监察活动监督用人单位的。所以，劳动权的保护与行政机关的权力行使密切相关，行政权力的行使是作为持有劳动权利的人保护自己劳动权使用频率最高、作用最大的方式而存在的。

在对劳动权的保护方面，诉讼法、刑法规范所起的作用也是不容小觑的，分别体现在：第一，持有权利的人可以起诉到法院并得到司法的保护；第二，在个体或者国家机关及其工作人员违反了劳动权保护的法律时，按照刑法规范的规定可以对其进行应有的惩罚和制裁。这两种情况就显出了法律对劳动权保护的重要性。我国的刑法典和劳动法律法规的附属刑法体现了我国对劳动权的刑法保护。目前受到法律制裁的侵犯劳动权的罪行有拒不支付劳动报酬罪、违章作业责任事故罪、强迫劳动罪等。

2. 劳动权的私法保护

劳动者和用人单位之间是平等个体之间的法律关系，因而受民事法律规范的调整。如果用人单位违反劳动权保护的相关规定，劳动者有权利根据民事法律规范来维护自己的合法权利。而拥有权利的人也有权自己决定自己的事务，这是私法中"意思自治"的体现，它有助于实现法律的公平，体现国家保护弱者的政策取向，同时也有助于实现法律的确定性目标。劳动者的权利可能确实因用人单位的侵犯而受到损害，但也可能是劳动者自己同意用人单位的用工行为，如自愿不获得或者少获得劳动报酬，这种情况是否能够自治呢？劳动者是否会自愿放弃

· 11 ·

自己获取相应劳动报酬的权利或者自愿同意降低劳动福利待遇呢？答案是否定的。因为生存是人类享有一切权利的前提，因而法律必须确保劳动者健康、有保障地生活。劳动者的劳动报酬是用来解决自己基本生存问题的，相较于保障劳动者健康的社会卫生条件，劳动权才是劳动者赖以生存和发展的基础。但社会的现实状况是，劳动者的数量非常多，工作岗位极其有限，而且要和生产资料相结合，才能实现其价值。所以为了解决生计问题，为了保住饭碗，劳动者不得不舍弃一些劳动权，但这并非是劳动者自愿的。

契约自由思想早在罗马法时期就有了，直到19世纪资产阶级革命胜利后，它才作为一项原则真正被确立下来。早在15世纪，资本主义社会实现了"从身份到契约的运动"，资本主义生产关系逐渐形成并不断发展，给封建的身份关系和等级观念以强烈的冲击。个人渐渐摆脱了封建专制的牵绊，挣脱出来成为商品生产者，具有独立性和自由性。契约自由成为宪法中的一项基本原则，是美国最高法院在1897年的奥尔盖耶诉路易斯安那州案中首次宣布的。在那时，几乎全部的法律都被这一契约自由原则所支配。一直到19世纪末，美国法律进一步地发展，拥有资本的人与劳动工人之间的再商议合同的不平等情况已经很少被法律所涉及了。内战之后，随着工业化进程的发展，契约自由的弊端逐步显现，保护劳动工人的法律更倾向于从规定雇佣条件等最低标准的角度加以规范。尽管如此，契约自由这一内容还是让这些法律难以通过。美国最高法院在1909年依然用契约自由、个人意思自治的原则来处理工业社会的契约问题，而许多标准化的契约开始在工业范围内形成，要将那些自由协商出来的契约合同取而代之。这种法律对极端个人主义契约合同的支持，违背了契约自由原则，引发大多数公众的不满。随着社会发展，社会福利以及对更公平的工作、更高水准的生活的追求逐渐将契约自由逼于台下。要根据身份观念的方法赔偿劳动工人而不是契约观念，不是雇主是否履行自己应尽的义务而是工人是否介入劳动关系，这是美国法院所秉持的观点。社会在个人自由概念的基础上加了新的身份条件，这是到20世纪中叶出现的。所以身份观念的地位日趋强盛，法律的后果也愈演愈烈地在一些特定的职业和处境中出现，例如厂主、工人、地主、承租人、承保人、消费者等，而契约渐渐让位，不是独立个人又何谈自由意志的实现。

意思自治的前提条件是表示的意思要具备真实性。在劳动者和用人单位之间的双方劳动关系中无法实现私法中的意思自治。当今每个国家都有规定，如果用人单位（雇主）不按最低工资标准给劳动者（雇员）相应的工资，那么就违反了国家最低工资制度，就是违法行为。一旦违法，按照法律法规就必须受到行政

第一章　和谐劳动关系语境下我国劳动行政执法研究的理论基础

部门的制裁，并且在受到刑罚之后依然要按照国家最低工资标准补偿给劳动者。意思自治蕴含个人本位的价值取向，认为要使当事人的意图受到尊重，就要减少法律的干涉。意思是在用人单位和劳动者之间的双方劳动关系中，不允许出现不是真实的意思自治，比如国家插手到劳动契约的自治之中。综上所述，劳动权的私法保护仅指国家规定不允许劳动者放弃某些权利，如果劳动者选择放弃，用人单位也表示同意，这些条款是不具有法律效力的，私法规范中也明确规定了劳动合同的限制性条件，与格式合同相类似。

（二）工会对劳动权的保护

劳动者的劳动权是法律保护的基本权利，保护劳动权不受侵犯是作为"劳动者利益代表者"的工会的首要职责。维护职工群众的利益是工会群众性的要求。群众性要求工会工作要竭诚服务职工，更多关注、关心、关爱普通职工群众，切实履行好工会基本职责，面对面、心贴心、实打实做好职工群众工作。早在1950年，邓小平就指出依靠工人阶级，首先必须依靠工会，通过工会把工人的最大多数组织到工会中去，并依靠工会去教育工人，启发其阶级觉悟，发挥其生产积极性。[①] 在国外，工会履行职能的途径主要是两种——集体谈判和罢工。工会通过集体谈判调解劳资利益，而罢工则是劳资双方沟通严重不畅的结果。中国《工会法》和《工会章程》规定了工会的四项社会职能：维护、建设、参与、教育。其中，维护职工合法权益是工会的基本职责，高于并统率其他社会职能。"工会要在维护劳工利益方面发挥作用，一个直接的要求就是要将劳动法律和劳动标准的实施作为自己的中心工作"[②]，这些工作的内容应当包括以下几个方面：

1. 劳动就业权

就业水平是国家经济稳步发展的重要指标。我国《宪法》《劳动法》《就业促进法》《工会法》等均为保障劳动者就业权提供了法律支持。其中政府和工会促进劳动者的劳动就业工作主要体现在两个方面：一是参与宏观就业政策的制定和推进，即从源头上参与制定劳动就业法律法规和政府的劳动力市场政策，努力扩大就业、稳定就业、降低失业率，促进平等就业、规范劳动力市场用工管理。二是发挥工会等枢纽型社会组织的自身优势。通过开展就业培训（包括技能培训和创业培训），提升劳动者的职业素质；开展就业援助，为劳动者搭建就业服务

---

① 邓小平. 在西南局城市工作会议上的报告提纲 [A] //邓小平文选：第一卷 [M]. 北京：人民出版社，1994：175-176.

② 常凯. 工会何为？[J]. 南风窗，2005（23）：49.

平台；开展就业扶持，引导和帮助劳动者自主创业。当然，国家、政府、工会等作为劳动就业权的义务主体，并不意味着其成为绝对的责任主体，即有就业愿望的公民受各种因素制约不能就业时，不得以此为由通过诉讼或仲裁的方式主张就业权，而只能领取失业保险金等。

2. 劳动报酬权

劳动者的劳动报酬是劳动者生活的基本来源，也是劳动群众最关心的现实利益。在劳动关系中，劳动者基于劳动报酬的获得从而与用人单位缔结劳动契约，成立劳动关系。因此劳动报酬权是劳动者最核心的权利。我国法律对劳动者劳动报酬权的保障体现在三个维度上：一是从顶层设计上，探索建立与市场经济相适应的工资分配机制，推动最低工资标准、工资增长指导线等工资劳动基准的制定，提高劳动报酬在初次分配中的比重，规范用人单位的工资分配行为；二是在具体落实上，依托三方协商机制和工资集体协商制度，监督企业的工资分配行为，推动企业建立工资共决机制，保障劳动者工资与企业的经济效益同步增长，杜绝违法克扣、拖欠劳动者工资的行为，使劳动者的劳动报酬与其贡献相匹配，从而实现体面劳动；三是在司法实务中，基于"工资优先"原则，在用人单位出现破产清算等情形时，劳动者的劳动报酬请求权要优于一般债权享有的"绝对优先保护"[①]。

3. 劳动保护权

保护劳动者在劳动过程中的生产安全和身体健康，是我国的一项基本国策，也是维护社会安全稳定发展的要求。劳动保护包括劳动安全保护和劳动卫生保护，"加强劳动保护，改善劳动条件"是我国宪法的一项重要规定。我国工会对劳动者的劳动保护体现在以下三个维度：一是宏观参与，工会通过人大或政协以及与同级政府的联席会议参与到相关法律法规和政府决策的制定工作中，积极反映劳动者的意愿；二是中观监督，工会通过协助政府劳动执法部门监督检查企业的劳动安全卫生情况，以及组织劳动者查隐患、堵漏洞、献良策、保安全等安全管理创新竞赛活动，督促企业不断改善劳动条件，重视班组安全管理，落实企业安全生产和职业病防治的责任；三是微观宣传，通过职业安全卫生教育培训等多种形式，强化劳动者的安全卫生意识和对相关法律法规及政策的掌握。

---

① 如《中华人民共和国企业破产法》第一百一十三条规定了企业破产清偿顺序：（一）破产人所欠职工的工资和医疗、伤残补助、抚恤费用，所欠的应当划入职工个人账户的基本养老保险、基本医疗保险费用，以及法律、行政法规规定应当支付给职工的补偿金；（二）破产人欠缴的除前项规定以外的社会保险费用和破产人所欠税款；（三）普通破产债权。"破产人所欠职工的工资"被列入第一顺位，优先获得清偿。

第一章 和谐劳动关系语境下我国劳动行政执法研究的理论基础

4. 社会保障权

社会保障作为一项权利,最早是由德国《魏玛宪法》规定的①。"作为对人类最低生活标准的一种保障手段,社会保障权充盈着对人的生命和尊严的终极关怀"②,并被各国宪法普遍承认。我国宪法第44条明确规定了社会保障权的内容体系,主要包括社会保险权、社会福利权、社会救助权和社会优抚权四个方面。其中社会保险权以劳动关系为基础,以劳动者为保障对象,以年老、疾病、伤残、失业、生育、死亡等劳动者未来不确定的风险为保障内容,是"劳动者生存权的保障"③,成为工业社会深得民心的社会安全保障机制。社会监督是创新社会治理的要求,社会保险监督作为社会监督的重要内容,是工会参与社会治理的重要任务。社会保险涉及劳动者的利益,工会社会保险监督工作的目的在于维护劳动者的合法权益,确保劳动者在生、老、病、死、残疾及失业时都能够得到基本的生活保障。根据《社会保险法》第九条的规定,工会在社会保险监督方面肩负着法定的职责,具有不可或缺的地位,其工作主要包括:一是从源头上参与社会保险重大事项的研究,积极表达劳动者的意愿;二是按照社会监督广泛性的要求,积极开展社会保险监督工作,推荐劳动者代表、工会代表进入保监会,进入人大、政协和政府有关部门的联合督察组,同时坚持和完善劳动者代表大会制度,确保劳动者在保险、福利事项上的决定权,并监督落实。

5. 劳动救济权

困难劳动者是当前社会的弱势群体,受到社会各级组织的关注。工会帮扶工作是工会服务劳动者的重要途径和载体,也是工会协助政府改善民生的重要举措。广义上的帮扶工作涵盖解决困难劳动者就业难、就医难、上学难和维权难等问题。工会通过设立困难帮扶中心开展相关工作:一是建立帮扶机制,发挥基层工会联系的优势,做好困难劳动者的受助信息统计和动态管理,有针对性地为困难劳动者提供服务;二是和社会企事业单位建立就业联动机制,开展职业介绍和培训,促进劳动者就业和再就业;三是与政府相关部门建立联动机制,有效地解决困难劳动者医疗、养老、住房等生活救助问题;四是联合法律部门建立法律救助机制,依法维护困难劳动者的合法权益。

---

① 《魏玛宪法》第151条第1款规定"经济生活的秩序必须适合社会正义的原则,而所谓社会正义则在于保障所有社会成员能够过上体现人的价值、体现人的尊严的生活"。
② 董保华. 社会保障的法学观 [M]. 北京:北京大学出版社,2005:139.
③ 常凯. 论社会保险权 [J]. 工会理论与实践,2002,16 (3):1-6.

6. 民主管理权

参与企事业民主管理是工会的一项重要职责，也是工会作为劳动者权益的代表者和发挥企业和员工之间桥梁纽带作用的体现。基层工会开展民主管理的主要途径是劳动者代表大会、厂务公开等。一方面传递企业发展经营的现状、困难和问题，保证劳动者的知情权和参与权；另一方面反映劳动者的真实诉求和意见建议，实现劳动者的表达权和监督权。

7. 职业培训权

职业教育和培训是国家公共事业的组成部分，工会的职业培训是政府实施职业培训整体工作的一部分，也是工会教育职能的体现。企业是促进技术创新发展的主要力量，而劳动者则是技术创新的原动力。新时代工会的教育培训工作不仅包括政治引领、企业文化建设、职业素质提升，还承担着弘扬工匠精神的重要职责：一是督促并协助企业完善劳动者培训制度；二是借助劳动者培训网络平台引导劳动者主动学习新技术；三是与人社部门协同推进劳动者技能培训体系；四是加大工匠精神的宣传力度，共同营造"崇尚劳动、崇尚技能"的社会风尚。在目前我国注重发展高科技产业的新时代背景下，工会要更加注重提高劳动者素质，大力开展劳动者教育培训以及发明活动等相关的事项，引导劳动者成为技术性以及创新型的技术人才，为国家与社会的发展培养优秀的人才。

第二节 劳动权的行政法保护

对基本人权的保障是社会文明进步的标志。正如亨氏所言"我们的时代是权利的时代"。[①] 劳动权作为一项重要的基本人权，对法治时代和法治政府提出了神圣的要求和使命，保障和完善劳动权是我们这个时代的社会工程之一。而作为"动态宪法"的行政法，是宪法人权保障功能得以实现的依托和手段[②]，理应担负此项重任。针对基本人权所作出的保障行为，是社会发展下文明的重要标志。行政法是公法，以规范行政权力和保障人权为宗旨。在行政法"控权"和"保

---

① 亨金. 权利的时代[M]. 北京：知识出版社，1997：1.
② 何建华，张向军. 论人权保障原则在公法中的地位[J]. 山西大学学报（哲学社会科学版），2006（4）：70.

权"的逻辑体系中，人权是行政法的逻辑起点，行政权源于人权并保障和发展人权，因而"保权"才是行政法的终极目标。我国关于劳动者权益的法律规定散见于宪法、劳动法律规范和刑事法律规范中，学者们也都是从社会学、经济学、法理学、宪法学、劳动法学、刑法学等角度研究劳动者权益的，认为"劳动权是由我国宪法和劳动法所规定的，由劳动法和刑法所保障的权利"[①]。而事实上，对劳动者权益的行政法保护才是直接有效的，也最具有开拓性。

一、劳动权的行政法保护理论

（一）行政法的人权保障功能

基本权利是国家义务的直接来源。从前面对劳动权的人权属性功能的分析中可以看出，围绕劳动权的防御权功能、受益权功能和劳动保护权功能，行政机关所对应承担的公法义务分别为尊重义务、给付义务和保障义务。这种"权利义务对应的体系"为公权力介入私权利领域划定了边界，有助于减少行政权的越位和缺位，更好地发挥其公法职能。基于劳动权的人权属性和行政权的国家义务保护职能，行政权要对劳动权负责。行政权是怎样对劳动权负责的呢？汉密尔顿在《联邦党人文集》中提到"一个好政府应该做到两点，第一是信守政权的宗旨，亦即人民的幸福；第二是理解实现其宗旨之最佳途径"。在给付行政时代，行政法对劳动权的保障已经不再局限于对行政权的控制，更多的应是政府的积极行政作为，通过行政任务和制度建构践行劳动权保护的国家义务。据此，行政法对劳动权的保护应该体现在两个层面：一是发展劳动权，扩大劳动权的范围和种类；二是为劳动权法益的实现承担起公法职责。从劳动权的发展历程来看，劳动权的范围和种类的扩大是各国劳动者不断努力和各国政府重视的结果，主要表现在国家通过立法确立不同层级的"以劳动权为本位"的劳动法律法规，以拓宽劳动权的内涵和外延。目前，我国劳动权的内涵已经从单纯的劳动领域（表现为职业获得权、平等就业权和择业权）进入到政治、经济、社会、文化等领域，成为经济社会权利中最发达的一项综合性权利，表现为报酬权、休息权、社会保障权、职业安全权、职业培训权、结社权、集体协商权、民主管理权、劳动申诉与诉讼权等。立法为劳动权的实现创造了条件，然而权利的构建是一个体系，立法只是一个基础。行政法在发展和保护劳动权方面的开拓性之处在于它的执行与落实，

---

① 冯彦君．劳动权略论［J］．社会科学战线，2003（1）：168．

主要体现在劳动政策的制定和执行上，即劳动行政①。基于资强劳弱的社会现实，劳动行政的职能应当围绕调整劳动关系和以劳动权为重心来进行，据此可以定位为五项职能：规划、促进、监管、调停②和保障。其中，规划职能，是通过制订培训计划，规划人力资源的开发，促进劳动者就业和劳动关系的建立；促进职能，是促进集体谈判和雇员参与，培养合作型劳动关系；监管职能，是以劳动基准监督用人单位的用工制度和工资、工时、劳动安全等，保护劳动者权益；调停职能，是处理劳资双方的劳动争议；保障职能，是为劳动者建立完善的社会保障制度。对政府劳动行政职能的梳理，有利于我们明确未来政府职能改革的方向③。行政法通过规定行政机关的职权和职责来保护劳动人权。

（二）行政法的利益均衡功能

社会是一个不同利益主体博弈的场所，构建和谐社会的关键是解决权利（利益）的配置、保障和救济问题。无论在英美法系国家还是在大陆法系国家，行政法最根本的问题都是如何协调公共利益和个人利益之间的冲突④。法律作为公权力产生的统治社会的"公器"，必然以公共利益为归属。公共利益并非私人利益的叠加，而是在以人为本位、以公平效率为价值判断的基础上的公共利益最大化。政府作为公共利益的代表，具有对公共利益进行集合、维护和分配的权力。而行政法的要义便是实现社会公正，即实现各社会成员对利益的占有大体上趋于均衡⑤。行政法的利益均衡功能为行政权介入劳动关系的正当性提供了理论依据。在市场经济条件下，劳动力的资源配置依赖于市场机制，但是工会和集体合同还没有成为平衡劳资力量、解决劳动争议的主要途径，个别劳动关系依然是劳动关系的主要调整对象。资强劳弱的社会格局迫切需要国家公权的介入，推动劳动基准等法律规范的间接规制与以劳动监察为核心的劳动行政执法体系的直接矫正相结合。在劳动法律体系中，以"修正民法契约自由"为目的的劳动基准法具有最高的法律效力，具有强制性，也是国家公权介入劳动权保护的法律依据。

---

① 根据常凯主编的《劳动关系学》，所谓劳动行政是指根据劳动者的意志和能力保障就业，提高劳动条件，依靠合理安定的劳动关系，协调劳动者、企业、国家之间的关系，进而促进经济发展和社会进步的国家行政。
② 程延园. 劳动关系学［M］. 北京：中国劳动社会保障出版社，2005：165.
③ 目前我国劳动行政尚且存在严重的职能缺位和越位的问题，表现在劳动行政监察薄弱、政府职能机构职责交叉、劳动行政"准立法"倾向严重等方面。
④ 甘雯. 行政与法律的一般原理［M］. 北京：中国法制出版社，2002：50.
⑤ 叶必丰. 行政法的人文精神［M］. 北京：北京大学出版社，2005：114.

国家通过立法干预，改变契约双方的力量不平衡，以实现契约公正。劳动基准对用人单位而言是一种制度性的约束，仅依靠劳动者个人的力量难以落实，这就有赖于政府劳动任务的履行，通过履行对劳动者劳动权的倾斜性保护义务，保证劳动契约中交换双方的公平交易。以劳动监察为核心的、强制性的劳动行政执法体系是劳动基准得以实现的重要手段。其中，健全的劳动监察体制是实现行政法在劳动关系领域利益均衡功能的关键。国家通过劳动监察以公权者的身份监督用人单位、平衡劳资双方的利益关系、矫正劳动关系事实上的不平等，以促进劳动关系的和谐与稳定，实现社会利益的最大化。

总之，和谐社会是行政法治的社会。权利保障机制与利益均衡制度的建立是构建和谐社会的两大基本任务，前者关乎社会正义，而后者则是社会公平的需要。行政法在构建和谐社会、和谐劳动关系的进行中应当充分发挥其劳动权保护的这两个功能，时刻践行其历史使命，以促进和谐劳动关系的构建。

二、劳动权的行政法保护方式

劳动者作为社会上人数最多的人群，是社会得以发展的最大力量，所以国家十分重视劳动法的发展以及对劳动者的保护。在给付行政时代，行政法对劳动权的保障已经不再局限于对行政权的控制，更多的应是政府的积极行政作为，通过行政任务和制度建构践行劳动权保护的国家义务，即"劳动行政"。基于资强劳弱的社会现实，劳动行政的职能应当围绕调整劳动关系和以劳动权为重心来进行，据此可以定位为五项职能：规划、促进、监管、调停[①]和保障。当前我国的劳动行政活动主要体现在以下几个方面：

（一）政府层面的公共就业服务

就业水平是国家经济稳步发展的重要指标。我国《宪法》《劳动法》《就业促进法》《工会法》等均为保障劳动者就业权提供了法律支持。其中政府促进劳动者的劳动就业工作主要体现在两个方面：一是在宏观上通过发布就业政策法规咨询和劳动力市场供求信息（包括职业供求信息、市场工资指导价位信息和职业培训信息），指导劳动者就业和用人单位确认用工信息，努力扩大就业、稳定就业、降低失业率，促进平等就业、规范劳动力市场用工管理。如《就业促进法》明文规定"县级以上人民政府加强人力资源市场信息网络及相关设施建设，建立

---

① 程延园. 劳动关系学[M]. 北京：中国劳动社会保障出版社，2005：165.

健全人力资源市场信息服务体系，完善市场信息发布制度"。公共就业服务的信息化管理以及对劳动力市场信息的检测是服务型政府建设的重要内容，体现了政府对劳动权保护的规划和促进职能。二是微观上通过对就业困难人员实施就业援助、办理就业登记、失业登记等事务，制订就业援助计划，建立失业预警制度。通过政府补贴的形式，鼓励各类培训机构开展职业介绍和培训，增强劳动者的职业技能和就业能力，促进劳动者就业和再就业。

当然，政府作为劳动就业权的义务主体，并不意味着其成为绝对的责任主体，即有就业愿望的公民受各种因素制约不能就业时，不得以此为由通过诉讼或仲裁的方式主张就业权，而只能领取失业保险金[①]或失业补助金等。具体失业保险工作由劳动保障行政部门进行管理和监督，包括对社会保险经办机构的失业保险费的征收以及对失业保险待遇的支付进行监督检查。由于失业保险的获得与缴费的时间有关，因而会导致部分劳动者因未达到法定的标准而在失业时无法获得失业保险金。且失业保险金的领取也是有时间限制[②]的，因此如果仅仅依靠就业保险制度，无法实现对失业人员的充分救济，进而导致政府实现充分就业的目的难以实现。

（二）劳动仲裁

劳动仲裁是政府设立的处理劳动争议的机构，并作为劳动争议的前置程序而存在，即按照法律规定，劳动争议不经过劳动仲裁是不可以提起劳动诉讼的。从法律上讲，劳动仲裁并不属于行政行为，当事人对劳动仲裁委员会的不作为或所作决定不服的不得提起行政诉讼。但是我国的劳动仲裁委员会的日常事务是由劳动行政管理部门人力资源与社会保障行政部门承担[③]，因而属于"劳动行政"的范畴，体现了劳动行政的调停功能。

（三）工伤的行政确认

工伤认定是社会保险行政部门的一项"行政确认行为"。根据《工伤保险条

---

① 根据《失业保险条例》第十四条的规定，"具备下列条件的失业人员，可以领取失业保险金：（一）按照规定参加失业保险，所在单位和本人已按照规定履行缴费义务满1年的；（二）非因本人意愿中断就业的；（三）已办理失业登记，并有求职要求的。失业人员在领取失业保险金期间，按照规定同时享受其他失业保险待遇"。

② 根据《失业保险条例》第十七条的规定，"失业人员失业前所在单位和本人按照规定累计缴费时间满1年不足5年的，领取失业保险金的期限最长为12个月；累计缴费时间满5年不足10年的，领取失业保险金的期限最长为18个月；累计缴费时间10年以上的，领取失业保险金的期限最长为24个月。重新就业后，再次失业的，缴费时间重新计算，领取失业保险金的期限可以与前次失业应领取而尚未领取的失业保险金的期限合并计算，但是最长不得超过24个月"。

③ 根据《劳动争议调解仲裁法》第十九条的规定："劳动争议仲裁委员会由劳动行政部门代表、工会代表和企业方面代表组成。""劳动争议仲裁委员会下设办事机构，负责办理劳动争议仲裁委员会的日常工作。"

例》的规定，工伤认定的主体是社会保险行政部门，"社会保险行政部门应当自受理工伤认定申请之日起 60 日内作出工伤认定的决定，并书面通知申请工伤认定的职工或者其近亲属和该职工所在单位。社会保险行政部门对受理的事实清楚、权利义务明确的工伤认定申请，应当在 15 日内作出工伤认定的决定"。作为一种行政确认行为，工伤认定的目的是对职工工伤事实的确认，职工根据工伤认定的结论要求劳动行政部门、仲裁机构或法院帮助其取得相应的工伤保险待遇，因而工伤认定更强调程序的正义性，通过程序的正义获得实体的正义。工伤认定，对国家而言，是为了"保障因工作遭受事故伤害或者患职业病的职工获得医疗救治和经济补偿，促进工伤预防和职业康复，分散用人单位的工伤风险"；对用人单位而言，体现的是用人单位对职工的人文关怀，用人单位的责任不仅仅在于购买工伤保险，还包括在职工受伤后积极为职工申请工伤认定，帮助职工获得应有的待遇。然而司法实践中，常因用人单位未能缴纳工伤保险，导致用人单位为逃避法律责任，怠于履行工伤认定申请义务。劳动者与用人单位是否存在劳动关系是工伤认定的前提。按照法律规定，"是否存在劳动关系"属于劳动争议，是通过仲裁或诉讼处理的；而工伤认定属于行政争议，是由行政机关或法院行政庭来处理的。在工伤认定程序中是否存在劳动关系的确认权到底归属于劳动行政机关还是仲裁机构，成为现实中的一大争议。事实上，早在 2009 年，最高人民法院行政审判庭就出台了《答复》①，明确规定了劳动行政部门的确认权。因为在工伤认定程序中，如果先通过劳动仲裁确认劳动关系，再进行工伤认定，不符合行政效率原则，也容易给当事人造成极大负担，不利于保护劳动者合法权益。

（四）劳动保障监察

我国的劳动行政部门，不仅仅是工伤确认的机构，还承担着劳动监察、劳动力市场监管的职能。根据我国《劳动保障监察条例》的规定，劳动保障监察的对象是企业和个体工商户（以下简称"用人单位"）、职业介绍机构、职业技能培训机构和职业技能考核鉴定机构。劳动保障监察的职责根据《劳动保障监察条例》第十一条的规定，劳动保障行政部门保障监察用人单位遵守劳动基准法律法规的事项如遵守工作时间和休息休假规定的情况等；用人单位订立和履行劳动合同的情况；职业中介机构的从业情况；劳动安全卫生检查情况等。劳动监察是国

---

① 最高人民法院行政审判庭《关于劳动行政部门在工伤认定程序中是否具有劳动关系确认权请示的答复》（〔2009〕行他字第 12 号）："根据《劳动法》第九条和《工伤保险条例》第五、第十八条的规定，劳动行政部门在工伤认定程序中，具有认定受到伤害的职工与企业之间是否存在劳动关系的职权。"

家通过行政权监督劳动权落实的重要途径，是"劳动行政"的重要体现，体现了劳动行政的监管和保障功能。

第三节　劳动权的载体：劳动基准法

对劳动者权益进行倾斜性保护的劳动基准法是劳动权作为基本人权的重要载体，也是政府公权力干预劳动关系的主要法律依据。和谐劳动关系的构建有赖于对劳动基准的立法、执法和司法的完善。

一、劳动基准的概念厘定

"劳动基准"最早见于美国的《公平劳动基准法》。目前我国学者对劳动基准的内涵尚未达成统一认识。董保华教授（2000）在其《劳动关系调整的法律机制》一文中，比较早地提出了劳动基准的概念。随后，王全兴、王文珍等专家学者对劳动基准的概念进行了扩展，认为劳动基准有广义、中义和狭义之分[①]。

虽然学界对劳动基准的内涵颇有争议，但目前我国劳动立法中并未使用"劳动基准"一词，所以劳动基准尚且属于学术范畴。我国立法中多使用"劳动标准"一词。劳动基准是劳动权保护的最底线的劳动标准，在这一点上，学术界有着统一的认识。但是对于劳动基准的性质——公法还是私法？学界的认识并不统一。多数学者认为，劳动基准具备公法的性质。因为在劳动合同领域，契约自由的运用与其他领域是不同的。虽然表面上劳资双方是平等的两个民事主体，但实际上劳动者和用人单位是完全不对等的，表现为经济实力、信息、资源、社会力量的不平衡，这使得劳动者在整个劳动关系的运作过程中都处于弱势。基于对劳动者"弱势身份"的认定，各国均通过劳动立法的方式对劳动者进行倾斜性保护，将劳动权及其相关权利赋予劳动者，并将一部分个别权利提升为社会公共利益予以特别关注，比如劳动基准立法。劳动基准立法的目的在于通过保障劳动者的合法权益来矫正劳资双方严重失衡的利益分配关系，即劳资平衡与劳权保障，

---

① 按照学者的观点：广义的劳动基准等同于劳动法，中义的劳动基准等同于个别劳动关系调整法，狭义的劳动基准则等同于劳动条件法。参见王文珍，黄坤．劳动基准立法面临的任务和对策 [J]．中国劳动，2012（5）．

因而体现了劳动基准的公法性质。在市场经济社会中,劳资关系是整个社会生产关系的基础,劳资平衡是社会诸多利益合理分配的核心内容。而"劳动法是具有限制资本的商品分配,修正民法契约自由的机能"① 的,具体体现在劳动法对劳动关系运行过程的修正上:一是在缔约阶段,虽然劳资双方可以自由进行双向选择,但这种自由选择不可以违背非歧视原则等劳动基准法律规定。关于劳动合同的内容,虽然劳资双方可以就工作时间、职工工资、职业培训、职工休息休假、劳动安全卫生、职工社会保险等内容进行协商,但协商的内容不得违背劳动基准法,否则约定无效。二是在履约阶段,劳动者通过让渡劳动力获取工资报酬,用人单位可以通过内部规章和劳动纪律管理内部员工,但这些内部自治的管理规定不得违反劳动基准法,否则用人单位的行为将构成违法用工行为。三是在解约阶段,劳动纠纷的解决依据也不仅限于双方劳动合同的约定,还有集体合同和劳动基准法的强制性规定。由此看来,用人单位和劳动者之间的关系,不纯粹是劳资双方的私权关系,而是关涉社会利益的弱势群体法律保护的公权关系。但是也有学者认为,如果仅仅将劳动基准认定为公法,那么它的保障途径便仅仅依靠政府公权力的救济方式,如劳动监察等劳动行政执法行为。劳动者权利受到侵害时便无法通过民事诉讼的途径向用人单位请求赔偿,这对劳动者而言是不利的。因而他们主张劳动基准的公私法二重性,认为这样才能更好地保护劳动者的权利。

综上所述,我们认为劳动基准法是国家对劳动关系中当事人意思自治的一切内容进行底线性规制的法律规范的总称,具有法定性、强制性和保底性。

二、劳动法与劳动基准法

利益是法的核心问题,"人们奋斗所争取的一切,都同他们的利益有关。"② 从根本上说,"法学就是关于发现利益、认识利益、确认利益、保护利益、选择利益、促进利益、协调利益的学问。"③ 劳动法学也有其存续的利益基础。对此,学者们往往将其归结为公益或者私益,把劳动法的产生过程归结为公法的私法化或者私法的公法化。其实,劳动法不是在公、私益之间做出非此即彼的选择,其生命力源自公益与私益的融合。作为一种法律现象,劳动法是典型的社会法,兼具私法自治和公法管制的特征,它以劳动关系为主要调整对象,以保护劳动权为

---

① 木下正义,小川贤一. 劳动法 [M]. 日本: 成文堂, 1992: 10.
② 马克思恩格斯全集: 第1卷 [M]. 北京: 人民出版社, 1956: 82.
③ 金小鹏, 褚武明. 利益与法的关系探究 [J]. 云南大学学报, 2010 (1): 15.

宗旨，驾驭着私法性规范与公法性规范的平衡，因而在促进和谐劳动关系、构建和谐社会的过程中发挥着重要的作用。

从劳动法的历史发展来看，劳动法与劳动保护问题紧密相连，无论是从西方资本主义的"人权"思想还是现代的"人道主义"观念出发，劳动法的诞生都是劳动者人权保护的要求和结果。劳动基准法在劳动法的体系中具有重要的地位，是其产生的源头和发展的基础。正是基于对劳动者独立人格的保护，劳动基准法才得以产生和发展。随着劳动关系的复杂化，劳动法也从最初的劳动基准法发展到涵盖劳动关系的订立、履行、解除等各个环节，全方位地维护劳动者权益和用工秩序。目前，关于劳动法依其规范之内容，体系上应如何分类的问题，人们向来有不同的看法，而且依据不同标准，会有不同结论。若以实务操作的方便性来分类，一般将劳动法令依其主要内容，分为五大部分：一为关于劳工与雇主间之法律关系的规范，亦即劳动契约与劳动关系法规；二为国家基于公共利益为保护劳工所制定之法律规范，亦即所谓劳动保护法规，或劳工保护法规；三为劳资团体相互间，以及关于对该团体规范权限的法律规范，此部分的法规主要有工会法、团体协约法、劳资争议法规等；四为企业组织法；五为劳动诉讼法规。就劳动法学理上而言，学术界一般均采用二分法，即将劳动法分为个别劳动法和集体劳动法。劳动基准的内容也由最初的个别劳动关系逐步涵盖集体劳动关系，如组织工会、集体谈判等。劳动基准的效力不仅涉及对个别劳动合同的规制，还涉及对集体劳动合同内容的规制。

劳动基准是构建和谐劳动关系的重要机制，直接影响着劳动关系的和谐程度。在市场经济中，劳动者总是按照一定的标准付出劳动和收获报酬，享有权利并承担义务，资方也是如此。假如一方违反了劳动标准，另一方当然会不高兴，两者间的默契与和谐也就被打破，彼此间的劳动关系也将产生问题和矛盾。因此，劳动基准是实现劳动者基本权益和体面劳动的保障，也是劳动合同实现良好运行的基础。

三、劳动基准法的立法理念

劳动基准是劳动法的重要组成部分，是劳动法产生的源头和发展的基础。劳动基准法的诞生和发展，体现了以下理念和价值追求。

(一) 劳动基准的人权理念

从劳动法的起源来看，劳动权的概念与现代人权思想有着不解之缘，劳动与人的尊严有着密切联系。正是基于对劳动者独立人格的保护，劳动基准法得以产生和发展。以宪法或法律的形式对劳动权的认可，其实质是对人的个体价值（生

第一章　和谐劳动关系语境下我国劳动行政执法研究的理论基础

存权）和社会价值（发展权）的认可。基于此，劳动基准的制定需要综合考虑劳动者的生存条件和社会需求，基于劳动者的社会属性和自然属性，对劳动者的最低工资标准、休息休假、安全卫生等做出科学合理的规定。劳动者的自然属性决定了其生、老、病、死的自然规律，因此劳动基准需要保障劳动者作为人的基本权益——生存权和最低生活保障权等；而劳动者的社会属性则决定了其享有与政治、经济、社会和文化发展水平相适应的权益，体现为劳动发展权——环境权和福利权等。当然除了劳动者自身的因素，劳动基准的制定还受劳动力市场供求关系、社会秩序以及国际竞争等因素的影响。

劳动权的人权属性源于被通称为《国际人权宪章》的三个国际人权文书，世界上很多国家在宪法中都规定了这项权利①。常凯教授也指出"劳动法律体系的建构，应以劳权本位作为理论出发点，应以劳权的实现和保障为其理论基点和理论核心"。② 因而作为劳动基准法的立法理念必然以保障劳动权这一基本人权为基础。劳动权的基本人权属性是劳动权的最本质的特征。前文已经将劳动权的功能体系划分为：劳动防御权、劳动受益权和劳动保护权。其中劳动防御权是通过劳动自由权实现的，体现为就业自由、择业自由、培训自由、结社自由和迁徙自由这五项自由，国家公权力应当尊重劳动者的选择权和自由，不得强迫和干预。因而劳动防御权不属于劳动基准法的立法内容。而劳动受益权则是"劳动者或潜在劳动者基于人格尊严和生存权而所具有的请求国家采取某种行为，从而享受一定利益的"权利。以人格尊严和生存权为依据的劳动受益权，要求国家负有保障公民最低限度的经济文化生活的义务和责任，理应属于劳动基准法重点保障和规范的内容。最后，劳动保护权是基于为防止"处于强势地位的一方私主体对于弱势地位一方基本权利的侵害"而为劳动者设定的。因此以"修正民法契约自由"为目的的劳动基准立法尤为重要。我国目前尚无一部统一的劳动基准立法，相关内容散见于各种劳动法律文件、规章之中，但劳动基准的框架是具备的，包括劳动合同、工资、工时、休息休假、劳动安全卫生、女职工和未成年工劳动保护、职业技能培训、工伤赔偿、企业规章制度等内容。劳动基准立法使用人单位承担起保

---

① 《世界人权宣言》《公民权利和政治权利国际公约》《经济、社会和文化权利国际公约》被通称为《国际人权宪章》。德国1919年《魏玛宪法》第163条第2款规定："德国人民应有可能之机会，从事经济劳动，以维持生计。无相当劳动机会时，其必需生活应筹划之。"这是作为生存权的劳动权在世界上首次受到宪法明文保障。

② 常凯．劳权本位．劳动法律体系构建的基点和核心——兼论劳动法律体系的几个基本理论问题[J]．工会理论与实践，2001（12）：10.

障劳动者享有最低劳动条件的公法义务，而行政机关担负的则是对第三方（用人单位）法定义务履行的监控和对弱势一方（劳动者）权利受侵害时的救济。由此体现了以保护劳动者免受用人单位侵害为目的的劳动保护权功能。

（二）劳动基准的正义理念

前文已述，在劳动合同领域，虽然表面上劳资双方是两个平等的民事主体，但实际上劳动者和用人单位是不对等的，劳动者在整个劳动关系的运作过程中是处于弱势地位的。关于劳动立法的价值取向，学者们的观点也是不一致的，以常凯教授为代表的学者认为劳动法是劳权维护法，即劳动立法的目的在于维护劳动者的劳动权；以董保华教授为代表的学者则认为劳动法是平衡劳资双方关系的法，劳资双方利益均应受到劳动法的保护；徐建宇教授则认为劳动法是倾斜保护劳动者的法。由于劳动立法的价值定位不清，导致劳动行政执法和劳动司法实施中的立足点模糊不清，表现为各地法院对同种情形的劳动纠纷判决结果差异较大，劳动监察等劳动行政执法行为职能定位不清晰等。

笔者认为，从劳动法的演进进程来看，劳动基准存续的理论基础是"契约正义"，其立法的目的在于通过保障劳动者的合法权益，来矫正劳资双方失衡的利益分配关系，即劳资平衡与劳权保障。而我国劳动法治建设的特殊历史背景，也决定了劳动立法应当以建立和谐稳定的劳动关系为目的，努力在用人单位和劳动者之间寻求最佳的平衡点。鉴于劳动者的弱势主体地位，劳动基准立法通过将劳动权及其相关权利赋予劳动者，并将一部分个别权利提升为社会公共利益予以特别关注，从而达到平衡劳资双方利益的目的。应该说，在劳动法律体系中，以"修正民法契约自由"为目的的劳动基准法具有最高的法律效力，具有强制性，也是国家公权介入劳动权保护的法律依据。国家通过立法干预，改变契约双方的力量不平衡，以实现契约公正。当然，劳动基准对用人单位而言是一种制度性的约束，仅依靠劳动者个人的力量难以落实，这就有赖于政府劳动任务的履行。政府通过履行对劳动者劳动权的倾斜性保护义务，保证劳动契约中交换双方的公平交易。因此，以劳动监察为核心的、强制性的劳动行政执法体系是劳动基准得以实现的重要手段。

四、我国现行劳动基准的主要内容及相关规定

劳动基准法以维护劳动者的生存权和发展权为立法宗旨，通过国家强制力限制和规范雇主的用工自由，从而在劳动关系领域，使全社会的用工环境和劳动标准与社会经济状况相匹配并为公众所接受，促进社会的公正与和谐。当前，世界

第一章　和谐劳动关系语境下我国劳动行政执法研究的理论基础

各国和各地区均已制定了相对完备的《劳动基准法》①，我国目前的劳动法律体系也已涵盖了劳动基准的内容和框架，包括：工资基准、工时基准、休息休假、特殊劳动保护、劳动卫生安全等。

（一）工资基准

在劳动关系中，劳动者基于劳动报酬的获得而与用人单位缔结劳动契约，成立劳动关系。最低工资便是用人单位依照法律规定或劳动合同约定支付给劳动者的最低劳动报酬。按照规定，最低工资的范围仅为劳动者在正常劳动②的前提下享有的劳动报酬，不包括因加班等延长工作时间而获得的劳动报酬和在特殊环境下工作所获得的津贴（如高温补贴）以及其他福利待遇（如伙食补贴）等。

我国关于最低工资的立法规定根据法律位阶包括三个层次：一是法律，即《中华人民共和国劳动法》（以下简称《劳动法》），该法第五章第四十八条和第四十九条规定了"国家实行最低工资保障制度"，明确要求"用人单位支付劳动者的工资不得低于当地最低工资标准"，并授权各省、自治区、直辖市人民政府规定最低工资的具体标准，同时规定了确定和调整最低工资标准应当综合参考的因素③。二是部门规章，包括原劳动和社会保障部的《最低工资规定》，该《规定》明确了最低工资标准的适用对象、范围、发放形式，规定了最低工资标准的参考因素和测算方法，以及违反最低工资标准应当承担的责罚④。国家统计局1990年颁布的《关于工资总额组成的规定》明确了工资的六个构成部分以及不列入工资范畴的14项费用。三是地方性法规和政府规章。各省、自治区、直辖市依据劳动法授权享有根据本地情况制定具体最低工资的立法权。

---

① 比如美国于1938年颁布了《公平劳动基准法》，日本于1947年颁布了《劳动基准法》、1959年颁布了《最低工资法》，韩国于1953年颁布了《勤劳（劳动）基准法》，加拿大于1965年颁布了《劳工（基准）法》，我国台湾地区于1984年颁布了"劳动基准法"，英国于1998年颁布了《国家最低工资法》和《工作时间法》等。

② 所谓正常劳动，按照2004年原劳动和社会保障部颁布的《最低工资规定》，是指"劳动者按依法签订的劳动合同约定，在法定工作时间或劳动合同约定的工作时间内从事的劳动。劳动者依法享受带薪年休假、探亲假、婚丧假、生育（产）假、节育手术假等国家规定的假期间，以及法定工作时间内依法参加社会活动期间，视为提供了正常劳动。"

③ 《劳动法》第四十九条明确规定，确定和调整最低工资标准应当综合参考下列因素：（一）劳动者本人及平均赡养人口的最低生活费用；（二）社会平均工资水平；（三）劳动生产率；（四）就业状况；（五）地区之间经济发展水平的差异。

④ 2004年原劳动和社会保障部颁布的《最低工资规定》第十三条规定："用人单位违反本规定第十一条规定的，由劳动保障行政部门责令其限期改正；违反本规定第十二条规定的，由劳动保障行政部门责令其限期补发所欠劳动者工资，并可责令其按所欠工资的1至5倍支付劳动者赔偿金。"

最低工资标准的设定是劳动关系中最重要也是最基本的问题，关系到劳动关系的确立和未来劳动力的延续。劳动工资基准立法通过为劳动力市场价格划定底线，确保劳动者能够获得维系基本生活所需的最低工资保障，有利于缓解劳资矛盾。然而通过上述我国相关立法现状分析发现：处于效力位阶最高位的《劳动法》规定过于笼统，可操作性差，而规定较为细致的地方性法规和部门规章效力位阶则较低，且规定分散、不成体系。受各地区差异性的影响，各地的最低工资标准计算方式不统一。

（二）工时基准

劳动基准对工作时间的规定是延续劳动力、维护劳动者身体健康和安全生产的重要保障。从立法来看，我国的工时制度呈现逐渐缩短的变化。随着新兴业态的发展，8小时工作制也逐渐受到弹性工时的挑战。目前，我国的工时规定如下：

1. 标准工时

标准工时具有法定性和强制性。其法定性表现在劳动者从事工作的最高工时受法律明文规定，体现在对每日工作时间和周工作时间的规定上，如我国《劳动法》第三十六条和第三十八条明文规定"国家实行劳动者每日工作时间不超过8小时，平均每周工作时间不超过44小时的工时制度"，"用人单位应当保证劳动者每周至少休息一天"。1995年《国务院关于工作时间的规定》进一步缩短了工作时间，规定了"职工每日工作8小时，每周40小时的工时标准"。其强制性表现在超出法定工时的劳动契约除符合延长工时的规定外，均是违法的，视为无效合同。

2. 延长工时

延长工时表现在"加班"和"加点"两种超出标准工时的行为[①]。《劳动法》对此两种行为进行了明确的限制[②]，既包括延长工时的时间也包括延长工时的程序和情形，同时还规定了延长工时的工资报酬。从司法实践来看，劳动法对延长工时的限制性规定过于严格，"每月不超过36小时"的延长工时对于很多企

---

① 所谓加班，即职工在法定节假日或公休日进行工作；所谓加点，即职工在每日工作时间之外延长工作时间，推迟下班或提早上班。

② 第四十一条规定："用人单位由于生产经营需要，经与工会和劳动者协商后可以延长工作时间，一般每日不得超过一小时；因特殊原因需要延长工作时间的，在保障劳动者身体健康的条件下延长工作时间每日不得超过三小时，但是每月不得超过三十六小时。"

第四十二条规定："有下列情形之一的，延长工作时间不受本法第四十一条的限制：（一）发生自然灾害、事故或者因其他原因，威胁劳动者生命健康和财产安全，需要紧急处理的；（二）生产设备、交通运输线路、公共设施发生故障，影响生产和公众利益，必须及时抢修的；（三）法律、行政法规规定的其他情形。"

业来说很难执行到位，导致执法机构难以判断和执行。而且相比较于其他国家，我国对延长工时的工资报酬支付标准偏高，导致实践中难以执行到位。

3. 特殊工时

特殊工时是指在标准工时之外，因企业的经营需要、生产特点或工作环境等特殊需要而无法遵循 8 小时工时制的情形，包括不定时工作制、综合计算工时制等。根据法律位阶，关于特殊工时的规定有四个层次的规范性文件：一是法律依据，即《劳动法》第 39 条的规定；二是国务院的行政法规，1994 年《国务院关于职工工作时间的规定》；三是部门规章，1994 年劳动部颁布的《关于企业实行不定时工作制和综合计算工时工作制的审批办法》、1995 年劳动部颁布的《〈国务院关于职工工作时间的规定〉问题解答》、1997 年《劳动部关于职工工作时间有关问题的复函》等；四是地方政府规章。

从立法的初衷来看，工时制度的规定在于保障劳动者的身体健康和休息权，但如果企业不能很好地执行工时标准，而执法者又难以执行到位，则法律的权威性将受到严重影响，劳动者的合法权益也就得不到有效保障。

（三）休息休假

休息休假作为一种权利在《劳动法》第四章中有明文规定，目的在于保障劳动者的健康和生命。劳动者的休息休假权体现在法定节假日和假期。如 2013 年《国务院关于修改〈全国年节及纪念日放假办法〉的决定》，将我国法定节假日分为全体公民的节假日和部分公民的节假日①。2007 年国务院颁布的《职工带薪年休假条例》、1995 年劳动部《关于贯彻执行〈中华人民共和国劳动法〉若干问题的意见》、1981 年国务院《关于职工探亲待遇的规定》《计划生育法》、2012 年《女职工劳动保护特别规定》等法律法规和一些地方性法规和规章则对带薪年休假、病假、探亲假、婚丧假、产假及哺乳假等均有所规定。

通过研习这些法律法规和部门规章，笔者发现，关于休息休假的劳动基准规定存在以下问题：一是存在立法分散、部分休息休假基准法律位阶低的情况，以

---

① 根据《国务院关于修改〈全国年节及纪念日放假办法〉的决定》第二条全体公民放假的节日：（一）新年，放假 1 天（1 月 1 日）；（二）春节，放假 3 天（农历正月初一、初二、初三）；（三）清明节，放假 1 天（农历清明当日）；（四）劳动节，放假 1 天（5 月 1 日）；（五）端午节，放假 1 天（农历端午当日）；（六）中秋节，放假 1 天（农历中秋当日）；（七）国庆节，放假 3 天（10 月 1 日、2 日、3 日）。第三条 部分公民放假的节日及纪念日：（一）妇女节（3 月 8 日），妇女放假半天；（二）青年节（5 月 4 日），14 周岁以上的青年放假半天；（三）儿童节（6 月 1 日），不满 14 周岁的少年儿童放假 1 天；（四）中国人民解放军建军纪念日（8 月 1 日），现役军人放假半天。

上六种法定假期的规定分散到各个法律、法规、规章之中,多以"规定""说明""办法"等呈现,如病假仅仅是通过劳动部的"执行意见"规定的。二是部分法律规定过于陈旧,如 1981 年国务院关于探亲假的规定①,在国家推行公务员制度、劳动合同制度和事业单位聘用制改革的情境下,该规定已经不合时宜。三是部分法律规定过于笼统,可操作性不强。如职工带薪年休假的假期受工作时间限制②,其中"累计工作"时间的判断标准成为司法实践操作的难题,尤其是在当前劳动力流动频繁的背景下。

(四)劳动安全卫生

劳动安全卫生是基于劳动者的工作环境权而设立的劳动基准,旨在保护劳动者的身体健康和生命安全,也是国际人权保障的重要要求。"加强劳动保护,改善劳动条件"是我国宪法的一项重要规定。目前,我国关于劳动安全卫生的劳动基准立法体系是最完整也是数量最多的,除《宪法》《劳动法》外,《职业病防治法》《安全生产法》《矿山安全法》以及国务院相关法规、部门规章等建立了各种劳动安全卫生制度③。各地政府、工会也在落实"劳动安全卫生"制度上不断出台新的政策。如为提升职工的安全意识和能力,切实保障职工的安全与健康,营造良好的安全生产环境,山东省制定了较细致的关于职工岗位安全的激励措施。每年对企业全覆盖式地开展"查促保"活动和"安康杯"竞赛,选树一批"安康杯"竞赛先进集体和个人;设立"查保促"活动专项奖励资金,对查出重大安全隐患并由企业整改完成的职工给予一定物质奖励,每年评选省级查隐患先进个人;并要求各级工会结合实际制定职工排查事故隐患奖励办法,设立职工排查事故隐患专项奖励资金。

(五)特殊劳动保护

未成年工和女职工群体是世界各国劳动基准立法予以特殊劳动保护的对象。我国《劳动法》第七章对"未成年工"和童工进行了界分,年龄区分标准为 16

---

① 国务院《关于职工探亲待遇的规定》第二条规定:"凡在国家机关、人民团体和全民所有制企业、事业单位工作满一年的固定职工,与配偶不住在一起,又不能在公休假日团聚的,可以享受本规定探望配偶的待遇;与父亲、母亲都不住在一起,又不能在公休假日团聚的,可以享受本规定探望父母的待遇。但是,职工与父亲或与母亲一方能够在公休假日团聚的,不能享受本规定探望父母的待遇。"

② 国务院《职工带薪年休假条例》第三条规定:"职工累计工作已满 1 年不满 10 年的,年休假 5 天;已满 10 年不满 20 年的,年休假 10 天;已满 20 年的,年休假 15 天。"

③ 据 2010 年《中国人权状况》白皮书统计,全国已制定 29 类 1682 项有关劳动安全与卫生的法规和规章,有 28 个省、自治区、直辖市制定了劳动保护方面的地方性法规。

第一章　和谐劳动关系语境下我国劳动行政执法研究的理论基础

周岁，未满 16 周岁的属于童工，是法律严格禁止的；已满 16 周岁未满 18 周岁的属于未成年工，基于未成年人的生理特点和生长发育需要，劳动法对其从事的用工类别、工作地点等进行了严格限制①，从而保护其身心健康和劳动安全。对未成年工的法律保护还有《未成年人保护法》以及 2002 年国务院颁布的《禁止使用童工规定》。女职工因其生理特点和生育抚养下一代的职责所需，在生产工作中需要给予特殊的保护，对此，《劳动法》以及 2012 年国务院颁布的《女职工劳动保护特别规定》等法律法规对女职工从事工作的范围、劳动强度、工作时间地点等均进行了规定②。当然，随着劳动关系的多元化，以非全日制用工、劳务派遣、远程就业、临时性用工为代表的非典型用工逐渐兴起。相对于传统的用工方式，非典型劳动关系以其灵活性见长，不仅受到共享经济平台的青睐，也成为许多劳务提供者的选择。由于当前我国劳动法制度多以传统劳动关系为核心而构建，难以为非典型劳动者提供充分的制度保障。为此，如何应对非典型劳动者这一特殊群体的保护困境，便成为我国劳动立法重点关注的问题。

---

① 《劳动法》第六十四条规定："不得安排未成年工从事矿山井下、有毒有害、国家规定的第四级体力劳动强度的劳动和其他禁忌从事的劳动。"

② 根据相关法律法规，我国对女职工的特殊保护，主要体现在以下几个方面：第一，禁止安排女职工从事矿山井下、国家规定的第四级体力劳动强度的劳动和其他禁忌从事的劳动；第二，不得安排女职工在经期从事高处、低温、冷水作业和国家规定的第三级体力劳动强度的劳动；第三，不得安排女职工在怀孕期间从事国家规定的第三级体力劳动强度的劳动和孕期禁忌从事的劳动，对怀孕七个月以上的女职工，不得安排其延长工作时间和夜班劳动；第四，女职工生育享受不少于九十天的产假；第五，不得安排女职工在哺乳未满一周岁的婴儿期间从事国家规定的第三级体力劳动强度的劳动和哺乳期禁忌从事的其他劳动，不得安排其延长工作时间和夜班劳动。

第二章 和谐劳动关系语境下完善我国劳动行政执法的必要性分析

目前，随着我国经济和各行各业的发展，劳动者的权益保护问题成为关乎社会民生的重大问题，是构建和谐社会的重要一环，因此被提升到更加重要的位置。在新的历史时期，党和国家对劳动人民的权益保护问题的重视程度也在不断提升，也采取了一些重要的举措。面对国际国内的环境，各种人才参与建设的形式也发生了变化，而要保障这些人才的权益，就必须完善法律法规。对于社会来说，只有保护好了劳动者的权益，才能形成一个公正、公平、良性的社会链，每个人才能各司其职，共同发展，社会才能进步。对于个人来说，基本的劳动权益是保障其生存的一个重要方面，是每个人应有的权利，也是每个人必须要捍卫的权利。劳动行政执法是保护劳动者权益、维护和谐劳动关系的重要途径。因此，完善我国劳动行政执法是必要的。

第一节 劳动行政执法在我国政府治理中的地位和作用

一、治理、社会治理与政府治理

"治理"是一个来自西方的舶来品，20世纪90年代以来被广泛应用于社会学、管理学、法学等各个领域。学者们对"治理"作出的界定可谓五花八门。美国学者罗西瑙作为全球治理理论的创始人之一，著有《没有政府的治理》一书，将治理定义为："一系列活动领域里或隐或显的规则"，并认为治理是基于

第二章　和谐劳动关系语境下完善我国劳动行政执法的必要性分析

共同目标的一种活动，因而治理不一定是政府依靠国家强制力才能够实现的。英国学者格里·斯托克则从多元化的治理主体、治理责任、治理主体、治理网络、治理工具等方面对治理的内涵进行了分析和研究。由于西方治理理论奉行的是公民个人本位以及社会中心主义，因此社会自我治理在理论中不自觉地成为西方国家治理理论的核心。正如西方学者所指出的"如果说19世纪至20世纪之交的改革家们倡导建立最大限度的中央控制和高效率的组织机构的话，那么21世纪的改革家们则将今天的创新视为一个以公民为中心的社会治理的复兴实验过程"[①]。由此可见，在西方，治理理论与社会治理理论几乎可以说是等同的，国家治理几乎也等同于社会治理。

　　长期以来，我国对于"治理"采用的是社会管理、统治、控制等概念。党的十八届三中全会首次从国家战略的高度，对治理思想做出了具有中国特色的解释，提出了全面深化改革背景下要"推进国家治理体系和治理能力的现代化"的目标。从纵向来看，我国的"国家治理体系"包括经济治理、政治治理、文化治理、社会治理、生态治理五大体系；从中央文件来看，涉及治理的术语包括国家治理、政府治理、社会治理三个体系。党的十八届五中全会进一步提出"构建全民共建共享的社会治理格局"，对社会治理的思想进行了升华。随之，社会治理一词成为我国学术的热点问题，但至今未形成统一的概念。我国学者王浦劬在分析西方治理理论和中国本土化治理理论的基础上，辨析了国家治理、政府治理与社会治理的关系，并对社会治理作出了具有中国特色的概括，即"社会治理是指在执政党领导下，由政府组织主导，吸纳社会组织等多方面治理主体参与，对社会公共事务进行的治理活动"。[②] 这一概念契合了党的十八大报告的文件精神，即我国的社会治理是在"党委领导、政府负责、社会协同、公众参与、法治保障"的总体格局下运行的中国特色社会治理。本书将借鉴这一基本概念，并进一步厘清社会治理在我国的特点：

　　（1）社会治理的领导力量是政党。从执政理念来看，"社会治理反映了执政党执政理念的转型重塑"[③]，是政党执政理念更趋包容性的调整和转型。在西方

[①] 博克斯．公民治理：引领21世纪的美国社区［M］．孙柏英，等译．北京：中国人民大学出版社，2014．

[②] 王浦劬．国家治理、政府治理和社会治理的含义及其相互关系［J］．国家行政学院学报，2014（3）．

[③] 肖巍，钱箭星．西欧社会党社会治理理论和政策述要［J］．复旦学报（社会科学版），2006（6）．

国家,政党在国家治理中充当着"积极推动者"的角色,通过采取更加包容的执政理念,兼顾社会各阶层的利益,以保持执政党的地位,维护社会的和谐与稳定。在我国,"治理"是党领导人民进行的治理活动,是在中国共产党总揽全局、协调各方的总体格局中进行的,无论是国家治理还是社会治理,都离不开党的领导核心作用。

（2）社会治理的主体是多元主体。在我国,社会治理包括"党、政、企、社、民、媒"六大主体,即中国共产党、政府、企业、各大社会组织、广大人民群众、各类媒体等。在社会治理体制中,党和政府是社会治理的领导者,而企业、社会组织和公民等是社会治理的具体运行者。其中厘清政府与市场、政府与社会的权限边界,是处理好社会治理主体之间关系的关键。而社会组织是我国社会改革的重要组成部分。

（3）社会治理调整的社会关系主要涉及与人民利益直接相关的社会领域中的社会关系①,其内容主要是教育、医疗、就业、工资、住房、社会保障、社会福利、公共安全、社会服务、社会组织等。这些社会关系存在的矛盾或冲突以及背后隐藏的利益诉求,便是社会治理要解决的问题。

（4）社会治理的运行是多种机制共同运行的结果②。这一机制"本质上是国家政治权力和政府治理权力的运用,其中社会组织协同进行社会治理,运行的是社会组织机制,公众有序参与社会治理,运行的是公民权利机制"③。如何引进市场和社会的力量,协同提供高质量的社会服务,满足社会利益多元化的诉求,是社会治理的核心议题。

社会治理创新是党的十八届三中全会在全面深化改革的背景下提出的,其目的是在提高社会治理效率的基础上进一步化解社会矛盾,促进社会公正、激发社会活力,推动和谐社会的构建。社会治理创新的关键是创新社会治理体制,体制的建立蕴含着效率（社会工作）、公正（资源分配）和利益共享（参与）等价值理念。其中,保障和改善民生,最大限度地维护公民的社会权利和满足民众的需求,是创新社会治理的出发点和落脚点;信息时代,处理好多元的社会利益关

---

① 如社会阶层关系、社会保障关系、社会安全关系、人口与血缘血亲关系、社会公共服务关系等。
② 在我国的社会治理体系中,运行的是执政党领导、政府负责、社会协同、公众参与和法治保障的机制。
③ 王浦劬. 国家治理、政府治理和社会治理的含义及其相互关系[J]. 国家行政学院学报, 2014 (3).

系，及时化解社会矛盾，提升社会的包容性和公正性，是创新社会治理面临的重大任务；优化政府职能，通过政府向社会简政放权，激发社会组织参与社会治理的主动性、积极性和创造性，是创新社会治理的重要途径。

政府治理是政府体系即行政系统作为治理主体，对国家的政治、经济、社会等公共事务进行治理的活动①。按照西方关于治理理论的说法，治理的主体不必是政府，政府治理蕴含着政府与社会的协同与冲突。我国的政府治理是在党的领导下，通过促进政府的治理能力现代化，提升政府决策的科学性、民主性，为维护好人民的根本利益而对公共事务进行有效管理的活动。在此政府治理的运行仍然是多种机制共同运行的结果，而这一机制主要是国家政治权力和政府治理权力的运用。如何转变政府职能，优化政府组织，有效发挥政府的作用，并能借助市场和社会的力量，为人民提供高质量的社会服务，满足社会利益多元化的诉求，是政府治理的重要内容。

二、劳动行政执法在政府治理中的地位和作用

劳动行政执法是国家劳动行政管理部门依照法定的职权和程序，对劳动法律、法规的执行情况的监督。劳动基准是劳动行政执法的依据和权力范围②。根据我国《劳动保障监察条例》等法律法规的规定，国务院劳动行政部门主管全国的劳动保障监察工作，人力资源和社会保障部设立的劳动监察局依法查处和督办大案，指导地方劳动行政监察工作。县级劳动行政部门设立的劳动行政执法大队执法局等处理各地方出现的劳动行政监察事项。

劳动行政执法工作的开展在化解社会矛盾、维护社会稳定等方面发挥着积极的国家治理作用。在这项工作中，相关的执法工作人员为了进一步确保劳动者与用人单位的基本权利与财产安全，对劳动者基本权利的保护工作等方面做出了进一步的努力。劳动行政执法逐渐深入到了人们的生活，人们对它的使用以及了解也越来越多。伴随着网络的不断发达以及社会化媒体的出现，网络成为了劳动行

---

① 党的十八届三中全会《决定》提出，"科学的宏观调控，有效的政府治理，是发挥社会主义市场经济体制优势的内在要求"。

② 根据我国劳动基准的法律规定，劳动行政执法的范围包括：一是用人单位制定的直接涉及劳动者切身利益的制度及其执行的情况；二是用人单位与劳动者订立和执行劳动合同的情况；三是劳务派遣单位和用工单位遵守劳务派遣有关规定的情况；四是用人单位遵守国家关于劳动者工作时间和休息休假规定的情况；五是用人单位支付劳动合同约定的劳动报酬和执行最低工资标准的情况；六是用人单位参加社会保险和用人单位缴纳社会保险费的情况等。

政执法知识传播的最新途径。很多人认为劳动行政执法部门仅仅是管制企业、维护劳动者的机关与部门，这是对劳动行政执法的相关工作的重大误解，这种理解并没有体现劳动行政执法的核心概念。劳动行政执法是在合理合法的范围内对用人单位的用工行为进行监督和规范，而非干涉。劳动行政执法作为一种行政执法行为，在国家治理中具有重要的地位和作用。

（一）保障劳动法律法规实施的作用

法的生命在于实施。正如列宁所言"如果没有一个能够迫使人们遵守法权规范的机构，法权也就等于零"[①]，劳动行政机关就是保障劳动法律法规实施的重要机构。国家制定的劳动法律法规，明确规定了劳动关系双方当事人的行为准则。但是"徒法不足以自行"，仅仅只有字面上的明文规定，是远远不够的，还要有劳动行政机关对劳动法律法规的落实，也就是监督机制。劳动行政执法的依据是劳动基准法，而劳动基准是对劳动者最基本权益的保护法，违反劳动基准法规定的行为既侵犯了劳动者的合法权益，也有损于劳动法律的权威性。严格的劳动行政执法是对劳动法律法规的捍卫。如果在劳动行政执法工作过程中，只是空有理论，但是却没有机关对相关的工作进行监督检查，那么劳动行政执法部门就形同虚设。只有执法部门掌握好依法执法，才可以更好地发挥劳动行政执法的积极作用。

（二）协调劳动关系的作用

司法实践中，劳动仲裁、劳动监察、劳动诉讼是解决劳动纠纷的三驾马车，劳动行政执法就是第二驾马车，在协调劳动关系的过程中发挥着重要的作用。劳动关系的协调实质是一个利益协调的过程。和谐的劳资关系不仅关系到职工群众能否在工作劳动中获得充分的劳动权益、劳动回报和自身发展，而且关系到企事业单位能否实现良好运转和发展。利益需求多样化是社会经济发展的现实问题，如何建立公平合理的社会利益格局是我国社会治理面临的挑战。劳动关系领域的冲突主要是企业和职工之间的经济利益冲突。劳动者与企事业单位之间的利益关系主要表现为经济关系，而经济关系受多重因素的影响具有复杂性。尤其是互联网时代，不仅培育了新兴业态，也催生了"不求所有、但求所用"的新型用工模式，传统的劳动关系受到极大的挑战。劳动行政执法通过捍卫劳动者最底线的权利，促进劳动关系向着良好的方向发展。

---

① 列宁．列宁选集：第3卷［M］．北京：人民出版社，1974：256．

第二章　和谐劳动关系语境下完善我国劳动行政执法的必要性分析

第二节　完善我国劳动行政执法的必要性

一、劳动行政机关转变职能的需要

2004年国家颁布的《全面推进依法行政实施纲要》，对规范国家行政执法机关的执法行为和提升其执法水平均具有积极意义。这是全面推进依法行政工作的重要举措。国家明确要求行政执法机关必须要做到权责明确、行为规范、监督有效、保障有力，形成良性的行政执法体制。随之而来的是，行政执法质量考核评议制度的确立，进而是行政执法质量评比评查方式的不断创新。目前，我国行政执法机关具备了"行政执法责任制""执法公示制""执法过错责任追究制"等制度，可见我国的行政执法制度在不断提升，虽然取得了一些成绩，但依然存在不少问题。随着市场经济的发展，劳动行政机关的职能必须转变，以适应我国劳动人力市场的发展，为企业的发展注入活力，为市场经济的发展扫清障碍。行政成本高昂就是我国行政效率低下的重要原因。有专家曾指出，我国是全世界行政成本最高的国家。"运动式""应付式"是两种常见的行政执法现象，很多地方的行政执法流于形式，不能解决根本问题。当然，随着《中华人民共和国行政许可法》的出台，"还政于民"变得更加现实。这是在我国市场经济不断完善的情况下，国家和政府做出的调整，使社会管理的事务回归到"民间"。但我们应该明白，取得这样的成绩还是远远不够的。行政执法工作的目标是建立"服务政府""有限政府"和"法治政府"。因此，行政执法还有许多问题需要解决以及很多工作需要做。

我国行政执法领域中，由于监督机制的缺失，违法行政的问题十分突出。其中，有法不依就是一个突出的问题，而且执法不严、违法不究的现象也大量存在。例如我国城市管理领域的行政执法就存在很多问题，也在社会上造成了负面的影响，对行政执法单位的形象乃至政府的形象都有非常大的损害。劳动行政执法机关也存在同样的问题，同类事件不同处理导致政府的威信大打折扣。例如，根据法律规定，企业用工必须为员工购买社保，而有些地方政府为保护当地经济的发展，故意纵容企业在地方主义的保护下钻政策的空子，这对于被雇佣的劳动者来讲是一种不公平的待遇。因此，在新形势下，执法工作必须要顾及每个人的切身利益，做到公平公正。通过完善劳动行政执法的依据，为执法提供一个统一的、科学的、公平的标准，杜绝各种乱象的产生。

由于行政活动的复杂性，加之各个执法部门、各个地方的利益交织和博弈，使得法律矛盾和冲突时常发生。两个执法部门可能会因为不同的法律依据，对同一事件采取完全相反的处理方式，这样的事情屡见不鲜。而我国劳动行政执法单位的工作人员中有相当一部分人不具备法律专业的知识和素养，因此在开展工作的过程中就不能很好地履行执法的责任。同时，执法人员的岗前培训工作不够系统、规范，导致相当一部分执法人员对相关法律知识的了解、掌握流于表面，达不到应有的水平，从而造成执法水平达不到高标准。

要想做好劳动行政机关转变职能的工作，必须从三个方面入手，以便劳动行政机关更好地履行职能。

第一，劳动行政机关转变职能，要充分考虑行政管理对象的需要。

在我国市场经济的初级阶段，劳动行政机关管理的对象是全民所有制企业，而在市场经济社会中，劳动行政机关管理的对象发生了巨大的变化。他们不仅仅要管理以前的全民所有制企业，还要管理股份制、私营、民营、乡镇、外资等各种类型的企业，同时也包括个体。这种变化使劳动行政机关的任务量大大提升，也完全拓展了他们的管理范围。这就要求他们对一切所有制的企业和个人保持公平、公正的执政态度。管理对象发生改变之后，劳动行政机关的执法依据就必须改变，这样才能依法执政，才能以法服人。

第二，劳动行政机关转变职能，要充分考虑行政管理内容的需要。

在市场经济发展的初级阶段，劳动行政机关对于企业的管理内容是大包大揽，不仅要对企业的经营方向和策略等进行确定，还对日常的经营直接进行干预。劳动关系双方的权益也是由劳动行政机关来决定，例如：招工、调资、保险待遇等。转变职能后，劳动行政机关由权力拥有者转变成执法者和监督者，劳动行政机关的主要职责是对企业或者个体进行业务方面的指导、执法检查、协调服务等。通过这种方式，企业或者个体的用人主体地位得以确立，企业及个体的积极性得以发挥，劳动者在劳动中的主体地位也可以得到确立。劳动双方依照相关劳动法律来处理各项事务，保障自身权益。这对于劳动行政机关来说，明确了执法范围，有利于劳动行政机关提升办事效率，也利于减少腐败的滋生。通过完善劳动行政执法，可以对企业进行执法督察，做到实时的监督。

第二章　和谐劳动关系语境下完善我国劳动行政执法的必要性分析

第三，劳动行政机关转变职能，要充分考虑管理手段的需要。

在市场经济发展的初级阶段，劳动行政机关管理企业，通常是直接参与到企业的经营中去，即采用直接的行政干预手段。对于企业来说，过度的干预导致企业不能按照正常的轨道发展，这样就会存在很多的弊病，无论是人事管理还是企业自身的盈利方面都会出现很多的问题。因此，劳动行政机关的职能必须改变，才能促进企业的健康发展。在劳动行政机关职能转变后，他们的主要管理手段就是行政、经济、法律等方面并重，以此来对企业或者个体进行管理。劳动行政执法依据的法律，不仅是国家一般性质的法律法规，也包括行政法规。劳动行政执法是劳动行政机关职能转变能够得以顺利进行的保障，没有完善的劳动行政执法依据，劳动行政机关职能就无法履行，执政效率也无法提升。

此外，劳动行政执法对劳动行政机关工作也具有深远影响，主要体现在四个方面：

第一，保障劳动行政执法主体和被执行人的合法权益。

一方面，同民众以及行政执法人员的法律意识淡薄，是造成我国劳动行政执法难度加大的主要因素之一。许多用人单位由于法律意识不强，甚至走上了违法犯罪的道路。随着党和国家的政策对于普法工作的重视程度加深，人民群众法律知识的普及工作在一步步推进，人民群众的法律意识也在不断增强。但也有部分人暴力抗法，完善行政执法可以对这一部分人进行惩戒，让他们对行政执法有敬畏之心，以此来规范他们的行为。另一方面，我国行政执法人员的法律意识淡薄，在执法过程中不能做到有法必依、执法得当，存在野蛮执法的现象。当没有法律意识的民众遇到这样的执法人员，矛盾会进一步激化，从而影响正常的执法，最终的执法效果也就不够理想。完善劳动行政执法可以促使劳动行政执法人员提升自身的法律水平和执法水平，当他们遇到以上问题时，就可以运用法律手段对劳动行政执法的权威进行捍卫，同时维护自身合法权益，杜绝以暴制暴，维护劳动行政机关的公信力和执行力。

第二，有利于加强劳动行政执法机关的队伍建设。

加强劳动行政执法机关的队伍建设，体现在加大对劳动行政机构主要负责人的监督力度。劳动行政机构的主要负责人认识不到位，就会对自身的工作内容产生不重视的心态，在案件核审、评查工作上就可能会出现问题。劳动行政执法工作缺少劳动行政机构主要负责人的支持，就无法开展，效率就大大降低。有些劳动行政机构的主要负责人只从本单位的实际利益或者情况出发，对其他问题考虑不全面，最终因为各种原因，降低了执法的水平。有的劳动行政机构的主要负责人虽口头上对依法行政的重要性进行肯定，但实际上只是走形式，属于"务虚"之列。完善劳动行政执法工作，应当明晰劳动行政机构主要负责人的职责，完善对执法责任主体的追责机制，促使其在法律的框架之内履行职责，也督察他们在行政上的积极"作为"。

加强劳动行政执法机关的队伍建设，还体现在劳动行政执法人员素质的提升上。国家机关是为人民服务的机构，必须接纳真才实学的人到这个队伍中。尤其在执法这一块，一般情况下如果不是法律专业出身的人员，执法人员的专业能力就会受到质疑。因而，完善劳动行政执法，首先是要对执法人员的准入制度进行完善，让专业的人才进入该领域。对已经在岗的人员来说，可以通过培训促使他们不断地学习专业知识和职业技能，经过考核后仍然不能满足岗位需要的，则可以通过降职、辞退等人员管理机制整顿劳动行政执法的队伍。通过不断完善劳动行政执法的监督制约机制，落实劳动行政执法责任追究制度，才能加强劳动行政执法队伍的建设。

第三，有利于精简劳动行政执法的组织机构。

劳动行政执法机关在新的法律依据指导下，办事效率得以提升，那些老旧落后的庞大组织就会被精简，以此来节约政府开支。由于完善了劳动行政执法，劳动行政执法机关的机构组织必须进行调整以适应新法律的实行。这样的调整需要对社会各方面的劳动主体进行考量，对企业或者个体的情况进行综合分析，然后以科学的方式配置新型的机构组织，以配合劳动行政执法机关工作的开展。

劳动行政执法机关转变政府职能之后，主要是对企业或者个体进行业务指导、监督检查和协调服务，同时完善劳动行政执法的组织机构，提升劳动行政执法的工作效率。只有通过这种方式，才能在源头上促进劳动行政执法高效执法。

第四，可以较好地完善劳动行政执法的监督机制。

2004年通过的《全面推进依法行政实施纲要》中确立了行政执法质量考核评议制度。劳动行政执法机关也必须要不断创新劳动行政执法质量评比评查方式，如开展各个单位之间的评比、本单位内部执法人员的评比等。只有通过这种方式，才能对他们的权责进行及时的追溯。同时，我国劳动行政执法机关必须要按照"行政执法责任制""执法公示制""执法过错责任追究制"等制度的指导工作，这些内容与劳动行政执法单位的每一个参与者都息息相关。在监督考核力度不强的情况下，个别单位将监督工作视为空谈，反保留在口头上，没有落到实

第二章　和谐劳动关系语境下完善我国劳动行政执法的必要性分析

际行动上。劳动行政执法监督工作的缺失造成劳动行政执法人员在办案中的随意性增大，出现"以言代法""以权压法""知法犯法""徇私枉法"等情况。完善劳动行政执法监督工作，在一定程度上可以避免粗暴、野蛮执法的发生。这样就可以提升劳动行政执法的效率，进而提升劳动行政执法机关在老百姓心目中的公信力。

劳动行政执法机关转变职能之后，能够更好地对企业或者个体进行业务指导、监督检查和协调服务。劳动行政执法机关本身是监督机构，如果没有其他的监督机构或者团体、个人等来对其进行监督，那么他们的工作就会有很多的问题产生，例如，执法犯法、"一手遮天"、腐败等问题，当然这些问题都是互相交织的。因此，建立科学的、严谨的、具有威严的监督机制对劳动行政执法机关进行监督是有必要的。加强劳动行政执法监督，是保障严格、公正、文明劳动行政执法体系形成的必要条件。

权力滥用是一个比较常见的现象，没有制约腐败就很容易滋生。劳动行政执法没有切实可行的监督措施和科学的监督体制，那么政府的监督检查职能就流于形式，违规必然就会发生。要提高劳动行政执法质量，全面系统地、科学地规范劳动行政执法过程，就必须进一步强化劳动行政执法机关的监督制约机制，加大约束力度，以保障劳动行政执法机关权力的正确使用和行使。行政执法监督的措施有以下几点：

一是全面完善劳动行政执法质量考评工作。如果没有完善的执法质量考评体系，执法质量的考核效果就会降低，随之而来的就是执法状况得不到很大的提升。在这个问题上，劳动行政执法机关可以积极地借鉴其他单位或地区的经验。例如，我国一些公安机关的质量考评体系就很优越，有效提升了基层的工作质量。通过借鉴确立新的考评体系，最终才能取得良好的效果。考评机制可以刺激劳动行政执法机关执法质量的提升。同时，需要注意的是，一定要处理好劳动行政执法执法考评与其他考评的关系，只有通过这种方式，才能防止多头考评，防止增加不必要的负担。此外，在这个问题上，国家和政府要将奖惩纳入考评中，要把考评结果的重要性进行提升，使之成为衡量一个地方劳动行政执法成果的重要依据，以及考核主要领导人业绩的基本标准，以达到赏罚分明。

二是必不可少的外部监督制度，形成并强化外部监督力度。对内加强对单位、个人考核的力度，对外加强外部监督的力度，广泛地发动群众参与到劳动执法工作的监督中去。例如，聘请劳动执法工作的行风监督员；在线上和线下公开举报电话，线上设置举报平台，线下设置举报箱，接受群众的监督和举报投诉；邀请与劳动行政执法相关的人大代表或政协委员等参与到这个工作中来，进行执法视察、进行质询；还要做到在法律许可的范围内，将办事制度进行公开，定期向受众公布劳动行政执法的相关情况。对于群众监督渠道的建设也不能落后，要对群众来信、来访等内容进行全面的、详细的查阅。只有将这些事情落到实处，事事有回音，劳动行政执法机关才能取信于民。并且，在我国人民法律意识逐渐增强的情况下，开展全民的投诉举报工作是可行的，关键要重视投诉的结果。劳动行政执法机关必须要处理得当，以提升人民群众举报投诉的积极性，提升劳动行政执法机关在人民心中的信誉度和公信力。例如，一些企业在用人的问题上出现了违法的现象，像常见的不购买社保的问题。劳动行政执法机关在受理案件之后，应当依法处理，而不是出于个人利益或者地方保护主义，对企业进行保护，忽视处于弱势的群体。劳动行政执法者出现违纪现象，任何的知情者都有义务举报或投诉该执法人员。

　　三是落实各个监督主体的职能，确保全方位监督落实到位。劳动行政执法工作的监督工作必须要有良好的监督机构和职能分工，才能使其中的各项监督制度有统一的来源，既自成一体，有各自的职责范围，而且它们之间相辅相成，密切地联系着。既要避免职能上的交叉，同时也要避免职能上的空白，以此来提升劳动行政执法机关监督机构的监督效率。使这些监督机构在分布上科学合理，各司其职，在开展工作的过程中又相互配合，提升监督的效率。

　　四是对现行的劳动行政执法过错责任制进行完善。劳动行政执法机关权力运行机制在新形势下迫切地需要进行改变，使之结构合理、制约有效、配置科学、程序严密，呈现最好的状态。无论是在决策阶段还是执行环节，都要加强对劳动行政执法权力的监督。要加强对劳动行政执法机关领导干部的监督，尤其是对主要领导干部的监督。关于劳动行政执法的重大事项，必须依据"集体讨论""决定程序""报告制度""质询制度""民主评议制度"来开展工作。同时，要完善劳动行政执法过错责任追究的措施，将执法指导、规范执法、执法人员辞退三种方案在实际的工作中有机结合并运用起来，给予每个劳动行政执法人员以警示效果，促使劳动行政执法人员严于律己。

　　五是加强科技手段的投入。目前，信息技术、互联网等在行政执法监督工作中的作用越来越大。因此，在劳动行政执法的过程中，也应该引入科技手段，可以通过信息技术对劳动行政执法过程、执法环节进行干预，实行微机化程序监督，通过技术手段，从源头上阻止劳动行政执法问题的发生。科技的力量会使更多违法乱纪的事件产生，但也可以成为提升劳动行政执法监督的有效手段。只有通过这种方式，才能提升劳动行政执法工作的效率，促进劳动行政执法监督工作取得更高的成就。

综上，完善劳动行政执法机关的监督机制，才能为劳动行政执法机关的工作把好第一个关口。其中，开展劳动行政执法质量考评工作是第一要务；形成严格的外部监督机制，强化外部监督力度，也是非常重要的一环；与此同时，还要落实各个监督主体的职能，确保全方位监督落实到位；在新形势下，还要对现行的劳动行政执法过错责任制进行完善；加大投入，加强科技手段的运用才能提升工作效率。只有完善劳动行政执法机关的监督机制，才能从源头上保证劳动行政执法机关执政的质量。这是完善劳动行政执法整个法律体系的首要任务，也是转变政府职能的先决条件。当然，劳动行政执法机关的权力和地位也必须要通过不断完善劳动行政执法来得以提升。劳动行政执法机关的其他两项职能即业务指导和协调等工作也需要完善的劳动行政执法来进行指导，以此来保证执政过程的有法可依，执法必严，违法必究。这才能让劳动行政执法机关在面对更加复杂的企业或者个体纠纷时能够很好地应对，保证劳动行政执法机关政府职能的转变，提升他们的工作效率。

可见，我国的劳动行政执法机关的职能要得到转变，就必须要依靠我国劳动行政执法的完善。

二、劳动关系社会化的要求

（一）劳动关系社会化的具体表现

劳动关系社会化，是指雇佣方呈现多元化的结构从而造成劳动关系的社会化。在我国计划经济体制下，雇佣方就是国企和政府等"国家化"的主体，因而劳动关系表现出"国家化"的特征。这主要是因为在中华人民共和国成立初期，劳动关系的管理是国家的大事，国家对劳动关系的管理是直接运用行政调节手段进行介入，表现为调配劳动力、固定工制度等一元化的用工制度。劳动行政执法此时的功能仅限于对企业的劳动安全进行监控。因此，在计划经济时代，人们最大的梦想之一就是成为工人，因为工人由国家这个坚强的后盾来管理，有固定的工资来源。

随着市场经济体制的建立，我国实施对外开放等政策，大量的雇佣主体因此形成，国家和社会结构分化，劳动关系与行政关系也逐步分离成为独立的社会关系，表现为以市场为导向的就业机制和企业用工制度，劳动力市场的两大主体用人单位与劳动者之间形成了基于劳动合同的契约关系。简单地说，在新的环境之下，由于各行各业的发展，我国鼓励个体等非公有制经济的发展以及外资等的进入，这使我国的雇佣方呈现了多元化的结构。企业的发展离不开每个人的努力，也需要更多的建设者。而随着我国人口的增长，就业问题越来越重要，多元化的雇佣方则为劳动者提供了更多的机会。改革开放以来，我国的市场经济和国内环境发生了巨变，无论是城市建设还是人民的生活水平都得到了很大提升。没有数以亿计劳动者们的辛勤劳动和付出，中国就不会有这样的成就。随着劳动关系的社会化，按劳分配、私有经济为国家的发展注入了活力，我国也步入讲究效率的阶段。但是，这也给劳动权益带来了负面的影响，加剧了劳动者和用人单位的纠纷。因此，国家在新的环境下，就必须改变单一的劳动关系，使劳动关系更加的社会化，促进就业和企业的发展，提升市场经济发展的速度和活力。在这样的情况下，劳动关系的市场化趋势就日益明显。而劳动力市场的两大主体只需要根据劳动合同来确立他们之间的关系，以此来保证他们各自的权益。

面对劳动关系的社会化，国家出台了相应的法律法规来保障劳动力市场两大主体各自的权益。我国在1995年颁布并施行了《中华人民共和国劳动法》，这部法律是在我国改革开放10多年后，市场经济蓬勃发展的情况下诞生的。进入21世纪，我国又先后颁布了《职业病防治法》《劳动合同法》《劳动争议调解仲裁法》《社会保险法》等。这些法律在我国市场经济的发展中起到了不可磨灭的作用。但是随着我国经济的发展和国际国内形势的变化，这些法律也出现了一些问题，需要得到进一步的完善。例如，这些法律在一些重要的问题上虽然提出了总体的方针，但是各级劳动部门以及各级地方立法机构不能生搬硬套，还要对实际情况进行考核分析，然后结合《劳动法》来及时制订更适合且有针对性的解决方案。目前，我国的劳动立法机构还没有做到这一步。这导致很多工作的细化不到位，劳动法的可操作性降低了很多。这就是新的环境下，劳动关系的社会化对劳动行政执法提出的新要求之一。针对这种情况，我国的《劳动法》等法律，还需要协调总体框架与地方的细节方案之间的关系，让一些地方结合实际情况处理问题，建立适合社会化的劳动关系和更加灵活、可操作性强的劳动行政执法的立法机制，在一定程度上优化劳动行政执法机关的管理机制。这也是一个漫长的过程。

第二章　和谐劳动关系语境下完善我国劳动行政执法的必要性分析

(二) 劳动关系社会化的劳动行政执法表现

以市场为取向的改革背景下，由于地方政府的自利性，我国政府对劳动关系规制的加强与放松的处理上一度陷入盲目放松的歧途，这表现为我国劳动执法活动合法性和有效性的缺失。当然，改革开放之初，政府放松规制对于提高经济效益和促进社会发展是有利的。但是随着改革的深入，劳资力量严重失衡，政府应当加强对劳资关系的规制，承担起社会利益平衡者的责任，从而维护劳动力市场的健康发展，促进社会和谐。可以说，在劳动关系社会化的转换过程中，劳动行政执法的功能需要不断强化和完善，比如，在执法范围上从原来的单一执法向全面执法转变；在执法方式上从被动执法向主动执法转变；在执法力度上从软弱无力向增强强制性转变等。通过这些转变来满足劳动者维权需求的迫切需要，维护和谐劳动关系的稳定。

1. 从原来的单一执法向全面执法转变

在我国的计划经济时代，单一的劳动关系造就了单一的执法。执法主要是对劳动工资和劳动条件两个方面的监察。随着经济的发展，劳动关系也随之改变，社会化的劳动关系要求雇佣双方利益达到平衡。例如，对劳动者劳动条件的改善，对社会福利和保障的提升，以此来提升他们对劳动的积极性，使之享受社会发展带来的成果。因此，这就要求国家劳动行政执法机关不能只关注劳动者经济层面上的待遇，如工资报酬等，还必须要保障他们在职业安全、卫生、培训教育等方面的权益。此外，随着我国法制建设的深入，劳动者的综合素质在不断地提升，他们具有更强的法制意识，也就渴望得到更高级别的劳动保障、发展权利、组织权利、政治权利等，以此来满足新环境下的工作和生活需求。面对这样的现实，国家劳动行政执法机关就必须提升自身的监察质量和水平。同时，面对国际环境的改变，特别是在我国加入 WTO 之后，劳动关系社会化的程度逐渐深化。劳动行政执法不仅要处理劳动者和国外企业的关系，还要处理国际法规与我国现行法律之间的关系，实现与国际劳动法规的接轨。而且在劳动行政执法的过程中，只有将这些法规执行到位，细节落到实处，才能协调劳资双方之间的矛盾。这都是劳动行政执法机关必须要面对的重要问题。

例如《劳动合同法》第七十四条第五款用人单位关于劳动者工作时间和休息休假时间的规定，就是劳动行政执法的一项重要内容。在劳动行政执法的过程中，全面执法自然也要保证劳动者的休息权。然而，在实际的雇佣关系中，很多劳动者的休息权益都没有得到很有效的保证。劳动者在劳动关系中处于弱势地位，但是，随着他们法律意识的提升，他们对于各种合法权益的诉求就越强烈。如果企业不能保障劳动者的权益，他们可以随时举报单位，然后换掉工作。对于劳动者来说，劳动关系社会化给他们带来了更多的机会。对于用人单位，劳动力供大于求的就业格局使其处于较为有利的地位，可以重新招聘人员。这是劳动关系社会化造成的结果。但是劳动关系社会化并不会给用人单位的违法行为埋单，劳动行政执法单位必须要在劳动关系社会化环境下进行全面的执法，才能全面保障劳动者的权益，才能让劳动关系社会化环境下的雇佣关系更加和谐，从而促进企业的健康快速发展，进而推动社会的全面发展。

2. 在执法方式上从被动执法向主动执法转变

我国的劳动行政执法在过去主要是被动执法，就是对劳动关系中的已经发生的不法行为进行处罚。这样的方式就让劳动行政执法机关的工作陷入被动状态，也降低了他们处理紧急事件的能力。在突发事件中，劳动行政执法单位的大量的人、财、物等都被占用，而不能在预防领域发挥作用，削弱了预防的作用。所以，劳动行政执法单位的全部职能就得不到发挥。同时，随着劳动关系的社会化，有关劳动关系的各种案件层出不穷，没有预防为主的方针，也就是主动执法的理念，就不能很好地处理海量的案件。所以，劳动争议处理必须由事后处理转变成事前预防。

国际上一直倡导劳动行政执法部门主动执法，即预防劳动争议事件。首先是在劳动者思想意识的宣传方面必须要做好全方位的工作。例如让劳动者学习《劳动合同法》《就业促进法》《劳动争议调解仲裁法》等内容。只有加强法制宣传的力度，劳动者的法律意识才能得以提升。与此同时，对于用人单位的法制教育同样重要，这样他们才能知法、守法。促使劳动行政执法机关的主动执法取得更好的成果需要多方面的努力。

要主动执法，第一要务是完善我国现阶段劳动行政执法的法律法规。由于劳动关系的社会化，劳动行政执法的法律法规必须要平衡各方的权益，才能促进社会的良性发展。例如，在我国，地方保护主义比较常见，当地机关会制定法律条文去保障辖区内企业的利益，而劳动行政执法机关面对这样的情况，若没有占据绝对优势的法律条款和法律赋予权力，就无法处理问题。因此，地方保护主义就更加突出。如果完善了涉及打击地方保护主义的劳动行政执法的法律法规，就可以让地方政府的"保护伞"倒下，企业也就不得不遵守相关的法律法规，主动预防的目的就达到了。再如，目前我国劳动行政执法对于企业的惩罚力度不够也

第二章 和谐劳动关系语境下完善我国劳动行政执法的必要性分析

是一个突出的问题。为了大力发展各种所有制的企业,调动这些企业的积极性,促进经济的发展,国家在社会主义建设的初期,对于企业的监管制度是很宽松的。而企业规模的扩大和企业主体的增多导致随之而来的矛盾更加突出。在劳动关系社会化的条件下,企业居于强势地位,供大于求的现实让劳动者处于弱势地位。面对这样的情况,企业的违法成本如果不提升,他们就会屡教不改,导致劳动关系进一步恶化,引发经济、社会等各方面的问题。所以,完善劳动行政执法的相关法律法规,对企业的违法行为进行适当的惩罚,才能让企业遵纪守法,为社会创造更多财富。综上,国家的劳动行政执法在立法方面的完善,可以为主动执法创造十分有利的条件。没有这个前提,主动执法的效果还是得不到根本的改变。

除此之外,要主动执法,还需要提升劳动行政执法单位人员的素质。在劳动关系社会化的背景下,劳动行政执法机关的工作人员需要面对各种各样的情况,他们采取的预防措施和紧急事件处理能力的提升可以体现劳动行政执法力度的提升,而这需要他们综合地考虑各方面的因素。首先,要转变自身的工作理念,不是被动地去处理事情,而是要未雨绸缪。其次,利用有限的人力、物力、财力去解决问题,而且还要保障各方的权益。最后,严肃应对思想素质方面的考验,杜绝徇私舞弊、贪污腐败等。在劳动关系社会化的条件下,各种各样的用人单位为了满足自身的利益会侵犯劳动者的利益,违反法律,这就需要劳动行政执法机关进行有效的干预和惩处。在主动执法环节,劳动执法机关要向劳动关系的双方进行有效的宣传。因此,执法人员必须有较高的思想素质和专业的法律知识,只有具备了过硬的综合素质,他们才能完全胜任主动执法的工作。

与此同时,要主动执法,我们国家还需要在劳动行政执法方面加大经济、人力等投入,只有在这些硬件都完备的情况下,才能树立劳动行政执法机关的权威,发挥执法人员的智慧和专业知识来取得主动执法的胜利。

当然,我们国家的主动执法目前还处在初级阶段,还有很长的路需要走。只有不断地改善我国劳动行政执法的环境,才能搭建适合主动执法的平台,才能让被动执法向主动执法全面转变。

3. 在执法力度上从软弱无力向增强强制性转变

我国的劳动行政执法机关执法力度的软弱无力表现在多个方面。例如,当用人单位侵犯劳动者合法权益时,一些地方政府出于保护主义,更看重用人单位的效益、上缴利税、安置就业,因此以牺牲劳动者利益为代价,忽略劳动者的合法权益。而且，很多地方政府会对劳动行政执法单位的监察执法行为进行压制，造成了劳动行政执法机关执法力度的软弱无力。也正是在这样的环境下，部分用人单位仗着地方政府的庇护，对劳动行政执法单位的行为置之不理。有的托人情找关系，有的以扰乱投资环境为借口，这使得劳动行政执法机关的执法行动非常困难。又如，在劳动者的合法权益受到侵害时，很多当事人没有法律意识，他们甚至都不知道自己的合法权益受到了侵犯，有的知道了也不及时采取措施，最终使劳动争议的解决更加困难。因为，当事人法律意识淡薄，没有及时保存一些书面的证据，这就会经劳动行政执法机关的执法增加障碍，导致执法力度被削弱。还如，由于劳动行政执法机关的人力、物力、财力等都缺乏，办事效率就会大大降低，没有效率的执法又谈何具备执法的力度？再如，我国劳动行政执法机关没有查封物品、冻结账户、追究当事人法律责任等强制执行的权力，所以执法力度也就降低了。劳动行政执法机关对于这些违法的用人单位处罚较轻，因此这些单位对劳动行政执法机关就没有敬畏心理，加之违法成本也比较低，因此多次再犯的事情时常发生。

在劳动社会化关系的背景下，如果劳动行政执法机关不强制执法，就不能保证执法政效率的提升，不能保证执法力度的加大，也就最终不能保证劳动者的合法权益。所以，只有采取强制执法才能在复杂的形势下，对一些不法的用人单位进行恰当的处罚。这样才能保证劳动行政执法机关的权威性，保障他们的办事效率和执法力度。

例如，工商行政执法单位的执法力度和在人民群众心中的权威性与劳动行政执法机关相比就要强得多。因为他们的强制性措施非常多，正是在这样强制性执法的模式下，才能杜绝不法事件的发生。如果劳动行政执法也采取这样的强制措施，那结果也就完全不一样。例如，企业不给员工购买保险，可对其采取强制性措施，如吊销执照，或者是勒令停业整顿3个月等，这样强制性的措施才有威慑力。企业的违法行为就会减少，劳动行政执法机关的执法就会取得更多的成果。

（三）劳动关系社会化对劳动关系领域的影响

劳动关系社会化对国家提出新的要求，即从原来的命令控制转变成"基准控制"，由单一的行政手段管理转变为主要通过立法和以劳动监察为核心的劳动行政执法进行管理，主要表现在通过立法来确立劳动行政执法机关的法律地位和权威，以法律做指导，劳动行政执法机关对企业或者个体开展业务指导、监督监察和服务协调等工作。我国对劳动者权益的保护随着时间的推移在逐步地提升。由

第二章 和谐劳动关系语境下完善我国劳动行政执法的必要性分析

此可见，随着国家立法对劳动行政执法机关政府职能进行定义，劳动行政执法机关的政府职能也必须得到转变。

在单一的劳动关系阶段，劳动行政执法机关管理的企业是国企，面对的是简单的劳动关系。而在劳动关系社会化之后，劳动行政执法机关管理的对象发生了巨大的变化，不仅要管理国企，还要管理各种所有制关系的企业和个体。因此，劳动行政执法机关所面对的管理者就更加复杂，涉及的面就更加的广泛。所以他们在对这些企业和个体进行管理时，就必须转变政府职能，不能完全干涉企业内部的管理，而是应以指导、监督、协调等为主。这样既保证了劳动行政执法机关在执法地位上的权威性，也贯彻了国家政企分开的发展方针，为企业的良性发展起到了积极作用。

政府在转变职能之后，对企业的管理主要是依据法律法规去监督企业的经营，例如在用人过程中的工资、社会保障、社会福利等是否符合法规。国家以法规来保障劳动者在劳动过程中的利益，就必须要在对企业的监督过程中去惩治不合法的现象，同时也保证用人单位在法律规定范围内的自主招聘的权利。简单地说，劳动行政执法机关一方面要对劳动者的权益进行捍卫，另一方面也必须对企业的自主权利进行保障。一些矛盾也随之而来，即私法性规范与公法性规范之间的矛盾。

基于对劳动者权益的倾斜性保护和对用人单位自主权利的尊重，现行劳动立法规范中既包含以契约自由为核心的私法性规范，也包括以公正秩序为理念的公法性规范。但是如何在公益与私益之间掌控平衡，从而使"以自治为导向的私法规范与以管制为目标的公法规范能够在同一法律体制下和谐相处"，这成为劳动法在构建和谐劳动关系中的一项重大技术性难题。这也是劳动关系社会化环境下，必须要重视的一个问题。还要重视的一点是，私法性规范对保障劳动关系社会化条件下劳动者权益的作用，对于建立良性的社会化劳动关系的意义和国家长远发展的贡献。

在劳动执法领域，契约自由为核心的私法性规范主要突出了劳动者权益的保护。我们国家在这方面取得了一定的成果。例如，在劳动合同、最低工资标准、保险、安全生产、工资拖欠、劳动时间等方面都保障了劳动者的权益。但是，我国是人口大国，就业环境比较复杂，我国相关的劳动私法性规范在执行中还存在很多问题。国家的多部法律都旨在保护劳动者权益，但在具体实施过程中，劳动者合法权益的保护还有许多不足。特别是在我国劳动力供大于求的情况下，供求矛盾凸显。部分用人单位为一己私利，利用自身有利地位，将劳动者的合法权利抛之脑后，以低廉价格来取得用工的权利，劳动者的合法权益就在这样的不利环境之中，受到了损害。劳动关系社会化必须要对企业的违法行径进行惩罚，劳动关系社会化不是用来纵容企业利用自身的有利地位来对劳动者进行剥削，而是为了促进生产资源的合理配置、优化组合，最大限度地调动企业的积极性。所以，必须要以私法性规范来保护劳动者个人的权益，只有通过这种方式，才能让社会化的劳动关系更加和谐，才能促进就业环境的改善。

例如，在劳动关系中，侵犯劳动者权益的事件层出不穷，劳动者维护权益的成本过高、我国的劳动行政执法机关执法力度不够、对用人单位的惩戒力度太小等，这些最终都造成了劳动私法性规范流于形式，没有落到实处，劳动者的合法权益没有得到很好的保护。

值得欣喜的是，党的十八届三中全会议通过的《中共中央关于全面深化改革若干重大问题的决定》，将劳动者就业环境的改善提升到了更高的位置。例如，要消除城乡、行业、身份、性别等因素，扫清一切影响平等就业的障碍，包括制度上的缺陷，也包括就业歧视。对劳动关系的协调机制也提高了重视，更加重视劳动者表达合理诉求的渠道的建立。由此可见，该项决议主要是为了创造宽松、完善的就业环境，以此来加强对劳动者合法权益的保护力度。

由此可见，在劳动执法领域，以契约自由为核心的私法性规范对劳动者合法权益的保护来讲是重中之重。只有劳动者权益得到了切实的保护，整个社会，才有更多的建设者，才能改善社会就业环境并保证劳动者得到公平、公正、合理的对待。劳动者才能给国家和社会创造出越来越多的财富和价值。也正是这样，处理好被雇佣者的权益问题，才体现私法性规范对每个公民所具备的意义，否则私法性规范就是空谈。由此可见，社会要良性发展，社会要更加和谐，国家要更加富强民主，对私法性规范就必须执行到位。

但是，国家的劳动执法领域不仅有私法性规范，还有公法性规范，二者之间存在矛盾和对立。那么，在国家劳动立法和劳动行政机关执法的过程中，又怎么才能使二者和谐统一呢？首先就必须要了解"公法"与"私法"的区别和联系。从利益保护的宗旨可以得出，公法是指维护公共利益；私法则指保护个人或私人利益。"利益说"将公、私法进行划分。罗尔斯·庞德的"利益说"将利益分为三个部分：个人利益、公共利益和社会利益。公法的主要目的是保护公共利益。公法要保障的利益区别于私主体的具体的、特殊的利益，其次它还有一个重要的

第二章 和谐劳动关系语境下完善我国劳动行政执法的必要性分析

作用就是充当各种利益的平衡器。当其他各种利益在复杂的形势下发生冲突时，就需要用公法来对其进行处理。例如，政府实施调控和干预经济等就是这样的行为。公共利益是共同体之间的最高利益和根本利益。公共利益包括人类基本的生存价值和制度环境，以及建立适合各社会共同体发展安全、公正、自由的秩序等。私法主体所捍卫的是各自独立、具体的私人利益，包括财产利益、人身利益两个方面。在劳动关系社会化的情况下，"公法"不是简单地包含"私法"，二者有交集，但是二者之间也有矛盾。

从调整的社会关系即对象来看，国家与公民之间的关系、政府与社会之间的各种关系，如政治关系、行政关系及诉讼关系等是公法调整的范畴。私人之间的民商事关系是私法调整的对象，即财产关系和人身关系的调整。它是人民日常私人生活状况的法律体现。法律对民商事关系的调整是营造公平竞争社会环境的重要措施，遵循的基本原则是独立、平等、自愿、公平，以及每个主体的人格独立、诚实信用等。民商事关系的主体在法律上的"存在"一般情况下是抽象平等的。

国家和政府是公共权力的代表，它们的职责是管理各种公共事务，为人民提供服务。因此，这些管理和服务必须纳入法治的范围，否则就不能对管理者的行为进行约束，就不能代表人民的根本利益。从这个角度，可以很清楚地看到公法的基本内容和宗旨是规范国家权力和政府行为。公法的实施方式是通过控制公权力对正当的私权利进行维护。这就是"公法"与"私法"的联系。公法主要解决的是国家与公民、政府与社会之间的矛盾，这是一种非平等的社会关系，私法所调整的是平等主体之间的关系。这就是"公法"与"私法"的区别。

在劳动关系社会化条件下，一方面，随着我国社会主义市场经济中劳动关系社会化的进一步发展，国家与公民、政府与社会之间的矛盾日益突出，必须要通过加强公法的执行来对各方的权益进行协调，这就要求国家进一步完善劳动行政执法来达到这样的目的。另一方面，国家只有通过不断地完善劳动行政执法，对公法的执行、私法的执行之间的矛盾进行协调，才能将公法通过控制公权力来对正当的私权利进行维护的作用发挥得更好，才能建立更加和谐的劳动关系。

劳动社会化的条件下，要对雇佣关系双方的权益都进行捍卫，只有通过劳动行政执法中去完善和落实，才能满足双方的利益。在多变的就业环境中，只有创造出真正公平、平等、合理、良性的劳动环境，才能促进经济和社会的全面发展。

三、劳动关系调整的国际化挑战

随着中国加入世界贸易组织（WTO），世贸组织的各项法律文件也对我国的法制建设提出了新的要求。具体到劳动保障监察法制中，则主要是体现在职业中介、就业准入等和服务贸易有关的法律规范的制定和实施方面。

（一）劳动关系调整的国际化对劳动立法的影响

劳动关系国际化对劳动立法的影响，主要是如何做好劳动保障立法和WTO规则及其他国际惯例的衔接。长期以来，我国都将国际劳工标准视为"软法"，这其中主要是因为国际劳工标准的执行是基于"自愿"批准的基础上。然而，随着国际劳工组织的强力推动和发达国家要求与贸易强制挂钩，国际劳工标准有着不断强化的趋势，迫使我国增强对劳工的保护，改变传统的劳动法保障模式。一方面我们要对劳动监察的依据——劳动基准立法进行不断完善，即要以国际劳工标准为原则，根据我国的国情，不断完善我国的劳动基准法，尽快与国际接轨。另一方面政府需要改变劳动法"重立法、轻执法"的职能定位，顺应国际劳工标准，强化以劳动监察为核心的劳动行政执法制度。加入世界贸易组织对我国劳动监察制度带来的影响主要在执法对象、执法重点方面。过去很长一段时期中，劳动保障监察执法的对象主要是国有企业、集体企业和私营企业。随着入世后我国对外开放程度的加大，在华外资企业数量迅速增长，执法检查中的涉外对象呈上升趋势，这就要求执法人员具有更高的法律素质。同时，加入世贸组织后，劳动力在不同区域、产业、企业之间的流动将进一步加快，而且清理整顿劳动力市场、规范劳动用工行为、维护劳动者特别是农民工的合法权益等方面形成了新的执法重点和热点，需要在监察执法工作中采取有针对性的措施。

现阶段，由于国际的形势在不断变化，国际贸易往来更加频繁。我们国家劳动行政执法中的基准立法与国际劳工标准之间存在着差距，因此必须完善我国劳动行政执法中的基准立法。

从政治上来讲，完善我国劳动行政执法中的基准立法是完善劳动行政执法的前提，也是在劳动关系方面处理好人民内部矛盾的重要措施；在生产关系的各个主体方面，能够平衡国际国内企业和劳动者之间的权益；对外来说，可以有效地抵制那些打着人权幌子的西方反华势力的恶意攻击；可以与国际劳工组织倡导和推行的法律法规进行更高层次的对接。

例如，网络上一些西方的反华势力揪住我国目前在劳动行政执法领域落后的

第二章 和谐劳动关系语境下完善我国劳动行政执法的必要性分析

方面来进行夸张化的造谣,同时将他们国家的劳动行政执法领域的一些措施进行大肆吹嘘,以此来攻击我们国家的政治制度,动摇人民的爱国热情,在社会上造成了很多不良的影响,很多以讹传讹的事情屡禁不止。诚然,我国现阶段与发达国家相比,在劳动行政执法领域还存在一些差距,但是这并不能上升到政治体制。然而我国的劳动行政执法领域的一些弱点和不足成为西方反华势力的一个造谣借口,如果我们国家完善劳动行政执法领域的基准立法,就能从源头上保障我国劳动行政执法制度的优越性。因此,完善我国劳动行政执法中的基准立法,在政治上对我国具有重大意义,而且对全面提升我国在国际上的地位和威望可以起到积极作用。

从贸易关系上来讲,目前不完善的劳动监察的基准立法不能适应日益突出的贸易世界化和经济全球化的趋势,阻碍了我国国际贸易的顺利进行。在劳动关系领域,劳动监察的基准立法以保障企业的自主权利和劳动者合法权为目的。我国在深化改革开放的过程中以及在国际化趋势加强的情况下,劳动监察基准立法出现了很多与国际标准相抵触或者是相矛盾的地方,这就不能很好地保护劳动关系双方的利益。因为可能对于一起案件来讲,就会牵涉到国内和国际两种不同的法律。在劳动行政执法阶段,到底需要采取哪一种方式才能执行,这就让执法机关无从下手,导致执法效率就大大降低。对于企业,例如发达国家的企业,他们强调劳动监察的基准立法必须要与贸易强制挂钩,否则站在他们的角度,自身的合法权益就得不到保障。再如,现在国家倡导企业参加"一带一路"倡议,这其中涉及多个国家的企业,如果不针对这些企业在劳动关系方面设立与国际接轨的劳动监察的基准立法,处理不好劳动行政执法方面的问题,就不能为他们的发展扫清障碍。由此可见,我国的劳动监察的基准立法必须要在国际标准、我国国情、劳动关系双方权益等问题的综合考量下进行完善,这样才能保障企业良性发展,保证国际贸易的顺利开展。

(二)劳动关系国际化对劳动行政执法制度的总体要求

劳动行政执法制度在国家法律的授意下,能够对经营主体的违法行为采取惩治措施,以此来保证劳动者的合法利益。随着国际化趋势的到来,市场的经营主体就更加的复杂和庞大,又加上我国以劳动监察为核心的劳动行政执法制度在立法、执法、强制执行、管辖范围以及队伍建设等多方面存在很多问题,因此,在国际化的形势下,我国必须要强化以劳动监察为核心的劳动行政执法制度,调整执法对象和执法重点,才能适应当前国际国内的新形势。

和谐劳动关系语境下我国劳动行政执法问题研究

在新的国际环境下,必须要提升劳动监察的强制性和强化其预防工作。劳动监察是劳动行政执法体系的核心,它通过处理劳动关系,协调劳动关系双方的利益,最终达到协调社会关系的目的,从而促进经济的发展。劳动监察通过预防劳动剥削、工伤,保护劳动者免受歧视以及不平等待遇,改善其工作条件和环境等,为国家发展带来积极作用。面对越来越复杂的国际形势,劳动问题层出不穷,这就需要劳动监察来监督劳动法律法规的执行,同时也更需要劳动监察能提供更多有效的信息,例如信息咨询和培训服务。我国目前的劳动监察在监督劳动法律法规的执行方面有一定的成果,但是在信息的咨询方面还相对落后,这就需要我们国家提升这方面的服务。而且我们国家的劳动监察在某些领域的执法力度还很低,主要原因是还未出台一些有力度的、更具强制性的、威慑力的法律法规去解决实际问题。但是,国际劳动监察在这方面就很突出。例如,近年来,国际劳动监察加大了对法律效力和执行力的关注,视案件的严重程度提出整改建议甚至采取不同的惩罚措施,对用人方进行处罚。《1947年(工商业)劳动监察公约》第13条和《1969年(农业)劳动监察公约》第18条的国际劳动监察法规中,就赋予了劳动监察员更多的权力,允许采取更多的、更具有强制性和威慑力的措施,例如暂停不合规厂家的生产,甚至如果厂家有危害工人健康或安全的情况,可以勒令其关闭工厂。而在我们国家,劳动监察还不具备这样的权力,还属于工商执法的范围。2010年1月21日,一部《工作场所风险预防法》的法律在萨尔瓦多诞生了,在这部法律中,职业安全员和卫生监察员都被法律赋予了处罚权。

此外,国际劳动监察倡导国家把工作重点放在预防上,这也是主动执法的重要方针。我国目前在预防上还处在比较薄弱的阶段,很多劳动行政执法机构还没有完全转变过来,法制宣传的力度还不到位。宣传问题又牵涉到很多的问题,其中一个重要的方面就是人力、物力、财力投入的问题。如果要加大宣传,就必须要在这个方面采取一系列措施,建立科学有效的宣传机制。这就给我们的劳动监察带来了新的挑战。其实在法制宣传上不是只有西方发达国家走在前列,第三世界国家也不甘落后,如越南劳动监察局就在这方面做得不错。他们在工作场所组织了法制宣传活动如"全国职业安全与卫生周"活动,一方面提高了公众的防范意识,另一方面也实现了对监察员进行现场培训。这样就提升了公众的参与度,不仅让他们的法律意识得以提升,还增进了群众对监察员工作的理解和支持,为法律法规的执行奠定了群众基础。同时,多数非洲国家也十分重视劳动监

第二章 和谐劳动关系语境下完善我国劳动行政执法的必要性分析

察中的预防工作。他们在日常工作中向民众宣传职业安全与卫生预防方法，以提升劳动者法律意识，提升当地的职业安全与卫生工作的效率。从以上的例子可以看到，国际上无论是在发达国家还是发展中国家，法律的宣传都放在了重要的位置，这就是新时期主动执法的重要体现。

中国作为发展中国家中的大国，在人口规模和经济总量上都处于世界前列，人口众多也就给我们国家在管理上带来了难题。在劳动监察方面，如果不采取预防为主的方针，劳动者法律法规的意识就会很淡薄，不知道怎样去维护自身的合法权益。而在国际化的形势下，越来越多的企业从国外涌入，不对其进行法律法规的宣传，他们就会因为各种原因触犯法律，比如思想上不重视，或是对中国劳动监察方面的法律法规不了解。这些问题部分是因为劳动监察在对法律法规的宣传方面不到位造成的。

在纷繁复杂的国际形势下，在国际劳动监察强有力的带动下，世界范围内的劳动监察的预防工作开展得越来越好。这体现了劳动监察的良性发展趋势，我国必须要迎接这样的趋势，并调整自身的政策去适应这样的环境。我国的劳动监察必须要向国际劳动监察看齐，在劳动监察的过程中必须要采取更加具有强制性和威慑力的执法措施，也必须注重主动执法——进行行之有效的法律宣传，以预防为主。这就为我国的劳动行政执法带来了更多的挑战，也带来了更多的启示，将指引我国的劳动监察走向更加国际化、现代化的道路。

（三）劳动关系国际化对劳动行政执法制度的具体要求

1. 新的国际国内形势下，劳动行政执法对象的变化

在我国加入WTO之后，我国融入世界的步伐不断地加快。随着社会市场经济的发展，各种各样的企业如雨后春笋一般在我国崛起。来自世界各地的企业融入了我国中国特色社会主义经济的发展过程中，在我国的市场经济中扮演了重要的角色。我国经济的发展离不开这些企业的入驻。作为国家的执政机关，劳动监察部门在对这些企业提供服务和监察的过程中起到了非常重要的作用，如果没有劳动监察部门的全力配合，在很多问题上，这些企业就得不到大力帮助和支持。但是，如果没有强大的执法能力，面对新的执法对象，我们国家的劳动监察部门还是不能解决问题。因此，我国的劳动监察部门执法能力具体措施如下：

一是要对外企、外资等新监察对象的情况进行详细的了解，把握这些企业的特点和诉求，以及需要解决的问题，基于此来完善我国相关的法律。要从根源上解决了外企入驻之后在劳动监察方面的管理问题，还需要参照国际相关法律。例

如，在国际上，国际劳工标准主要有两种形式，第一种是国际劳工公约，第二种是建议书。这两种形式的国际劳工标准虽然都属于国际劳动立法文件，但需要明确的是，国际劳工公约与建议书的法律效力是不同的。国际劳工公约是经国际劳工大会正式通过的法律文书，随后提交成员国批准，公约一经批准，则在成员国具有法律效应，必须遵守和执行。而建议书与国际劳工公约相比，只是提供一种参考，这种文书是成员国制定法律的参考范例，也是采取其他措施时的一种参考文书，不需要成员国批准，所以在法律上，成员国就没有必须遵守和执行的义务。

国际劳工组织大会成立于1919年，截止到2004年第92届国际劳工组织大会，国际劳工组织取得的成绩斐然，共制定了国际劳工公约185项，建议书达到195项。这些公约和建议书有一个特点，就是都采取单行法的形式。其中的每一个公约或建议书的内容都是针对某一种劳动问题进行阐释或作出规定，或者是对问题的某一方面作出规定。《国际劳工法典》就是这些公约和建议书的总称，是由国际上的人士汇编出来的。185项国际劳工公约先后在177个成员国得到了7259次批准。

由此可见，《国际劳工法典》在世界范围内的适用性非常广泛，具有很高的可执行力，在世界范围内也有公认的权威性。所以，我国的法律在进行调整和改革的时候，在立法方面就可以对这些内容进行细致的研究，对这些法律适用的情况进行了解，对这些法律执行的难点进行分析，最终通过综合考虑，以此作为参照，对我们国家的劳动监察立法进行指导。

二是制约外企的劳动法典不具有威慑力，也不具备执行力。在劳动监察立法的过程中，我国缺少与《劳动法》相一致与相对应的法律法规。我国劳动法规中强制性的条款很少，主要是义务性和授权性的条款。因此，在外企做出违法乱纪事情的时候，处罚和责任追究就很难进行。即使有这样的条款，在执行过程中，都很难操作。因此，在进行劳动监察立法的过程中，还必须要对法律的可执行性进行重视，提升我国劳动监察对外企的震慑力和约束力。在过去，我国刚进入改革开放的时期，为了吸引更多的外企进入市场经济中，国家对外企的态度相对开放，对他们的劳动监察力度就相对宽松，多采取倡议性的措施，义务性和授权性的条款居多。这在当时对于我国经济的发展具有一定的积极作用，促进了各行各业外企的入驻，刺激了我国社会主义市场经济的发展。但是，当市场经济取得一定的建设成就之后，外企在劳动关系方面的问题层出不穷，乱象丛生。这就

第二章　和谐劳动关系语境下完善我国劳动行政执法的必要性分析

让大家有一种错觉，认为劳动监察部门对外企有庇护的作用，但实际上这是法律制度滞后造成的。

在各种媒体上，经常可以看到关于外企劳动关系纠纷的问题，其中就包括了工会组织、劳动合同、集体谈判、劳动争议等几个方面的问题。这凸显了外企中的工会形同虚设，组织的作用得不到有效发挥，劳动合同的短期化情况严重，劳动监察执法力度不足等问题。这些问题，都可以归结于我国对于外企的劳动关系方面的法律法规还不够健全。工会组织、劳动合同、集体谈判这三个方面的问题也可以通过我国的相关法律来对其进行约束，提升它们在劳动关系中的作用和地位，保障劳动关系双方的权益。劳动争议方面更需要先进的劳动法典对其进行指导和规范。因此，归根结底，外企中劳动关系的处理，还是需要借助更加具有执行力、威慑力的法典。

随着我国市场经济进入深度的调整时期，外企的作用越来越突出，外企劳动关系中的问题也越来越突出。如果在这种情况下，我国的劳动监察不作出调整，还是对其采取一味的"宽容"态度，就会导致很多外企在劳动关系方面出现更多的问题。随着我国外企体量的增大，管理这些企业的工作量也大大地提升，管理难度也随之提升。所以，我国必须要重视外企的劳动关系处理，对劳动法典进行修正和改革，以制定适合企业发展的、具有执行力的法规。

三是要加强执法机关和被执行对象之间的相互了解和沟通。一方面要对进入我国的外企加大相关法律法规的宣传力度，另一方面在宣传过程中也要加大劳动监察部门对外企的了解程度，提升它们的执法能力。加强主动执法主要是指对外企进行劳动关系相关法律法规的宣传。在宣传过程中，不仅要加强外企对我国法律法规的理解，执法人员也要对其中比较重要的注意事项进行详细的解答。外企进入到我国的市场经济中，其发展会受到各种各样的政策影响。首先，劳动监察部门的执法人员应当对劳动监察的相关内容进行宣传，在宣传的过程中也要打消它们的顾虑。有的外企由于对中国的劳动监察制度不理解，就会产生误解，认为这些制度会阻碍企业发展，所以精准的宣传是非常必要的。其次，要想对外企进行深刻的了解，也让外企对我国的劳动执法制度和执法体系有所了解，劳动执法人员就是很好的媒介。加强执法机关和被执行对象双方之间的了解，可以为促进外企劳动关系的发展带来积极作用。

对新形势下的、国家劳动监察部门的执行对象，必须要加大执法力度，提升执法的威慑力，也必须要加强执法机关和被执行对象之间的了解。只有通过这种方式，才能提升我国对外企的劳动监察执法力度。

2. 新形势下劳动行政执法重点的变化

在外企发展还比较落后的阶段，我国劳动监察部门的执法重点是劳动关系中被雇佣者的劳动报酬。而随着我国经济的发展、国际国内形势的发展和经济全球化的影响等，我国的劳动监察执法重点不仅仅是劳动报酬，还涉及劳动者的社会福利、社会保障、劳动就业等方面的内容。这些内容都是通过各种各样的执法工作来保障。例如，劳动监察部门对外企工会的建立和发展就起到了很重要的作用，现阶段执法部门对外企工会给予了足够的重视，对劳动监察的工作起到了积极作用。例如，在上海、广州、深圳等一线城市，由于外企的体量庞大，因此劳动监察的工作量就比较大。劳动监察部门在管理上从外企的内部入手，一方面对外企的高层加强思想工作，另一方面对员工进行思想宣传，最终提升了外企工会的作用。以上海为例，上海市总工会的资料显示，单单是在2006年上半年，上海全市11613家外资企业中新组建的外资企业工会就已经达到1852家，建会总数达到8061家，占上海所有外资企业数量的69.4%，比2006年初增长了36%。而且，这些工会中不乏名企。一些重点企业的工会组建工作也因为劳动监察部门和企业内部的共同努力取得了重大进展。统计显示，落户上海的近400家世界500强企业，已有近100家企业组建了工会，包括沃尔玛南浦店、百事可乐、罗氏制药、肯德基、法国巴黎银行、麦当劳、欧尚超市等。同时，工会的建立离不开劳动监察部门统一指挥下的各行政单位和团体的支持。因此，劳动监察部门的执法重点是在统一指挥下，发挥各部门的配合效应，提升综合执法的能力。以上海2006年外企工会建立的成果为例，这项工作之所以取得重大突破，与劳动监察部门统一指挥、全市各部门的协调与支持分不开。在2006年4月，上海市建立了上海市促进外资企业工会组建工作联席会议，17个部委办局联手形成一股巨大的力量，提升了办事的效率，以此来推进外企工会组建工作。市外资委和各区县外资委在源头上保证了外企工会建立的条件。外资委在审批外资项目前，就对设立工会组织的事情进行宣传，事先告知外方相关的法律法规，而且在审批过程中，重点审查组建工会组织的条款，这就在源头上保证了工会能够顺利组建。上海市劳动和社会保障局对全市2500名劳动保障监察员的执法工作进行指导，召开了专项会议，要求劳动保障监察员以"网格化"宣传推动外资企业工会组建。上海市税务局也参与到工会的建设中来，主要工作包括以下两个方面：一是宣传工会经费的有关财税政策，以保证外企能够明确知晓和了解相关内容；二是

第二章 和谐劳动关系语境下完善我国劳动行政执法的必要性分析

对外企进行检查和监管,主要内容是外资企业工会经费的列支情况。

在外企工会的建设过程中,劳动监察部门按照分层次分步骤的方法来促进外企工会的建立。这样的推进方法,适应了我国市场经济发展和上海外资企业发展的形势。例如先建立行业工会,这就在一定程度上为各外资企业工会的建立起到了积极的示范和带动作用。通过行业工会的影响和宣传促进外企工会建立。从较小的行政单位例如街道乡镇抓起,建立总工会,通过街道的总工会再推动其辖区内外资企业工会的组建工作。在2006年,上海全市已有超过100个街道乡镇率先建立了总工会。此外,楼宇联合工会、小区联合工会的形式也比较适用。这些企业有的劳动者人数比较少,有的规模比较小,有的是商贸型的外资企业,如租赁投资信息咨询服务业、计算机应用服务业等。采取楼宇联合工会、小区联合工会等形式先实现组织覆盖,对外企工会的建立有积极作用。当然,在工会建设的工作中也会遇到很多的阻碍,例如一些外企以各种理由拖延建立工会,其中不乏一些有一定社会影响的跨国企业。在这些问题的处理上,劳动执法部门不仅要积极争取企业高层的理解、支持,对工会建设工作采取积极的心态,支持工会建设工作,而且还要深入到劳动者群众中去,打好群众基础,对劳动者进行直接宣传,发动劳动者在企业工会建设中发挥积极的作用。

从企业工会的建立,可以看到劳动监察在对外企的工作中,必须要做到综合执法。劳动监察部门在执法中处于主体地位,但是争取其他各部门的配合也是非常重要的。因此,在执法重点上,劳动监察部门要更多地关注劳动者的各项权益,在综合执法中保障他们的权益,要通过多种形式、多种渠道的建设来、提升劳动监察工作的最终效果。例如工会的建立,就是提升劳动监察总体质量的有利因素,可以为劳动监察工作提供帮助和支持。随着工会的建立和发展,劳动者的具体权益会得到越来越妥善的保障和明显的提升。

随着国际国内形势的变化,外企的劳动监察工作也发生了巨大的变化,监察难度在逐渐地提升。劳动监察执法的重点发生了改变,就增加了很多执法的难点,这就需要提升执法机关工作人员的素质,以此来提升劳动监察工作的质量。这是劳动监察执法中最主要的一项工作。只有对劳动执法人员的素质进行提升,才能从根本上解决劳动监察工作的问题,开创劳动监察工作的新局面。随着执法重点的改变,外企劳动监察工作的难度在不断地提升。与外企打交道,不仅要求执法人员自身的业务素质有一定的水平,也要求执法人员的综合素质达到一定的水平。

执法人员必须要熟悉国际上相关的法律法规，因为一些外来企业所熟悉的法律法规是国际上通用的，或者自己的国家使用的。但是在中国，这些法律与现行的法律有一定的区别。这就需要执法人员下功夫找到这些法律之间的区别和联系，找到合适的方法对我国的法律进行解释和宣传。同时，执法人员不仅要对我国的法律进行宣传，还要对外企的各种问题进行了解，全面地对企业的情况进行把握，为执法提供基础。这就需要执法人员提升语言沟通、交流等方面的能力，例如具备流利的英语交际能力等。最后，由于外来的企业在自身的发展中必定会遇到很多问题，执法人员在自身力所能及的范围之内，要为其提供帮助和支持。基于以上所有的问题，执法人员自身的素质必须得以提升，只有通过这种方式，才能提升其执政能力，进而提升劳动监察的执政力。

面对新的国际形势，我国劳动监察工作呈现了新的特点，执法重点发生了改变。这就需要执法部门及其工作人员提升自身的执法力度和效率，为企业的发展提供支持，为劳动者的合法权益提供保障，为国家经济的发展起到积极的促进作用。

第三章 和谐劳动关系语境下我国劳动行政执法的现状及存在的问题

第一节 我国劳动行政执法的现状

一、我国劳动行政执法的依据

我国劳动行政执法工作有两个依据：一个是现实依据，另一个是法律依据。在面对劳动纠纷进行劳动行政执法时，不能只是一味地依据法律的相关规定解决问题，更重要的还是要基于对现实情况的了解。

（一）现实依据

党的十八大报告在劳动领域建设方面提到，"健全劳动标准体系和劳动关系协调机制，加强劳动保障监察和争议调解仲裁，构建和谐劳动关系"。从报告的要求我们可以看出，国家从构建和谐社会的角度对我国的劳动基准立法、劳动监察执法、劳动司法方面都提出了更高的要求。其中劳动监察在保障和谐劳动关系方面处于核心地位，立法是劳动监察的依据，仲裁是劳动监察的重要后盾。所以，搞好劳动行政执法对构建中国特色的和谐劳动关系尤为重要。

伴随着劳动领域法规的完善和依法治国战略的不断推进，我国的劳动关系已有了长足的进步和发展，但是中国长期计划经济模式下形成的劳动行政管理体制虚化现象在全面建设市场经济的今天还没得到彻底扭转。我国目前劳资双方矛盾日益尖锐,如富士康事件、农民工讨薪、工资标准低、社会保险购买率低、工作环境危害、劳动合同签约率低、超时加班、女性劳动者入职歧视和"三期"权益保护、大学生实习期劳动权益保障等问题层出不穷,尤其是在职业劳动者的精神法益方面,劳动者的精神和心理健康还没有得到应有的关注。如何正确处理劳动关系,切实保护好劳动者的权益是目前我国面临的重要问题。目前处在市场转型期的中国,劳动行政执法的现状相对薄弱,尤其是我国的劳动行政执法面临着规制的危机和法律权威的缺失。可见,我国劳动行政执法的现状与其应有的作用存在的巨大差距是我国劳动行政的现实依据。

(二) 法律依据

我国劳动行政执法开始于中华人民共和国成立初期,在高度集中的计划经济体制下,由国家统一制定工资分配、劳动关系的建立、保险福利等政策。最初我国劳动监督机制重点围绕劳动卫生与劳动安全两方面开展,通过自上而下的行政指令或行政计划来实施。在改革开放以后,随着我国社会主义市场经济体制的逐步建立和劳动关系的重大变化,我国劳动行政执法制度逐步建立并得到了快速发展,劳动行政执法体制也就应运而生。目前,我国劳动行政执法法律依据包括专门法律、法规、规章和通用法律、法规、规章。其中最重要的法律是全国人大常委会颁布的《中华人民共和国劳动法》,其中专设"监督检查"一章,明确规定了我国的劳动行政执法制度,规定县级以上劳动行政部门依法对用人单位遵守劳动法律法规的情况进行监督检查,先后明确了劳动监督员的管理手段与方法、监督流程及标准等相关内容。1995年1月原劳动部成立了劳动关系与监察司。同年11月,原劳动部与中央编办就建立劳动监察机构、配置劳动监察人员问题作出专门规定,各级劳动行政执法部门相继建立了劳动监察机构,全面开展了执法工作。其他通用法律主要有10部,包括全国人大常委会颁布的《中华人民共和国行政许可法》《中华人民共和国国家赔偿法》《中华人民共和国职业教育法》《中华人民共和国民办教育促进法》和全国人民代表大会颁布的《中华人民共和国行政诉讼法》《中华人民共和国行政处罚法》《中华人民共和国行政复议法》《中华人民共和国妇女权益保障法》等(见表3-1)。行政法规主要有9部,其中最重要的是2004年12月1日国务院颁布的《劳动保障监察条例》。该法规提升了劳动行政执法制度的完备程度,对劳动保障监察的范围、原则、主体、内容、程序及监察机构和监察员的职责、权利和义务等都做出了明确规定,并规定了监察机构和监察员的违法行为

第三章 和谐劳动关系语境下我国劳动行政执法的现状及存在的问题

应承担的法律责任。这一条例形成了包括监察程序制度、监察管辖制度、重大违法行为社会公布制度、企业劳动保障守法诚信制度等10项基本工作制度,确立了日常巡视检查、举报投诉调查、书面审查、专项检查等6种主要执法方式。劳动保障监察条例的颁布实施有利于填补之前相关劳动法律法规的空缺,对于和谐劳动关系的构建以及市场经济的促进都有着重要的意义。其他行政法规有国务院颁布的《禁止使用童工规定》《社会保费征缴暂行条例》《职工带薪年休假条例》《女职工劳动保护特别规定》《未成年工特殊劳动保护规定》《失业保险条例》《工伤保险条例》等(见表3-2)。

表3-1 劳动保障监察行政执法依据目录(通用法律、法规、规章目录)

类别	序号	名称	制定机关	施行日期
法律	1	《中华人民共和国行政许可法》	全国人大常委会	2004.07.01
	2	《中华人民共和国行政诉讼法》	全国人大常委会	2017.07.01
	3	《中华人民共和国国家赔偿法》	全国人大常委会	2013.01.01
	4	《中华人民共和国行政处罚法》	全国人大常委会	2018.01.01
	5	《中华人民共和国行政复议法》	全国人大常委会	2018.01.01
	6	《中华人民共和国妇女权益保障法》	全国人大常委会	2018.10.26
	7	《中华人民共和国公务员法》	全国人大常委会	2019.06.01
	8	《中华人民共和国职业病防治法》	全国人大常委会	2018.12.29
	9	《中华人民共和国职业教育法》	全国人大常委会	1996.09.01
	10	《中华人民共和国民办教育促进法》	全国人大常委会	2018.12.29
行政法规	1	《行政执法机关移送涉嫌犯罪案件的规定》	国务院	2001.07.09
	2	《国家赔偿费用管理条例》	国务院	2011.01.17
	3	《罚款决定与罚款收缴分离实施办法》	国务院	1998.01.01
地方性法规	1	《山东省行政执法监督条例》	省人大常委会	2015.05.01
团体规定	1	《工会劳动法律监督试行办法》	全国总工会	1995.08.17
党内法规	1	《行政执法类公务员管理规定(试行)》	中共中央办公厅、国务院办公厅	2016.07.08

表3-2 劳动保障监察行政执法依据目录（专门法律、法规、规章目录）

类别	序号	名称	制定机关	施行日期
法律	1	《中华人民共和国劳动法》	全国人大常委会	2018.12.19
	2	《中华人民共和国劳动合同法》	全国人大常委会	2013.07.01
	3	《中华人民共和国就业促进法》	全国人大常委会	2015.04.24
	4	《中华人民共和国社会保险法》	全国人大常委会	2018.12.29
	5	《中华人民共和国工会法》	全国人大常委会	2009.08.27
	6	《关于批准〈劳动行政管理公约〉的决定》	全国人大常委会	2001.10.27
行政法规	1	《劳动保障监察条例》	国务院	2004.12.01
	2	《禁止使用童工规定》	国务院	2002.12.01
	3	《社会保险费征缴暂行条例》	国务院	1999.01.22
	4	《女职工劳动保护特别规定》	国务院	2012.04.28
	5	《职工带薪年休假条例》	国务院	2008.01.01
	6	《国务院关于职工工作时间的规定》	国务院	1995.05.01
	7	《全国年节及纪念日放假办法》	国务院	2014.01.01
	8	《失业保险条例》	国务院	1999.01.22
	9	《工伤保险条例》	国务院	2011.01.01
地方性法规	1	《山东省人力资源市场条例》	省人大常委会	2015.10.01
	2	《山东省劳动合同条例》	省人大常委会	2013.10.01
	3	《广东省工伤保险条例》	省人大常委会	2019.07.01
部门规章	1	《违反〈中华人民共和国劳动法〉行政处罚办法》	原劳动和社会保障部	1995.01.01
	2	《违反和解除劳动合同的经济补偿办法》	原劳动和社会保障部	1995.01.01
	3	《违反〈劳动法〉有关劳动合同规定的赔偿办法》	原劳动和社会保障部	1995.05.10
	4	《劳动行政处罚听证程序规定》	原劳动和社会保障部	1996.10.1
	5	《社会保险费征缴监督检查办法》	原劳动和社会保障部	1999.3.19
	6	《最低工资规定》	原劳动和社会保障部	2004.03.01
	7	《工资支付暂行规定》	原劳动和社会保障部	1995.01.01
	8	《〈国务院关于职工工作时间的规定〉问题解答》	原劳动和社会保障部	1995.04.22
	9	《未成年工特殊劳动保护规定》	原劳动和社会保障部	1995.05.01
	10	《关于执行〈工伤保险条例〉若干问题的意见》	人力资源和社会保障部	2013.04.25
	11	《关于执行〈工伤保险条例〉若干问题的意见（二）》	人力资源和社会保障部	2016.03.28
	12	《就业服务与就业管理规定》	人力资源和社会保障部	2018.12.14
	13	《非法用工单位伤亡人员一次性赔偿办法》	人力资源和社会保障部	2011.01.01

第三章　和谐劳动关系语境下我国劳动行政执法的现状及存在的问题

续表

类别	序号	名称	制定机关	施行日期
政府规章	1	《山东省女职工劳动保护办法》	省政府	2019.03.01
	2	《山东省失业保险规定》	省政府	2003.10.01
	3	《山东省贯彻〈工伤保险条例〉实施办法》	省政府	2011.07.01

二、我国劳动行政执法的运行机制

（一）劳动行政执法的执法范围

当前劳动行政执法工作实际所涉及的范围是执法工作运营机制的关键问题，是对劳动行政部门实际劳动监察的实施主体进行确定的重要依据，就劳动者的权利而言，是否提供救济需要通过劳动监察所确定，劳动监察对于劳动者自身权益的维护具有重要意义。但是我国当前法律法规对此没有做出明确的规定。一些学者经过研究，提出了三种主张：第一种，我国所有针对劳动内容所制定的法律法规是劳动监察的实施依据，用人单位在生产生活中所有的用工行为属于监察的主要对象，劳动监察应该实现对劳动法律法规所规定的权益的保障。第二种，劳动监察所制定的法律法规只属于劳动基准法内容，没有对劳动标准以及劳动工作实施下的条件进行规定。其实法律法规属于最低标准，内容主要包含最低工资法，工时法等内容。第三种，劳动监察所制定的法律法规，被局限在强制性法律法规内容之中，对用人单位用工过程中的不可为之以及必须为之内容做出了明确规范的法律规定。

就广义上而言，劳动法所覆盖的内容以劳动行政执法工作实施的实际范围为核心。当前在劳动法所涵盖的内容中主要包含劳动签订合同，集体签订合同、实际工作时长以及休假制度等。对上述内容进行监督，属于在广义劳动行政执法的工作范围。在20世纪90年代末期，国务院机构采取了一定的改革措施，对劳动内容相关的安全与职业卫生等管理工作进行了职能划分，将其划分为安全生产部门与卫生部门。国家根据全新的职能分工，颁布了全新的生产法相关条例，同时针对安全与生产卫生两个核心内容制定了配套的法律体系规范。根据《劳动保障监察条例》第10条，劳动行政执法工作的实际职责包含四方面内容：第一，对劳动保障法律进行宣传，对用人单位实际工作中法律规章制度的贯彻落实进行一定的监督。第二，对用人单位是否严格遵守劳动保障法律法规进行深入检查。第三,受理有关用人单位违反劳动保障法律、法规等行为的举报或投诉。第四,依法治理,对用人单位出现的与劳动保障法律法规内容不符的行为,进行严厉的查处,以及及时纠正。由此证明我国劳动法律法规内容中涉及的行政执法覆盖的范围十分广泛。部分学者针对实际实施的情况提出以下看法,由于范围过于宽泛,导致劳动行政执法基本与劳动监察相同,这样会导致执法工作力量分散,最终对监察效果产生影响。因此一些学者主张劳动行政执法应该被限定在劳动基准之内,以此作为实际工作实施的核心,其目的是能够保障劳动者最切身的利益。

就法理而言,行为规范约束力差异性的存在是因为法律法规分为随意性与强制性两种内容。根据法律法规对实际事项规定内容的不同,其主要分为劳动者实体权利与义务以及劳动关系运行规则等强制性法律,这些规范是义务人需要严格遵守的内容,而随意性法律规范不需要当事人严格遵守,可以对其进行随意的选择使用。借助劳动行政执法实现对劳动法律法规是否严格落实进行全面监督,但执法应该被局限于保护劳动者自身所具备的实体权利、强制性法律规范以及与劳动关系相关的强制性法律所规定的职能,此外所有与劳动法律相关的内容均属于劳动监察的工作范围,在促进实际监察工作的同时,分散了原有劳动行政执法的力量,导致在实际工作中劳动监察与仲裁两者之间的工作界限容易混淆。

(二)劳动行政执法的体制

根据我国劳动法的相关规定,当前劳动行政执法的核心体制是以机构监察、综合监察以及自行监察三方相结合的碎片化监管格局。所谓碎片化是指劳动行政执法监管主体的分权管理[1],立法已予以明确,如《煤矿安全监察条例》(2000)、《职业病防治法》(2001)、《特种设备安全监管条例》(2003)、《劳动保障监察条例》(2004)等。其中,劳动保障监察的范围随着经济社会的发展呈现扩大化,由于其机构设置在人力资源与社会保障部门,其内容又涵盖了劳务派遣、涉外就业等劳动力市场监管职能。因而劳动保障监察体制是劳动行政执法体制的核心。

从我国劳动保障监察管理体制上看,不同级别劳动保障监察组织由相应级别的劳动保障行政部门管理,而非上下级隶属关系,同时,劳动保障行政部门又受同级地方人民政府的领导。这种运行模式,导致实践中由于各地对劳动保障监察

---

[1] 根据1998年国务院机构改革,职业卫生监管职能归卫生部,特种设备监管归国家质监局,职业安全和矿山安全监管归国家经贸委,劳动基准、社会保险等归劳动部。

工作的重视程度不同，劳动保障监察组织在各地区的人员配置、经费保障等方面的差别很大。如有的地方政府基于政绩考虑，往往将监察执法和经济发展对立起来，导致重发展而轻执法，劳动保障监察组织更是形同虚设；有的地方政府则存在多头执法的情况，即本属于劳动监察机构的权力被其人社部门分散到各个内部机构行使，如劳动力市场管理、社会保险监督等职能，这种多头执法的设置与国家机构改革的目标相悖，必然带来重复检查、重复执法、职责交叉、执法资源配置分散、工作衔接不畅、执法效率降低等权力运行问题，进而影响到用人单位的利益和劳动者的维权。为克服地方性政府资源的束缚，各地方行政执法体制逐渐在探索劳动行政部门与工会等群团组织相结合的联动执法模式以及"跨区域的联动执法协作模式"。综上，由于劳动行政执法涉及劳动关系的各个方面，执法对象众多，专业性较强，因而需要建立一支专业化的执法队伍以保障执法体制运行的通畅。

（三）劳动行政执法的执法程序

《劳动保障监察条例》作为劳动力市场构建下，维护劳动者自身合法权益的法规，是劳动执法实际工作评判违法行为的依据：

（1）投诉与举报。依据《劳动保障监察条例》中所作出的规定，发现组织或个人在行为活动的实施中违反劳动保障相关的法律法规内容，应该及时举报，告知劳动权益保障机构。一旦劳动人员察觉并认为自身合法权益被损害，则可以到劳动权益保障机构进行投诉或举报等。

（2）立案查处。依据《劳动保障监察条例》中的规定，在劳动保障行政部门接受举报之后，应该对单位或个人行为进行调查取证，在实施之前需要通报，凡是认为用人单位或个体中存在违法行为，需要对其展开调查处理，并及时对所调查与审核的事件进行立案查处。

（3）委托审计查处。根据《劳动保障监察条例》，在劳动权益保障机构对用人单位或个体进行劳动保障与监察的环节，可以根据实际的需求对会计师事务所进行事务委托，对用人单位向员工实际所支付的工资以及为员工所交付的社会保险费等实施审计。

（4）惩处制度。依据《劳动保障监察条例》，单位在工作中违反社会经济发展下所指定的安全保障法律内容比如对员工实际应得的报酬进行无故克扣或拖欠，用人单位对女劳动者或未成年员工的合法权益产生侵害，以及用人单位未缴纳社会保障费用等，可根据相关法律规定对其实施处罚。

(5) 强制执行。保障劳动权益的法律法规并没有根据劳动权益保障机构所作出的规定严格制定，导致在实际实施下不具备强制执行的权力。劳动行政执法部门对劳动权益的保障工作中，应该根据法律具体规定实施相应的处理与处罚。当用人单位收到行政指令却没有严格履行，执法部门可以直接根据《行政诉讼法》中的相关律法规定，向人民法院提出申请，要求采取强制措施。

总而言之，劳动行政部门在保障劳动者自身所拥有的劳动权益的工作中，依据《劳动保障监察条例》对不同类型的违法劳动行为进行监督管理时，对劳动权益所实施的保障措施主要依据的法律法规内容各有不同，但其本质是通过法律法规的执行，对一些可能侵犯劳动者权益的情况采取集中的整治，始终坚持以对劳动者的合法权益实现有效保护作为立法的宗旨，保证在各项有关法律法规的制定都能够包含这一宗旨。通过促进劳动保障行政工作的实施，相关部门所具备的职能可以实现更好的转化，对管理方式方法加以完善，逐步构建规范化的保障体系，促进保障体系运行的协调性与公开性，确保劳动权益保障通过行政执法部门的工作实施能够实现高效化，深入改革劳动保障行政执法实施中传统的体制内容，构建与当前社会经济发展的根本需求相符合的完善管理体制，为劳动保障行政执法工作的实施奠定良好的基础条件。我国在相关工作实施中所形成的劳动保障监察体制，经过不断地发展，能够实现政府根据劳动力市场中的实际需求有效进行职能转变，是依法行政工作实施的内涵，是对劳动保障工作实施中行政执法管理能够实现完美职能转变的基础前提。

三、我国劳动行政执法救济制度

（一）劳动行政执法救济制度概述

救济，在生活中的意义是指"用金钱或物质帮助生活困难的人"，即对生活困难或遭受自然灾害的人的物质救济或帮助。在西方社会，日常语义中的救济是指对疾病或某种不良事物的治疗或改善，它表达的是疾病与治疗或不良事物与改善之间的关系。但法律意义上之救济并非如此。依《牛津法律大辞典》的解释，救济"是纠正、矫正或改正已发生或业已造成伤害、危害、损失或损害的不当行为"。《布莱克法律词典》则认为："救济是用以实现权利和防止、纠正及补偿权利受侵害的方法、手段"，是"一种用来主张权利或对权利侵害行为加以阻止、矫正、责令赔偿的方法；一种赋予权利受到侵害的一方当事人诉诸法庭或其他方式的补救性权利。"可见，法律意义上的救济是一种制度，是一定利益受侵害或有侵害之虞时，为阻止或补救利益损失而采取的措施，通过制止或矫正可能发生或已发生的侵害行为，使受损者得到补救的规范形式和制度构架。① 劳动行政执法过程中，劳动行政主管部门作为执法主体的违法或者不当行为不可避免地对劳动行政相对人权益造成损害，形成劳动行政争议，劳动行政机关或者司法机关通过解决行政争议，制止和矫正违法或不正当的劳动行政侵权行为，从而使劳动行政相对人的合法权益获得补救。劳动行政执法争议发生的不可避免性决定了劳动行政执法救济制度存在的必要性。劳动行政执法救济是指劳动行政执法相对人认为劳动行政执法的具体行政行为直接侵犯其合法权益，请求有权的国家机关依法对行政违法或行政不当行为实施纠正，并追究其行政责任，以保护劳动行政执法相对人的合法权益的法律制度。劳动行政执法救济制度既是保障公民、法人、其他组织在劳动法律制度层面的合法权益的有效途径，也是公民、法人、其他组织在劳动行政执法法律上获得法律帮助的最后手段；既是构建劳动行政执法的规范化管理与劳动行政和谐执法的重要推手，也是监督劳动行政执法机关依法行政、实现劳动行政执法机关体系类自我监督的工具。执法救济制度是国家保护相对人合法权益不可或缺的制度，是法治精神在劳动法律制度中的重要体现。劳动行政执法救济中追究的法律责任主要有以下几项：其一，雇主违反劳动法的责任。国家劳动行政执法机关对违反劳动法存在过错的单位负责人和其他责任人及自然人雇主，有权按劳动行政执法法律之规定追究其法律责任。其二，妨碍劳动行政执法的责任。对妨碍劳动监察的人员、不遵守执行令的人员或对国家劳动监察员及其家庭成员和财产使用暴力威胁或实施暴力行为的人员，按劳动法律的规定追究其责任。其三，劳动行政执法人员违法行使职权的责任。国家劳动监察员在监察活动中有违法行为或不作为，应按联邦法的规定承担责任。

（二）劳动行政执法救济制度的功能

第一，劳动行政执法中的救济制度，能够更好地解决劳动行政工作人员在执法工作中所发生的冲突。库利是美国著名的社会学家，他认为，社会中的冲突形式是长期存在的，无论其发生怎样的变化。在劳动行政工作人员依法处理相关内容的过程中，实际的社会冲突所表现出的形式为劳动行政部门通过执法所具有的"公权力"和劳动行政执法对象之间所具有的"私权利"所形成的冲突，劳动行政在执法过程中发生的争议可能是因为劳动行政执法对象存在违法行为，以及执

---

① 夏蕾．论劳动法的社会法属性［D］．吉林：吉林大学，2007．

法人员在劳动行政执法中有不当的行为，比如对劳动行政执法对象自身所具有的合法权益的侵犯。在劳动行政执法制度的制定中，救济功能自身所具备了针对"公权力"与"私权利"之间所发生的冲突采取应急处理的机制。在劳动行政人员所采取的执法手段中，救济方式的实施在客观上是借助"正当化"的行为避免冲突越发严重，实现救济的目的，对纠纷进行更好的处理。劳动行政人员在执法工作中，与当事人之间所产生冲突之后，具体的解决行为属于劳动行政执法的争议。

第二，劳动行政中的救济制度，能够促进劳动行政实际执法效率的有效提升，是保证工作质量的重要渠道。劳动行政在执法工作实施中的效率提升，主要体现在劳动行政执法相关机构与工作人员在实际管理工作中所获取的成绩以及实际所得的社会效益同工作实施中实际消耗的资源的比例。在劳动行政执法工作实施中，效率的提升，能够更好地满足劳动行政执法工作中管理体制自身内在要求的，以及现代化社会发展中经济建设与大众生活质量提升的需求。

第三，劳动行政执法的救济制度在实际的实施中能够更好地展开对执法对象自身所拥有权益的保护。凭借劳动行政执法工作实施中的救济制度，可以实现对劳动行政执法主体实际行政执法工作加以约束，对其实际的行为实施采取规范化管理，帮助行政执法机构在社会发展中树立良好的形象。劳动行政部门在执法工作中坚持的救济制度具有的职能较强，能够更好地回应行政当事人相关的咨询，对知情权等内容权利赋予了一定的职能内容，促进权益的更好实现。在劳动行政工作的实施中，救济制度一方面通过规范执法权行使手段，能够实现大众对公权力的内容了解，避免利益保护作用丧失；另一方面劳动行政执法机关能够更尽职尽责，提高对行政执法对象的权益保障，避免对人权造成侵害，保证权力的更好行使。

（三）劳动行政执法救济制度的构成要素

第一，劳动行政执法中申请救济的人是劳动行政执法工作实施的相对人。劳动行政执法的救济措施应该将提出申请的相对人实际所给出的请求作为工作实施的前提。劳动行政执法救济在工作实施中，所构建的法律关系以劳动行政执法自身所具备的事实为依据，应该根据实际情况在劳动行政执法机构和相对人之间按程序要求构建合法的法律关系。对于实际申请救济的相对人而言，劳动行政执法实施的方式过于具体，会对其实际的合法权益造成侵害，为此相对人有权利向相关行政管理部门提出申请，对行政工作实施中的不法行为以及违法措施进行及时的纠正，向有关部门根据需求提出救济的请求。此外，在法律关系的构建中，根据程序实施，能够

第三章 和谐劳动关系语境下我国劳动行政执法的现状及存在的问题

对当事人自身的利益实现有效的保障，避免产生负面影响。法律关系的构建中有法律性的基准条件，是一方当事人对于劳动行政执法工作所产生的直接认知，认为具体的行政行为会对其实际合法权益产生侵害，部分学者认为在这种情况下可以采取行政救济。换言之，劳动行政执法工作实施中，对双方之间法律关系的构建，第三方同样具有请求救济的权利，这样能够对不合法行为与违法措施做出及时的纠正，以提高针对劳动行政人员执法工作提出救济请求的有效性。

第二，劳动行政工作在执法措施的实施中所坚持的救济制度，其本质是以劳动行政执法争议作为核心客体。劳动行政工作在实施救济的过程中，其本身所坚持的基础核心是劳动行政执法争议。劳动法的相关法律制度内容根据其实施情况作出了相类似的规定要求。劳动行政在执法的实施中所产生的争议主要来自劳动行政执法的救济申请人，也就是行政相对人。劳动行政工作人员在执行主管部门所给出的具体要求的过程中，可能存在行政行为违法情况，且具体实施的劳动行政措施可能存在不当，导致对相对人的合法权益受到侵害，对劳动行政在执法中相关的行为不认可从而产生了法律争议。在劳动行政执法工作的实施中，相关机构的实际工作即便根据以上所描述的规则进行，也可能出现违反规则的情况，这必然会导致劳动行政执法实施中争议的出现。公民、组织或单位机构等，是劳动行政执法工作的对象，当产生劳动行政争议之后，需要寻找有效的途径进行解决，为此，救济制度的制定的根本目的是对劳动行政执法工作实施中所存在的争议进行更好的解决。在常规的认知中，劳动行政执法工作实施中所制定的救济制度，是以劳动行政执法工作中所产生的争议为客体。

在劳动行政人员的执法过程中，实际所产生的争议有以下几方面：其一，执法工作所依据的法律是否具有适用性，劳动行政执法工作中所确定的主体是否具有对等性。根据所使用的法律能够判断其中所包含的行政行为是否正确，以及该行为是否具有相应的实施依据和对应的法律支撑。其二，执法工作实施的程序是否具有合法性，事实调查是否清楚明确，证据收集是否确凿无误。劳动行政执法救济工作在实施中整体的程序主要有以下几方面：行政听证、信息公开透明、行政调查工作、理由阐述以及行政案卷制定等。在劳动行政执法救济工作实施，行政主体对相对人所作出的违法行为应根据法律对事实做到明确调查，对于事实不清的违法行为，不得采取任何处罚措施。其三，在劳动行政执法工作实施中是否有越权、越位以及职权滥用等情况的存在。滥用职权的行为是指有管辖权的限制，但在劳动行政执法工作中，实际行为丧失法律制定的目的与实施原则，导致难以保证行为的公正公平性和出现多种不合理的情况，以及具体的行政行为在实施中出现不合规内容。越权行为则主要是指行政人员在工作中本身不具备管辖权，但实际行为实施中行使了对机关管辖等相关权力。

第三，劳动行政工作实施中，执法救济实施的根本目的是对相对人自身所拥有的合法权益的保护。上文所提及的劳动行政执法救济制度中，对劳动行政执法救济行为的实质做出了明确的诠释，所谓的救济是就劳动行政执法工作所采取的行为是否合法合理展开监督与审查的全过程，通过变更不合理的行为，或撤销具体行政行为中的不适当内容，以对实际所产生的行政争议进行裁决，保证处理效果的最优化，实现对劳动行政执法相对人自身所具有的合法权益的良好保护。

第四，劳动行政执法工作中的救济行为属于事后救济。法律中所规定的救济主要包含以下类型：事前救济行为、事中救济行为以及事后救济行为。针对劳动行政工作实施中的执法活动，需要劳动行政执法救济的申请人，即相对人自身的权益被侵害，通过行政渠道或司法途径请求救济。救济的本质是为了消除劳动行政执法中一些行政行为所导致的不良影响，对被侵害劳动者的权益进行合理恢复，对其实际所受到的权益损失进行适当补偿，这种行为属于事后救济，同样也是当前社会发展下常见的救济途径。

第二节 我国劳动行政执法存在的问题

一、劳动行政执法立法不健全

当前劳动行政执法所制定的制度体现出的基本特征是法定性。劳动执法工作实施下，其行政的主体，实际执法范围，执法所采取的措施以及工作实施程序等应该将依法执法贯彻到底。立法层面出现的缺陷导致劳动行政执法工作实施中的体制出现根本缺陷，就某些领域或某些方面工作实施而言，法律所具有的客观性以及宏观性和劳资双方之间的实际需求，没有实现相对应匹配，这种矛盾的存在具有深远的消极影响。同时，现行法律法规在一定程度上仍存在着法规规章及规范性文件之间某些条款相互抵触、上位法与下位法不尽一致、新法与旧法交叠等问题，这为基层执法带来了一定的难度。

第三章　和谐劳动关系语境下我国劳动行政执法的现状及存在的问题

(一) 劳动行政执法立法内容不完善

我国当前现行的法律法规针对劳动执法相关工作做出了明确的规定，但客观条例方面会有交叉冲突的存在，对实际工作的展开造成了极大的困难，导致工作具有一定的混乱性。《劳动法》本身所存在的实际调度范围较为狭隘，规定的原则性较强，没有相应实施工作的规范化界定，同时与其他法律之间没有形成有效连接，导致实际法律实行下的责任力度缺失。劳动行政执法工作立法内容和劳动者自身实际利益相关的细化规范并没有颁布出台，导致劳动行政执法工作实施中相关机构与工作人员在面临一些较为困难或案件情节较为复杂的劳动行政违法行为事件时，难以实现有效解决，缺少法律依据的支撑。此外，在一些特殊行业，市场领域中劳动行政执法工作的法律其实在现阶段劳动行政执法工作实施下，实际监管对象都是以企业为主，以此作为对其实际决定的界限。在相关工作的展开中，缺少对特殊行业发展实际情况的监察，相关法规政策的制定并不完善。由于特殊行业具有特殊性，在劳务派遣等企业是发生违法案件以及劳动者权益受到侵犯的重灾区。针对该领域的工作监管，没有具体的指导内容，缺少完善的法规法律支撑，最终造成劳动行政执法工作实施中相关部门针对该领域范围内的企业行为缺少监管。同时相关法律内容没有配套性，会对执法的贯彻落实产生极大影响。法规法律具有较强的原则性具体性，各种各样地方性规章制度综合形成了法律法规，但实际透明度较差，在实践中无法保证其有效落实与贯彻实施，导致有法不依等多种违法乱纪现象的产生。而且劳动行政立法在传统工作实施中所体现出的特点十分明显，对实体的重视度大于对程序的侧重，对国家机关所具有的权力较为重视，但忽略了公民的实际参与度。

(二) 劳动行政执法的立法层次较低

劳动行政工作实施中执法行为整体实施以适应行政规章制度为核心，且大多数规章制度中都包含"试行""暂行"等名目，法律法规在实际实施中缺少权威性，导致实际工作没有稳定性地支撑当前劳动行政执法工作实施的系列政策。法规内容没有做到正式确定在劳动保障工作中所采取的监察行为是保障劳动者权益的核心。通过对劳动保障相关政策法规的监督，确保其在落实中效益的更好提升，在其多方面的实施下体现出的作用无可替代。劳动保障监察是指在劳动行政工作实施下，执法行为针对不同事业所提供的保护，对各项工作的实施具有极大的保障作用，同时与劳动者在市场发展下自身所具备的合法权益的有效维护具有密切联系，还会对劳动关系的和谐构建产生影响，并且与社会经济的稳定发展产

（三）劳动行政执法在实践中的缺失

我国劳动行政执法的依据有两方面：一是制定的法律，二是劳动行政机构制定的规章制度。两种依据齐头并进，使劳动行政执法中出现了落实不够彻底，以至于在实践中出现缺失的问题。"有法律却不知如何依从"局面依然存在。立法的出发点是让总体的要求、方向得到确定，却难以顾及每一个具体方面，这就导致了法律落实得不够彻底。国家在设立劳动行政执法机构的同时，也应建立相应的管理部门，监督其执法过程。然而，有些地方不仅没有监察部门的存在，甚至没有设立管理执法机构的部门。例如，有些地方的人民政府，只想发展本地的经济，提高本地的经济效益，却忽视了对劳动关系的管理和协调，没有在劳动人民心目中建立起权威，最后造成了劳动行政执法活动不能正常开展。而且，劳动行政执法部门没有进行大力交流与宣传，使劳动行政执法缺乏一定的有效性，这主要体现在两个方面：第一，劳动行政执法部门与其他管理部门的沟通不到位，以至于在管理企业劳动关系时，得不到工商局管理部门、税务局管理部门等单位的支持与建议，更不能共同分享一些有效信息。在这个前提下，劳动行政执法部门为降低执法成本，既没有把相关的工作做到位，也没有落实劳动行政执法工作。第二，面向人民群众的信息宣传不够到位，劳动行政执法部门在开展工作时，只是行使自己的执法职责，没有告诉人民群众有哪些正当的权益以及权益被侵犯时应该如何维权以及在哪个部门维护权益，这使得人民群众无法切实地维护自身的权益。

另外，我国的劳动行政执法部门的工作人员在执法实践中也存在一些问题。有些工作人员素质不高，加上考核过于形式化，导致劳动行政执法实践不能取得应有的效果。

在具体的执法工作中，主要表现在以下几个方面：

第一，劳动行政执法部门的执法人员，因自身职业素养不过硬，解决问题的能力一般，无法充分地解决劳动者遇到的各种维权问题。这些执法人员的执法行为，虽然在法律所规定的范围之内，但与立法的出发点却有一定的偏离。比如，有些执法人员面对劳动者维权问题，因为专业知识不过硬，解决问题时往往不知所措，甚至对难以解决的问题置若罔闻，不加以理睬，这些都是执法人员自身素养不过关造成的。

第二，劳行行政管理人员工作中的"不作为"。这个"不作为"在劳动者的工伤事件中表现得最为突出。比如，劳动人员因工伤问题没有收入，向执法部门投诉，但相关部门的工作人员，只是象征性地走形式，并不去真正为劳动者解决问题，这便极大地侵害了劳动者的合法权益。劳动行政管理人员没有正确看待执法人员的"不作为"问题，未尽职为劳动者服务，极大地违反了国家对于劳动行政执法的规定。这些均是劳动行政执法实践中出现的问题，相关部门只有客观对待，才能真正使劳动行政执法落到实处。

二、劳动行政执法程序不规范

我国当前在劳动法相关领域的工作实施中，针对有关程序内容所制定的法律规定不够全面和完善，规范性文件较少，程序性条文没有实现严格实施，在实际的劳动执法工作实施中，行政人员的执法行为不规范以及执法工作的程序有较多的漏洞，导致法律法规中相关的工作内容难以保证落实，这表明当前所制定的法律制度并非是完备无缺的。在理论学术界的内容构建以及在实际的实践中均有所不足的环境下，劳动行政工作实施中相关的程序执行人员没有做到严格落实的实际情况令人十分担忧。行政程序是行政执法实施中的主要依据、核心的形式与方法内容。在程序实施中需要做到对行政主体多方面要求的综合配备，以防其受到多方面要素的影响作用。对于劳动行政工作实施中相关的执法人员而言，执法工作应该做到对劳动行政法律法规所规定的执法程序进行严格落实。劳动行政执法程序是指劳动行政执法结构根据劳动法律等内容，在案件的实际受理与处理工作实施中所要遵循的次序、形式等。面对劳动行政执法程序不规范的现状，我们要根据劳动法的发展现状着手，对劳动行政法的管理体制进行分层次管理，从而健全执法组织体系，而且劳动行政执法性质也要作出一定的改变，纠正劳动法政治监督的一面，真正体现劳动行政执法的监督性质，有效维护劳动者的权利，从而促进劳动法的发展。面对劳动行政执法程序不规范的问题，我们不仅要健全组织体制，而且要提高内部执法人员素养。目前，在我国的劳动执法过程中，不仅只是法定的执法程序不规范，还存在执法人员违反法定程序的现象。

长期以来，我国在立法或执法等方面存在对实体过于重视，而对执法程序的实施过于忽视的现状。由于我国当前劳动行政执法工作实施下，人手较少且实际承担的工作量较大，大多数劳动监察工作者自身所具备的法律意识较低，对实体过于重视，导致程序的忽视，这种思想认知有其存在的一定道理。这样能够更好地促进行政工作效率的提升，尽最大可能避免案件出现累积。但持有该观念的工作人员难以对程序在实际执法过程中的行政意义做到正确理解，从而导致在工作实施过程中往往会忽视应该严格遵守的法律程序。在实际行政执法工作的实施中，劳动监察人员由于缺乏程序意识，执法程序实施过于简单，如没有对告知义务加以重视，且没有听取相对人所作出的申辩与陈述，这是当前执法工作中十分常见且主要存在的问题。根据《中华人民共和国行政处罚法》（以下简称《行政处罚法》）第三十条与第三十二条规定，以及《劳动保障监察条例》第十九条的相关规定，监察劳动部门委派工作人员对案件进行受理与审查的全部过程，需要做到对事实查明之后再行处罚之实，同时应该严格遵循程序，对当事人进行事实告知且明确理由，以及对当事人自身所具有的陈述申辩权利进行充分保障。在实践中，劳动监察人员面对情节较为复杂、需要进行深入调查才可以作出明确分析的案件，往往采用简易程序进行处理。例如劳动行政执法工作人员接到某一个用人单位存在超时加班等违法行为举报后，并没有在现场进行考勤证明等相关违法证据的取证，只凭借两张相关记录作为实施依据，通过简易程序对当事人进行了现场处罚。这种行为存在两种程序性过错：其一，劳动行政执法工作人员应该以实际事实作为处罚依据，对案情进行深入调查并对事情进行核实，不能在缺少事实证据或没有全面调查清楚的情况下，对用人单位进行处罚。其二，在案件整体情况并不清楚的基础上应该通过一般程序立案对其实施处理，此外在对行政相对人行使处罚权的过程中，劳动行政执法机构未履行告知义务，导致法律规定的程序性要求没有严格做到落实。总之，对行政相对人所具有的合法权益进行保障理应成为劳动行政执法工作实施的重要内容，也是执法程序设立的重要目的。劳动行政执法工作人员在执法过程中，不仅需要确保相对人的实体权益得到保障，同时也应该依据程序保护相对人的合法权益。

三、我国劳动行政执法队伍薄弱

依法行政的核心是依法执法。但在实际工作中，有些劳动行政执法工作者对依法行政的认知不全面，导致在法律运用中以及根据法律规定对权限相关问题进行解决时，个别行政执法工作者对依法行政的理解过于片面，认为是"以法行政"，认为依法行政工作实施的核心是根据法律对民众进行治理和对事件进行处理，导致劳动行政执法工作实施中的行政执法权被单方面夸大，缺少自律约束性，为此在劳动行政执法实际实施过程中所贯彻落实的"依法"性较少。在当前劳动行政执法工作实施下，执法观念以及执法队伍的构建主要存在以下问题：

第三章 和谐劳动关系语境下我国劳动行政执法的现状及存在的问题

（一）劳动行政执法观念落后

在当前劳动行政执法工作实施下，执法工作人员对相对人所具有的劳动权益缺少足够的保护观念。法律实际贯彻程度会对劳动行政执法工作是否能够顺利实施产生直接影响。用人单位对劳动权益保护认知较强，则能够与劳动行政执法主体进行积极配合，促进劳动保障执法的顺利进行，有助于推动劳动行政执法工作更好展开。反之，用人单位自身所具有的劳动权益保护认知较差，则不利于劳动保障行政执法的有效实施。用人单位对劳动权益保护的认知程度在一定程度上会对劳动行政执法是否可以实现顺利实施产生直接影响。实践中，部分领导干部持有的"经济效益大于权益保护"的工作理念，形成了"先发展，后规范"的工作思路，导致为促进本区域经济效益而轻视劳动行政执法工作的实施。另一方面，用人单位的实际违法成本与守法成本相比较低，一些企业管理者受到劳动执法行政相关处理或处罚之后，并没有自觉对违法行为进行纠正，而是采取各种"走后门""找关系""拉人情"等不正当手段，对所要接受的处罚进行责任逃避。这导致劳动行政执法在针对违法案件进行处理的过程中，无法善始善终。有些用人单位甚至会以暴力行为对执法进行抵抗，部分违法企业因为受到"上级"庇护而更加猖狂，对劳动者自身所具有的合法权益肆意侵害，对举报人进行打击报复，这对社会的和谐发展与稳定建设产生了极坏的影响，同时严重破坏了劳动力市场中主体关系之间的平等地位。

（二）劳动行政执法队伍相对薄弱

根据国际惯例，在劳动行政执法工作实施下，实际所配备的人员与辖区劳动者比例应该控制在 1∶5000 至 1∶10000 值域范围内。我国劳动行政工作的展开中，执法人员的配比与实际所有劳动者之间的比例应该为 1∶20000。但在我国大多数地区市场经济的构建中劳动者比例颇高，部分地区甚至超过了 1∶50000 的值域范围。由此可见，我国劳动行政工作实施中执法人员十分稀缺。与庞大的企业数量以及实际就业人员数量相比，劳动行政工作在展开中所构建的执法机构以及所招聘的工作人员数量过少，这种情况的存在不利于我国当前劳动行政工作实施中对执法队伍进行高素质建设，组建专业化队伍。我国劳动行政执法队伍在不断增多的工作任务之下，无法满足劳动维权工作的需要。

目前我国劳动行政执法队伍人员素质普遍较低。劳动行政执法工作具有较强的政策性以及法律性需要，工作人员需要具备较高的专业性。但目前我国没有对队伍建设制定完善的程序引导，缺少严格的管理办法。由于劳动行政执法人员实际招聘标准较低,缺少足够的培训,很多执法人员没有足够的法律知识储备,专业素养较低。这就导致了执法过程中存在滥用职权、越位越权、暴力执法等倾向。实践中,由于执法队伍人员缺乏,为保证工作的顺利实施,需要从其他部门进行人员借调,甚至会聘用一些临时工,导致很大一部分劳动执法人员属于兼职监察员,没有足够的执法能力和业务素养,为执法工作的合法性埋下了很大隐患。兼职监察员具有较大的流动性,没有专业素质的支撑,无法做到对相关执法工作以及所具备职责的认真履行,无法对日益繁多的工作任务加以适应。总之,劳动者日益增长的劳动维权要求与相对薄弱的劳动行政执法力量之间的矛盾成为当前制约劳动行政执法工作的重要矛盾。

四、劳动行政执法的救济体制失位

我国劳动立法者为了贯彻劳动法律法规,设计了两套劳动执法体系:一是以劳动仲裁为主要内容的劳动争议处理制度,二是以劳动监察为核心的劳动行政执法制度。这两种制度所依据的实体性规范性质是不同的,在理论上前者的直接依据是劳动合同,是一种私权利救济的方式。而后者的直接依据是劳动基准法,是一种公权力救济的方式。在具体程序上,前者由劳动者主动提出调解和仲裁的申请,通过社会第三方力量对劳动争议在权利义务上做出评价,在此过程中当事人可以自由处分自己的权利;后者由劳动行政执法机构主动依法监督检查相关单位,通过对违法行为进行行政处罚达到对劳动者权益保护的目的。立法者想通过这样的制度设计,使劳动法将私法性规范与公法性规范驾驭在同一法律体制下,达到公私双赢。然而实践中,这两套体制却存在功能上的失位,无论是具有私法特征的劳动仲裁制度还是具有公法特征的劳动监察制度都遭到严重虚化和弱化,没有发挥其应有的功能。

(一)劳动仲裁私权救济功能的失位

因劳动权利、义务而发生的劳动争议适用调解、仲裁是由劳动法的私法因素决定的。世界各国的民法典均视员工与雇主之间的雇佣关系为一种自由的契约关系,即劳资双方通过劳动合同构建的劳动关系是建立在民法契约自由的原则下的,具有平等性、自由性和财产性,反映了各方的意愿。"契约自由的基础是自由的个人主义,是指基于个人意愿来决定契约。"[①] 其法律依据是被誉为契约自

---

① 阿狄亚. 合同法导论 [M]. 赵旭东, 译. 北京: 法律出版社, 2002: 12.

第三章 和谐劳动关系语境下我国劳动行政执法的现状及存在的问题

由典范的 1804 年《法国民法典》第 1134 条第 1 款:"依法成立的契约,在缔结契约的当事人之间有相当于法律的效力。"即契约自由的核心是"契约应当遵守"。"契约应当遵守"的思想来自中世纪的教会法。教会法学家们从赎罪戒律出发,认为契约是当事人之间的法律,古罗马有"convention vincit legem"("契约胜法律")之说,也是此意。① 当然,这一思想并非是人们主观臆断的结果,而是人类"从经验中学习"的产物。"从经验中学习"是一个遵循、传播和发展那些因成功而胜出并盛行的惯例的过程。"这些惯例之所以获得成功,乃是因遵循这些规则的群体取得了较大的成功并取代了其他的群体而演化发展起来。"② "这些行为规则在人类生存的环境中使较多的遵循这些规则的群体或个人生存了下来。"③ 所谓"契约应当遵守",是因为契约能给人们带来更多的生存利益,不遵守契约,人们就无法获得更多的资源,从而使人们对契约的遵守成为一种惯例。劳动合同的缔结和履行也遵循着这样的规则。劳动者通过出让劳动力来谋生或获得合理的报酬,而用人单位也在劳动者的有偿劳动中获取更大的经济利益。由此可见,缔约人在缔约过程中是完全理性的。劳动合同可谓是劳动者和用人单位为了利益最大化的目标而展开的一种行动。由于劳动合同是劳动关系形成的前提,劳动关系的运行过程便是围绕劳动合同展开的,大致可以划分为三个阶段:缔约阶段、履约阶段和解约阶段。其中,在缔约阶段,劳资双方法律地位是平等的,通过谈判建立劳动关系,无论是工人择业还是单位用人都有自由选择权;在履约阶段,劳资双方按照雇佣合同的约定主张权利并履行义务,企业有内部自治的章程,劳动者享有获得报酬权,用人单位拥有用工的自由;在解约阶段,劳资双方可能会因此发生纠纷,但纠纷的解决仍然要以劳动合同为主要依据。因而,无论是哪个阶段,劳资双方均是以平等、自由协商的方式缔结和履行彼此间的权利义务,在此过程中"协议就是法律",即劳动契约关系是劳资双方的一种私权关系。基于各种社会原因(如劳动力供求关系的影响、社会保障制度发展的影响等)或劳动合同自身的因素(如合同签订不规范或存在各种漏洞等),劳动争议时有发生。为了预防劳动争议的发生和扩大,维护稳定的经济秩序,世界各国均根据自己的国情建立了"调解、仲裁和诉讼"三道防线,即劳动争议处理制度。

---

① 赵可. 契约应当遵守 [N]. 人民法院报,2010 - 11 - 12:7.
② 哈耶克. 法律、立法与自由:第 1 卷 [M]. 邓正来,等译. 北京:中国大百科全书出版社,2000:17.
③ 诺思. 经济史中的结构与变迁 [M]. 陈郁,等译. 上海:上海人民出版社,1994:88.

我国直到2007年先后颁布了《劳动合同法》《劳动争议调解仲裁法》。然而根据相关法律规定，我国劳动仲裁的适用范围、程序等与其应发挥的私权救济功能并不相匹配，其表现如下：首先，我国劳动仲裁的范围超出了其私法的范畴。按照法律规定，劳动仲裁的范围包括劳资双方因《劳动法》调整的各种劳动关系产生的劳动争议。而劳动争议的内涵是非常广泛的，不仅是劳动合同中的权利义务之争，还包含依劳动法律法规、集体合同、内部劳动管理规定而确立的权利义务之争。我国劳动法笼统地将劳动仲裁的范围限定为各种劳动关系，实际上是扩大了其受案范围。另外，我国法律将"劳动标准案件"纳入强制仲裁的范围，亦是染指了公法关系。因为有一些劳动纠纷，如最高工时和最低工资争议，触及的是最基本的劳动条件，是劳动基准法的主要内容，并没有调解的余地，劳动仲裁机构无权对其进行行政处罚。其次，我国劳动仲裁的机构设置和程序的行政色彩较重。根据我国劳动法律相关规定，劳动争议仲裁机构是按照行政区划设立的，人民政府有设立劳动争议仲裁委员会的决定权。在我国的司法实践中，劳动仲裁委员会一般都设在劳动行政部门下面，其仲裁员都由政府部门考核发证。劳动行政部门制定仲裁规则并指导本行政区域劳动争议仲裁工作，确认或更换仲裁委员会委员均须报同级政府核准。由此，我国的劳动仲裁蜕变成了行政仲裁，因而往往被认定为一种"特殊的劳动行政执法行为"，更不存在实质上的"三方原则"，难以担当公正中立的仲裁业务。另外，根据《劳动争议调解仲裁法》，我国劳动争议处理采取的是"一调一裁两审制度"，劳动仲裁和诉讼是两个完全独立的程序，其中仲裁程序只是诉讼程序启动的一个必要条件，法院并不对仲裁裁决进行实质性审查。即在诉讼程序启动以后，仲裁程序以及仲裁裁决在法院的审理过程中等于零。这一规定，一方面限制了当事人的诉权，平添了诉讼的障碍，无法体现当事人面对民事纠纷时的诉讼自由原则；另一方面也置仲裁机构中立的地位于不顾，导致仲裁的虚置和仲裁权威受损。这种不管不顾、不合逻辑的制度设计和实践操作，严重影响着仲裁裁决和法院判决的公正性。

（二）劳动监察公权救济功能的失位

契约自由与契约正义是相伴相生的。如果说劳动仲裁的私权救济功能始于契约自由理念，那么劳动监察的公权救济功能则源自契约的正义。当西方国家进入垄断资本主义社会以后，自由主义者倡导的"自由平等"的私法精神与现实产生偏离时，私法的精神就遭遇严峻的挑战，公权力对私权利的干预也成为一种必然。法国《民法典》第1134条在规定契约自由的同时，也规定了对契约自由的

第三章 和谐劳动关系语境下我国劳动行政执法的现状及存在的问题

限制，即该条第 3 款"前项契约应以善意履行之"。后续的社会法学派也在反思契约自由的过程中，提出了契约自由必须与诚信和公平共存。如内田贵把契约定义为"为实现已谋划完毕的目标，相互协作而结成的一个紧密有机关系，一个由诚实信用原则支配的协同体"。① 尤其是在劳动合同领域，契约自由的运用与其他领域是不同的。虽然表面上劳资双方是平等的两个民事主体，但实际中劳动者和用人单位是完全不对等的，表现为经济实力、信息、资源、社会力量的不平衡，这使得劳动者在整个劳动关系的运作过程中都处于弱势。基于对劳动者"弱势身份"的认定，各国均通过劳动立法的方式对劳动者进行倾斜性立法，将劳动权及其相关权利赋予劳动者，并将一部分个别权利提升为社会公共利益予以特别关注，表现为劳动基准立法。在此，劳动基准立法的目的在于通过保障劳动者的合法权益来矫正劳资双方严重失衡的利益分配关系，即劳资平衡与劳权保障。而这也正是劳动法的公法性价值所在。在市场经济社会中，劳资关系是整个社会生产关系的基础，劳资平衡是社会诸多利益合理分配的核心内容。而"劳动法是具有限制资本的商品分配，修正民法契约自由的机能"的，② 具体体现在劳动法对劳动关系运行过程的修正上：一是在缔约阶段，虽然劳资双方可以自由进行双向选择，但这种自由选择不可以违背非歧视原则等劳动基准法律规定；关于劳动合同的内容，虽然劳资双方可以就工作时间、职工工资、职业培训、职工休息休假、劳动安全卫生、职工社会保险等内容进行协商，但协商的内容不得违背劳动基准法。二是在履约阶段，劳动者通过让渡劳动力获取工资报酬，用人单位可以通过内部规章和劳动纪律管理内部员工，但这些内部自治的管理规定不得违反劳动基准法。三是在解约阶段，劳动纠纷的解决依据也不仅限于双方劳动合同的约定，还有集体合同和劳动基准法的强制性规定。由此看来，用人单位和劳动者之间的关系，不纯粹是劳资双方的私权关系，而是关涉社会利益的弱势群体法律保护的公权关系。以劳动监察为核心的劳动行政执法制度，便是国家基于保障处于"弱者"地位的劳动者的合法权益，以社会利益平衡者的身份进行的一种公权力救济方式。我国目前以劳动监察为核心的劳动行政执法体制是比较薄弱的，无论是法治层面（立法严重缺乏、法律位阶不高）还是技术层面均与其应承担的社会责任存在一定的差距，面临着规制的危机和法律权威的缺失，失位于其应发挥

---

① 内田贵. 契约法的现代化——展望 21 世纪的契约与契约法 [A]. 胡宝海, 译//梁慧星. 民商法论丛：第 6 卷 [C]. 北京：法律出版社，1997：328.
② 木下正义, 小川贤一. 劳动法 [M]. 日本：成文堂，1992：10.

的公权力救济功能。首先是劳动监察的执法范围超出了其公法范畴。基于劳动关系社会化的特征,我国《劳动保障监察条例》将其受案范围扩大到了劳动关系的各个方面,劳动监察的功能已经远远超出了中华人民共和国成立之初对劳动安全的监督。现行劳动监察可谓是对用工单位进行全程的动态监控,既包括劳动基准,也包括劳动合同、劳动保障,既包括公法领域也包括私法领域。这便形成劳动监察涉足私法的范畴,使得政府公权力干预劳资双方自主权的事时有发生,劳动保障部门基于有限的执法力量难以胜任这些工作,执法的权威也严重受损。其次是劳动监察的力度不足以承担起管制功能。强而有力的劳动监察制度是贯彻执行劳动法律、法规的重要保证,"如果只有劳动立法而没有劳动监察,(那劳动立法)只是一种道德运用,而不是具有普遍约束力的社会规则。"[①] 然而现实中我国劳动监察的力度却不足以承担起管制功能:一是劳动保障监察部门的机构设置存在弊端。从我国劳动保障监察管理体制上看,不同级别劳动保障监察组织由相应级别的劳动保障行政部门管理,而没有直接的上下级隶属关系,同时,劳动保障行政部门又受同级地方人民政府的领导。这种运行模式,导致实践中由于各地对劳动保障监察工作的重视程度不同,劳动保障监察组织在各地区的人员配置、经费保障等方面的差别很大,有的地方政府基于政绩考虑,往往将监察执法和经济发展对立起来,导致重发展而轻执法,劳动保障监察组织更是形同虚设。二是劳动监察缺乏强制措施。根据法律规定,劳动监察机构处罚用人单位违法行为的主要方式是罚款、责令改正等行政处罚措施。1994年劳动部颁发的《劳动监察员管理办法》,对劳动监察员的职权作了规定,但也仅赋予其查阅资料和检查劳动场所的权力,并没有赋予其一定的强制执行权。严厉的行政强制执行措施和"公法"特性的缺乏,导致违法行为不能得到及时的处理,劳动监察执法权威受损。

(三)劳动监察与劳动仲裁执法内容界定不清晰

现阶段,根据我国现行的《劳动法》规章制度,对劳动保障行政执法工作的实施作出了明确的体系规定,分为两方面:第一套劳动保障体系,是以劳动争议为核心,通过调解、仲裁等辅助手段的实施,对劳动争议进行有效处理。第二套劳动保障体系实施的核心是劳动保障监察工作实施下所构建的劳动监督检查制

---

① 李希霍芬. 劳动监察:监察职业指南[M]. 刘燕斌,等译. 北京:中国劳动社会保障出版社,2004:53.

第三章 和谐劳动关系语境下我国劳动行政执法的现状及存在的问题

度。对于两套制度如何实现良好运行，在《劳动法》中并没有做出明确规定。就现行法律内容的相关解释以及实践行为而言，两者职责交叉，各行其道，最终造成在劳动保障监察工作实施下可能会与劳动争议仲裁工作中的相关部分有所重叠。就理论上而言，劳动保障监察所体现的是公权力内容下的救济行为，劳动争议仲裁所体现的是私权利下的救济行为。两者的管辖范围应该十分明确，界限划定清晰，并不会出现交叉情况。但在实际工作实施下，我国立法针对劳动保障监察行为实施以及劳动争议仲裁的案件受理范围会有交叉情况的存在，导致劳动保障监察的工作实施可能会与劳动争议仲裁工作权限混淆、分辨不清。

劳动争议仲裁的存在，是以劳动合同法的签订作为前提。劳动保障监察的存在是以劳动基准法作为理论基础。劳动保障监察是行政行为，与劳动争议仲裁之间最大的不同是其主动采取强制性的行为干预。就我国当前现行法律法规的规定实施而言，劳动保障监察案件的受理范围和劳动争议仲裁的案件受理范围之间，在制度实施中出现了极大的重合性。工资社会、福利保障、劳动合同等是劳动者自身权益构成的主要要素，同时也是在劳动力市场下保障其权益的监察内容，以及劳动争议仲裁相关工作实施下主要的受理内容。两者案件受理范围大幅度的重合，主要体现在两种类型的案件之中：第一类社会保险相关案件主要是用人单位没有根据规定要求参加社会保险，虽然社会保险在办理机构已经登记，但是没有根据规定缴纳费用，或缴纳费用的实际数目有所出入。第二类劳动报酬相关案件，主要是用人单位对劳动者实际工资或加班费用社会福利等进行无故的克扣或故意拖欠。针对以上所提及两种案件的争议，当事人不仅可以向劳动争议仲裁申请仲裁，同时也可以向劳动保障监察机构举报该行为，劳动者拥有获得劳动争议仲裁的救济或者可以向劳动保障监察部门举报获得相关救济的选择权，而实际实践工作中会产生多种问题，可能导致对相同劳动争议，进行重复处理的情况。这种情况的出现，可能会对劳动争议双方当事人的实际精力产生影响同时会导致在社会发展下大众对国家执法的认知有不可预见性，影响劳动保障监察工作实施下实际执法公信力的同时，可能会导致劳动监察与仲裁机构之间出现互相推诿的情况。

（四）劳动监管与司法权缺乏衔接协调机制

劳动行政执法工作的实施根本目的是希望通过对劳动监察工作实施的强化实现对劳动者自身所具有合法权益的有效保护。用人单位在与劳动者构建劳动关系之后，没有根据相关规定对劳动基准义务进行严格履行，劳动者根据劳动监察程序对其进行举报投诉,劳动监察部门作为国家相关工作实施的处理代表,可以对违法用人单位进行深入调查与查处,直接强制其对义务进行履行。我们无法否认劳动监察部门在对劳工权益所存在的问题处理方面具有极大的作用。由于劳动监察部门针对劳动技术案件进行处理过程中没有具体的司法体系为其提供有效支撑,导致劳动保障监察工作无法确保实际执行力度等问题普遍存在。劳动者将自身希望全部寄托于国家,希望通过国家干预实现对自我权益的保护,这一目标难以有效实现。例如在劳动行政执法工作实施下,劳动监管部门向法院申请对劳动者财产进行保全的方式较为少见,在调查和实践中,用人单位会出现财产转移或逃逸等现象。对于这些情况,劳动监察部门也难以有效解决,相类似的行政处理较为困难,导致劳动者自身所具有的基准权无法受到有效保护。为此需要司法体系作为其实施的有力支撑,强化劳动基准在实施中对监察司法所提供的保障,对劳动保障监察工作实施中存在的处理难执行等问题进行有效解决,以此提高对劳动者合法权益保护的工作效率。

第四章 亚洲国家和地区劳动行政执法制度及法律借鉴

自 20 世纪发展至今,国际劳动组织不断出台与劳动行政执法工作实施体系制度相关的公约与建议书,为各个国家对劳动行政执法工作进行规范化管理、构建科学化体系提供了更多的可借鉴标准和依据。本章节通过研究比较亚洲国家和地区的劳动行政执法体制,并结合我国国情,对可借鉴的内容进行归纳总结,以期推动我国劳动行政执法体制的完善。

第一节 中国澳门地区劳动行政执法制度及对中国内地的借鉴

为适应社会的发展,中国澳门的劳动行政执法工作经历了很长一段时间的整治和完善。在此过程中,中国澳门特别行政区政府逐渐摸索出了劳动行政执法部门发展的规律,使得劳动行政执法部门的工作效率以及质量得到了较大提高。

一、中国澳门地区劳动行政执法制度

中国澳门的劳动行政执法制度与中国澳门的整个法律制度一样经历了复杂的发展过程,到目前为止,已形成了一整套比较完整的体系。中国澳门特别行政区政府的劳动监察主体机构是劳工事务局,该局的发展经历过一个演变过程。1989年 6 月,中国澳门颁布了第 40/89/M 号法令,将劳工事务室升级为劳工暨就业司,其主要的职责是:促进劳工关系的和谐发展,在劳动卫生方面和安全方面开

展指导工作，协调劳资关系，处理劳动纠纷，稽查劳工法例的遵守和执行。劳工暨就业司下设劳工事务稽查厅，其职责是监督劳工法例的一般遵守，尤其是劳动条件及劳动保护法规的遵守。2004年7月24日，特别行政区政府颁布第24/2004号《劳工事务局的组织及运作》行政法规，法规中将劳工暨就业司改为劳工事务局，劳工事务稽查厅改为劳动监察厅。

中国澳门的劳动行政执法工作，对制度体系的构建主要划分为两部分：第一部分是《劳工稽查章程》，通过对劳工稽查章程进行分析，可以发现针对各种违法行为的实际处罚大致分为两种情况——行政机关针对违法雇主罚款以及对违法的雇主追究其刑事责任。劳工稽查章程中的处罚条款里，其中四个条款与罚款相关，三个条款与刑事责任的追究相关。第二部分是对不同行业有针对性的监察，虽然无法实现专门对劳动保护实体法规则的监察保护，需要建立专门的劳动监察法制与其一一对应，但大体上针对专门采取劳动保护实体法的都有相对应的劳动监察法律支撑。由此可见，立法者希望通过构建严密的劳动监察体制，通过法律体系的完善促进工作的更好实施，避免劳资矛盾的恶化，对劳动争议进行有效化解。

中国澳门实施劳动行政执法工作的目的并不是罚款，而是促进劳动法律监督工作的更好实施和对劳动行为中的违法举措进行纠正。行政执法工作实施下的行为，大致分为两部分：第一部分，主要是对雇主是否发生违法行为进行确认。例如，雇主对就业有轻微的歧视性，不涉及罚款内容，但需要对其进行纠正。第二部分，是涉及罚款的体制体系，就中国澳门单项的劳动监察制度制定而言，对于劳动监察在活动实施中的违法行为，大多是通过罚款方式实施处罚。

通过以上对中国澳门劳动行政执法工作的相关介绍，我们可以发现中国澳门的一部分规定与内地劳动行政执法的部分规定还是一致的。不管是中国澳门还是内地对于劳动行政执法工作的总结都是要在执法过程中充分发挥职能，加大工作力度，为劳动者带来最好的服务。劳动行政执法机关随着时代的发展、社会的变革，已经不再像原来那样不受重视，而且已经慢慢融入人们的生活，大众都开始了解这个部门，并学会通过这个部门维护自己的合法权益。这样的社会现象对劳动行政执法的发展产生了积极影响。然而，劳动行政执法工作还有亟待完善的地方。首先劳动行政执法工作需要完善组织机制。劳动行政执法其实一直都缺乏相对完善的组织机制，这也就造成了劳动行政执法的凝聚力不足、团队意识不强，无法有力紧张的劳工关系。一个组织的机制不够完善，工作过程没有规章可循，出现问题也不知从何下手,这使得工作人员很无奈,严重削弱工作人员的积极性,使工作人员对工作失去信心,不再对工作上心,长时间下来,凝聚力就会慢慢减弱直至消失。只有完善了劳动行政执法的组织机制,才能从根本上解决其中凝聚力不足、团队意识不强的问题,充分发挥劳动行政执法的职能,加强劳动行政执法的工作力度。其次在劳动行政执法工作中要讲究合理的策略。劳动行政执法的发展对于社会以及劳动者来说固然重要,但是在追求劳动行政执法快速完善的同时,不能只追求利益而忽略内部的状态,脱离了事物发展的正常轨道。解决劳动行政执法工作中的问题,要运用合理有效的策略。比如,我们可以利用互联网改善管理方式,这样不仅可以改善组织管理体系,还可以提高执法内部的凝聚力,也促进了管理方式的完善,而且有利于实现社会效益。

二、中国澳门地区劳动行政执法制度法律借鉴

中国澳门的劳动行政执法制度独具特色。通过劳动监察的处罚和调解,使得大量的劳动争议在劳动监察阶段被化解,只有少量争议进入诉讼,从而使劳动行政执法程序成为劳动争议处理程序当中最主要的程序。虽然内地和中国澳门的社会制度不同,但是两地同文同种,中国澳门劳动行政执法制度的许多规定可以为内地所借鉴。对于那些事实清楚"证据充分"的明显违反劳动法的行为,由劳动行政执法部门直接以行政处罚或行政调解的方式处理,这是化解目前数量庞大的劳动争议的必由之路,也是设置劳动行政执法制度的本意所在。

考察中国澳门的劳动行政执法我们发现一个突出的特点,那就是该硬则硬,所谓的硬就是启动"轻微违反程序"现场逮捕和治安警察的配合。内地劳动行政执法制度存在的最大问题是缺乏必要的执法手段,而且监察行为有可能被提起行政诉讼。因此,执法人员在执法过程中缩手缩脚,不敢大胆执法,没有建立起应有的权威。因此内地应当修改法律,首先解决硬的问题,允许劳动行政执法人员就自己目睹和发现的违法事实制作笔录,并且同时处以罚款。如果用人单位在规定的期限内不主动缴纳罚款,可直接将笔录移送法院,该笔录具有证据效力,等同于起诉书,进而启动轻微违反程序,此种程序属于刑事诉讼的简易程序。如果情节比较重,则可以直接将笔录移送法院,该笔录具有证据效力,等同于起诉书,可按照刑事诉讼程序进行。违法者若对于这两种判决不服,不得提起行政诉讼。内地还应当借鉴中国澳门的经验,要求治安警察的配合,只有这样,才能树立监察机构的权威,才能在很大程度上遏制日益严重的劳动违法现象。

考察中国澳门劳动行政执法制度可以发现，第 60/89/M 号法令《劳工稽查章程》第六条之中通过其中 7 个条款规定两个部分的内容：一个是雇主的义务，主要是到场义务，允许进入义务，如实向劳动行政执法人员作出声明、提供认为需要的任何资料、作口供的义务。另一个是对于违反义务的惩处，主要是刑事责任和罚款，雇主在劳动行政执法过程中能做什么，不能做什么一清二楚，雇主违反了哪一个条款规定需要承担刑事法律和行政法律责任一目了然。内地的监察条例主要包括三个部分：一是规定了劳动行政执法机构可以采取什么措施；二是对于用人单位的违法行为如何处理；三是用八条十九款规定了违反劳动行政执法的法律责任。① 仔细研究发现，中国内地与中国澳门劳动监察法律最重要的差别在于如何处理雇主所涉及的刑事犯罪问题，中国澳门劳动行政执法法律具体规定了雇主什么样的行为构成刑事犯罪，同时规定此种犯罪行为应当承担什么样的刑事责任，其处罚直接指向了刑法的具体条款，同时明确了刑事诉讼的启动程序。而内地劳动行政执法法律对于追究刑事责任的规定非常含糊，只是说，构成犯罪的，追究刑事责任，但是并没有明确用人单位何种违反监察的行为构成刑事犯罪，以及此种犯罪行为应当承担什么样的刑事责任，以及如何去启动这一个程序。

第二节　中国台湾地区劳动行政执法制度及对中国大陆的借鉴

中国台湾地区劳动行政执法制度，为中国台湾劳动行政执法工作的执行构建了一个和谐的环境，使用人单位以及劳动者之间拥有更和谐的劳动关系，进一步提升了劳动行政执法在台湾居民心中的地位，树立了劳动法的威信。

一、中国台湾地区劳动行政执法制度

中国台湾的劳动行政执法制度的构建是以《劳动检查程序——一般检查用》为依据的，在实际工作中，中国台湾地区的劳动检查采用了三分法：

---

① 洪在有. 劳动监察制度需要改革和完善 [J]. 中国劳动, 2004 (11): 13-15.

（1）检查工作实施之前的准备。劳工检查机构在日常需要对该地区名下所有工厂相关名册与资料进行多多收集，以便检查员对时间表以及检查工作实施之前的内容进行安排。工厂名册经由资料登记、研究内容、参考文献等方法建立。资料必须每年进行补充或者更新完善以确保正确性。检查员在出发检查之前，需要对相关法律内容进行深入研读，同时向该行业相关学者专家请教，对受检查的事业单位实际情况以及生产制造程序进行基本了解之后携带检查法令、表格、仪器等必备物品对其进行检查，另外在检查出发之前，需要对所有装备能否正常使用进行检查。

（2）进行检查工作。检查工作正式开始后，其主要工作程序为：进入受检查的事业单位，检查前会谈，对相关资料进行查阅，现场询问以及解释或检查，检查完毕会谈。其中在检查之前所召开的会谈以及检查完毕之后所召开的会谈，需要和受检查的单位针对检查之前相关事项以及实际检查结果进行深入的沟通与协商。

（3）检查工作完毕之后的相关处理。检查结果应该由检查员审批之后向劳动监察机构进行申报，劳动监察机构根据法律规定对其进行行政处理。

劳动行政执法者是劳动行政执法的捍卫者、监督者、执行者，没有一群高素质的执法者，就很难保障执法的公正、公平，很难提升执法的力度，不利于杜绝执法中滋生的腐败，更不能保障执法在老百姓心中的公信力和威慑力。所以，提高劳动行政执法机关人员素质是一件非常重要的事情，必须建立一个完善的培训体系，形成良性的培训机制，以便在劳动行政执法制度中形成稳定的人才培养体系，从而储备优秀的人才。中国台湾地区劳动行政执法机关建设具有四个特点：第一，中国台湾地区注重劳动行政执法部门的内部培训。通过提升执法部门执法人员的素养，丰富其法律知识，为劳动行政执法打下了良好的基础。第二，中国台湾的劳动行政执法部门注重和教育机构的合作。早在20世纪的时候，中国台湾的劳动行政执行部门就意识到了执法人员培训的重要性。到了21世纪，中国台湾的劳动行政执法部门进一步加强内部人员的培训，并要求执法人员在学习了相关的法律理论知识后，还要到劳动行政执法部门进行社会实践。第三，中国台湾地区注重劳动行政执法的社会培训。随着劳动行政执法的一步步发展，越来越多的社会机构认识到了劳动行政执法社会培训的重要性，认为这项培训对该行业的发展有一定的促进作用。所以，很多社会机构开始慢慢进入到劳动行政执法的社会培训工作中。面对这么多社会机构的介入，劳动行政执法部门提出了一系列措施，鼓励优质社会机构的参与并积极与其合作。这样做，不仅提高了劳动行政执法内部人员的职业素养，也提高了相关专业人才的专业水平。第四，中国台湾更加注重对劳动行政执法内部精通该项工作的劳动检查员的培养，并为他们开展了一系列教学计划。该计划一经推出，劳动行政执法部门就明确以保护劳动者为发展目标，任何目标的发展方向，均是以劳动者的利益为主，把劳动者作为社会向前发展的前提。如果劳动者的权利无法得到很好满足，社会的发展就会受到影响，影响社会和谐，使法律丧失威严。一个好的劳动行政执法为和谐劳动关系的构建做出了很大贡献，也对劳动者以及社会造成了深远影响，为其他相关部门或产业做出了很好的榜样。

以上四点主要是中国台湾地区劳动行政执法机关建设方面的内容，它对我国大陆地区的劳动行政执法制度的建设具有一定的借鉴意义，体现了对劳动行政执法机关人员的素质的重视。从中国台湾劳动行政机关对内部人员的培训可以得到如下启示：劳动行政执法机关要使工作人员在法律专业方面有过硬的本事，平时的培训是必不可少的，同时也要形成良好的劳动行政执法培训机制。比如，对劳动行政执法人员的培训，应明确具体培训频次、培训内容、培训方式，这些需要精心的设计和安排。除了培训之外，还要从源头上对劳动行政执法机关人员的法律知识进行把关。随着劳动关系的日趋复杂化、国际化，法律知识在日常工作中的应用在不断扩展，对执法人员法律专业知识素养，也提出了更高的要求。因此，劳动行政执法机关必须要在人才准入制度上下功夫，可对劳动行政执法机关工作人员的专业增设门槛，以法律及相关专业为最佳。按照这样的要求，大批法律专业的人才才会进入劳动行政执法机关，这便在源头上保障了执法人员的素质。同时，再结合平时的培训，在实践中的锻炼，就能使劳动行政执法机关执法人员的执政能力得到提升。

由中国台湾劳动行政执法机关对内部人员执法能力的培训体系可以得出，他们比较注重与培训机构的合作，在社会上也会与很多社会机构对接培训。目前，我国大陆地区的培训机构还比较少，对社会上资源的重视相对不足，这就要求我国大陆地区的劳动行政执法部门解决相关问题。第一步，大陆地区的劳动行政执法部门要提升劳动行政执法在公民心中的公信力和威慑力，这样大家才会给予更多的关注。只有越来越多的人关注到劳动行政执法的内容，才会有更多的公民感受到它的重要性。有坚实的群众基础，才会有更多的社会资源、社会机构的介入，从而为劳动行政执法工作提供了一定的支持。因此，我国大陆地区要想使社会机构重视劳动行政执法培训,就必须提升劳动行政执法在公民心中的地位,比如通过对广大公民进行劳动行政执法的普法教育,使全社会掀起学习的热潮,吸引更多的社会人士、机构投入其中,为劳动行政执法带来新的力量。

不论是中国大陆,还是中国台湾,劳动行政执法的发展中都面临着一些新问题,其中劳动行政执法内部结构的调整、劳动行政执法部门相关体系的构建、劳动行政执法中人才的培养方针等最为常见。这些问题的解决有利于劳动行政执法部门的工作人员有效地开展工作。我国劳动行政执法部门在行政执法的过程中,也应围绕这几点制定有效的政策与措施,促进政策的实施,使之更好地服务于公众。

目前,我国劳动行政执法的发展已从雏形逐步走向深水区,在此过程中,一定要脚踏实地往前走,通过我们的努力使公众获得更多劳动法上的支持,满足公众的合法权益诉求。同时,劳动行政执法的完善,对构建和谐劳动关系、和谐社会,意义重大。

二、中国台湾地区劳动行政执法制度法律借鉴

中国台湾地区颁布了"劳动检查员遴用及专业训练办法"对劳动行政执法员的任职条件及入选后的专业训练进行规定,其中对劳动检查员的任职资格与选任设定了更为科学和严格的条件,并对劳动检查员的培训进行了具体规定,更符合劳动行政执法员的专业性要求。

中国台湾的劳动行政执法工作中,对劳动检查员的要求也越来越严格,这是因为在以前的劳动行政执法部门中,劳动检查员的知识水平与技能是参差不齐的。在中国台湾劳动行政执法发展的新形势下,虽然劳动检查员在执法部门的组织下发展成长起来,但由于多种因素影响,出现了劳动检查员的文化层次、知识水平和技能都良莠不齐的复杂现象。这是新形势下劳动检查员发展的重要特点之一。

劳动检查员的各方面水平从时间角度来看,受历史性因素和建设性因素影响。历史性因素即劳动检查员在参与该工作前的综合素养水平,比如劳动检查员的身体健康状况、家庭背景、社会工作背景、学习经历、技能状况等,这些方面或影响劳动检查员的工作状态,或影响劳动检查员的工作效率,都是劳动行政执法部门十分重视的方面。出于历史性因素的考虑,劳动行政执法部门往往会在用人之前对劳动检查员素质进行一个整体考量,符合部门用人标准的方能予以录用。国家公务员考试就是一个典型的例子，先进行笔试，考查考生的分析能力、表达能力、运算能力、知识储备、逻辑思维、判断能力、材料分析能力等综合思维力，然后又通过面试考察考生的临场应变能力、整体表达与发挥能力、情感态度价值观等方面内容。即使如此全方位的考察合格过后，还需要对于入职人员进行入职体检，体检合格才可以进入岗位试用。这样系统全面的考察模式并不是所有的部门都具备的，但是总体上来看都有着相应的、类似的选用人才标准。劳动行政执法部门根据这样的标准对人才进行选择，可以适当缩小内部劳动检查员各方面水平的差异。

建设性因素是指劳动行政执法部门对于劳动检查员的培训和引导。学校是学生的组织，劳动行政执法部门是劳动检查员的组织，组织者对于组织内部的每个个体都有着不可忽视的重要性。组织者需要用一定的制度对劳动检查员进行约束和管理，这是让劳动行政执法的相关机制得到顺畅运行的基础，此外还需要对劳动检查员进行专业知识培训，提高劳动检查员的专业技能素养。专业技能素养是指对劳动检查员进行岗位技能培训。通过对于单一原理的基本操作培训，让劳动检查员可以快速上岗，这只是第一步，后面的技能培训还可以层层深入。比如，先知道了第一步怎么操作，再学习第二步，继而是第三步，第四步……流程熟悉以后则可以开始系统学习，从而把单一原理整合成系统组织，从简单技能的学习到掌握技能规律和灵活运用。专业技能素养这门培训与实际操作相关，是一门实践性很强的培训课程，有条件的情况下，在操作中学习，在实际操作中获得经验，可以提高学习效率，让劳动检查员学得更快更好。职业素养强化是劳动行政执法部门为自身长远发展考虑，培养人才和专业劳动检查员的必要手段。

从中国台湾地区劳动检查员的资格和遴选标准看，对劳动检查员的要求高于一般公务人员。目前大陆现行劳动监察员制度所规定的任职条件标准较低，而且这个标准存在较大的弹性，如"熟悉劳动业务，熟练掌握劳动法律、法规知识"的规定，很容易在具体实践中成为游戏规则。因此，中国台湾对劳动行政执法员的任职条件、任职资格及遴选标准及入选后的专业训练的规定值得借鉴。

针对以上所说的现象，中国台湾地区在劳动检查员的录用方面还是比大陆做得要好。那么大陆的劳动行政执法部门应该采取一些什么措施呢？首先就是对于已经录用的检查员，政府要积极开设不同职级劳动检查员的专门培训课程。这一项工作开展难度较大。因为专门开设这样的课程需要额外的人力、物力、空间环境等条件，只有极少部分的劳动行政执法部门有这样的条件为绝大多数劳动检查员提供正式培训,而即使能够做到,也不能保证每一个劳动检查员的水平都能更加专业。举一个经典的例子,国内的富士康科技集团就是制度化、规范化公司的典范,公司内部从上到下培训一体,晋升制度、条件要求等各方面都有详细、明确的规定,几乎所有劳动者都会得到培训,可是不是所有劳动者都能得到系统的培训,绝大多数劳动者都只得到工作内容单方面的培训,学习一个很小的技能,也许就要一直干上三五年,而关乎于劳动者更长远能力方面的培训却很缺乏。相对来说,一些大公司对内部人才进行的职能培训并致力于挖掘劳动者的潜能和研究能力,这种做法更符合劳动者的个体利益,对于劳动者的职业成长有着更为积极而显著的作用。所以面对劳动行政执法发展现状,大陆地区应该积极开设课程,促进劳动检查员的专业化。

劳动行政执法部门可以和相关教育机构合作开设这样的专业培训课程。一种方式是直接从相关教育机构引进人才,另一种方式是聘请相关教育机构的培训人才到劳动行政执法部门给更多的非专业人士进行培训。两种方式可以并行使用,要注意与教育机构保持稳定合作,这样既可以培养默契,也会为双方节约成本。机构的选择有时候关系到劳动检查员的综合水平走向,因此需要慎重考虑,全面去分析,比如业务素养能力、师资能力、各专业研究水平以及与执法业务的适合度等。除此以外,劳动行政执法部门往往也会图求便利,尽量在周边地区寻找合作伙伴,以就近、就利、就好的原则进行选择。

劳动行政执法部门对劳动检查员进行培训时要开设不同类别的课程。前面说的是综合层次的区分,属于递进关系。现在说的是种类划分,各类之间属于平行关系,就如同学校教育课程分科一样。企业可以给予劳动检查员分科培训,主要分为两大类进行:综合文化知识和专业技能素养。综合文化知识是基底,劳动检查员需要有统一的文化认识才能共同营造具有同一性的执法方面法律文化氛围。这里的文化知识包括法律以及相关的各种规定。劳动行政执法部门进行文化知识培训最主要的目的是提升劳动检查员文化素质,劳动行政执法部门自身的文化及发展历程也可以纳入培训内容。

中国台湾地区劳动行政执法员的权力,包括自由进入工作场所的权力、询问权、查阅抄录权、取样权、纠正权、停工处分权、控诉权、请求行政机关或检察机关协助的权利。中国台湾规定了劳动行政执法员在进行现场检查时遇到拒绝和阻碍,须由警察予以协助否则不能排除上述情况时,具有请求警察协助的权力,警察有协助的义务。大陆没有专门法律规定警察的协助义务,这就导致了公安部门怠于协助，最终使劳动监察力度不足。

中国大陆和中国台湾均规定了劳动监察员的执法程序，同时也对其利益回避和禁止行为进行了规定，但仍有不尽相同之处。大陆要求执法时劳动监察员不得少于2人，进入用人单位时应佩戴劳动保障监察执法标志，出示劳动保障监察证件，并说明身份。中国台湾规定：检查员执行检查时，除特定情况外不得事先通知事业单位。另外，其回避制度也不乏可取之处，中国台湾专门制定了"劳动检查员执行职务回避办法"，对劳动检查员的回避事由进行了非常详细的规定，这是值得大陆借鉴的。

第三节 日本劳动行政执法制度及法律借鉴

一、日本劳动行政执法制度

日本的劳动行政执法曾借鉴过美国的模式，但是并没有取得很好的效果。日本的专业人士经过坚持不懈的探索后，终于找到了适合日本自身的劳动行政执法发展模式，这一模式也推动了日本劳动行政执法取得更好的发展。随着劳动行政执法发展模式的改变，日本的用人单位以及劳动者在很大程度上获得了劳动行政执法的保护。不仅如此，每年甚至每周，日本劳动行政执法工作中，成功处理案件的总数很可观。日本劳动法执法工作的精致与富有情感的特色，让日本民族陶醉不已，这也促进了日本劳动行政执法的快速发展，并在日本当地获得了民众的认可，获得了一定的地位。日本的劳动行政执法模式具有深远影响，给各国的劳动行政执法发展带来了一定的启示。

日本的劳动行政执法工作拥有自己的特点，日本与中国劳动行政执法模式存在以下几点区别：一是我国与日本在处理案件时所倾向的重点不同，我国的重点是搞清楚案件的来龙去脉，而日本的出发点是和解与调节；二是两国的执法模式不同，日本实行垂直管理的劳动执法模式。从日本与我国的劳动行政执法模式区别中的第一点来看，由于处理案件时倾向的重点不同，这就导致了日本和中国在劳动关系的处理上效率不同。但同时，日本的处理方式也有其缺点，比如不对案件的来龙去脉进行分析，在日后还会再出现这样的情况。而我国因为在了解事情

第四章 亚洲国家和地区劳动行政执法制度及法律借鉴

的前因后果上花费大量时间，对问题的解决缺乏一些果断的、行之有效的措施，导致办事效率大打折扣。因此，鉴于日本的经验，我国要在注重事情起因经过的前提下，更加注重事件的处理方法、处理效率，综合日本和我国的优势，来提升劳动行政执法的效率。

随着网络信息化的发展，日本劳动行政执法获得井喷式的发展。日本劳动行政执法部门能在一天之内为劳动者处理多个案件，能在最快的时间内为劳动者维护权利。日本社会的劳资特征决定了日本的劳动行政执法活动是始终伴随着劳动者职业生涯一项保障。日本是一个土地狭小、人口密度很大的国家。如果日本没有一个严格的、严密的劳动行政执法制度为劳资关系保驾护航，对日本社会来说就是一个重大的隐患。在日本，劳动行政执法要捍卫资本家的地位，也要对劳动者的合法权益进行保障。如何实现二者之间的平衡，是日本统治者一直以来不断关注和思考的问题。从目前来看，日本在这方面做出了一些成绩。但是，随着劳资关系的复杂化，这些问题也会得以升级，造成更多的社会矛盾。我们这样的社会主义国家在这方面就有很多的优势，因为我们始终以捍卫劳动者的权益为目标，始终代表劳动者的根本利益。我们的企业或者个体，与被雇佣者不存在盘剥的关系，所以只要处理好生产关系中的一些矛盾，而随着生产力的提升、社会的发展以及劳动行政执法制度的改革，这些矛盾都会被逐步解决。

此外，日本劳动行政执法制度比较发达，设置劳动省作为中央当局负责审查劳动标准法各项劳动法律的实施和其他劳动法律规定的各项劳动标准的执行情况。在劳动省设立了劳动标准局，主要负责劳动标准法的执行，各都、道、府、县均设立了劳动标准局和劳动标准监察署。在日本，劳动行政执法的范围包括：劳动标准法（工时、法定假日、休息休假、意外伤害赔偿和女工、未成年工保护）、最低工资法、劳动条件、劳动安全卫生法、劳动保险、劳动者伤害补偿保险法以及由矿井伤害引起的一切一氧化碳中毒的有关措施法等。日本的劳动仲裁也是由政府组织，主要是对劳资双方关于劳动合同主张不一致而产生的争议进行处理，目的是解决订立、履行个人劳动合同和集体合同过程中所发生的争议。此外，中央政府设有劳动委员会。中央劳动委员会是依照《劳动组合法》设立的国家机构，其主要任务是按照"劳动三法"等相关法律，维护劳动者权益，保证劳动关系的公正。中央劳动委员会成员由专家学者、劳动者、用人单位三方各15人组成，委员会的职责主要有以下几方面：一是对劳动争议的调解、仲裁；二是对不当劳动行为事件的审查；三是对劳动组合（工会组织）的资格进行审查；四是促进个别特殊劳动关系纠纷的解决等。由此可见，日本的劳动行政执法机构的设置是相当严密的，这就保证了在执法过程中各部门的有效配合以及责任追溯的可行性。

　　日本推行的劳动行政执法体系，最明显的特性是劳动大臣对不同级别的劳动行政执法部门进行垂直管理，不同级别的劳动行政执法部门都设有监督官员。不同级别的劳动行政执法部门所具有的权力是：惩罚权、调查询问权、检查权及审查权等。日本之所以会创建劳动行政执法部门，并将其规划为配套部门是基于劳动立法标准的要求，由省、地方及监察署三级部门组成，其职责就是对劳动关联法律落实状况展开深入的检查与监督，职业安定法律落实状况的检查与监督职责由地方级别职业安定课与省职业安定局及从属的公共职业安定所执行。

　　在日本的劳动行政执法工作中，行政行为程序合法和主体合法一样重要，程序不合法的行政处理或行政处罚，同样会损害当事人的合法权益。劳动保障监察应严格按照法定程序的要求进行操作，确保程序的合理。劳动行政执法工作，应转变人治观念，树立法治观念，使劳动法变得更为有效。执法人员要遵法，并在执法的过程中把法放在首位，防止"长官意志""个人专断"导致劳动行政执法失去效果。这个现象在各国都有一定呈现，日本对这个问题的把握还是很到位的，他们通过一些措施杜绝了此类现象的出现，维护了法律的公正和劳动者的权利。

　　日本的劳动行政执法能够取得很好的发展，主要源自以下四个方面：

　　第一，独有的文化背景。据统计，在日本，人们对劳动行政执法部门的信任度是十分高的，日本每年为劳动者切实解决问题的成功率也非常高。这是很多国家或地区都做不到的。日本的劳动行政执法，不仅深受本国人的信任，而且促进了日本经济的发展。日本劳动行政执法的良好现状为日本的社会产业打下了一个很好的基础。日本的劳动行政执法到现在，能取得快速发展的原因在于拥有良好的群众基础。并且，日本劳动行政执法具有发展的优势和独特的风格，与人们的生活密切相关。日本的劳动行政执法，既能让人感受到社会的公平，也能让人感受到幸福，让人们可以在放松的环境下去信任执法部门。

　　第二，良好的劳动行政执法模式。日本的劳动行政执法力度很大且具有很明显的强制性，如劳动行政执法机关在雇佣者的身体因环境造成损失时，可以取缔工厂的生产资格。

　　第三，优秀的执法人员。任何一件事务的成功都离不开优秀人才的付出。日本从一开始不断探索劳动行政执法的模式，到后来拥有了自己独特的发展模式，都离不开那些优秀人才的领军作用。他们的努力不仅造就了日本本国的成就，还影响了世人对日本劳动行政执法的认识。正是因为日本劳动行政执法发展中的优秀人才以及政府的努力，才将日本劳动行政执法带入了黄金时代。另外，专业的培训机构是培育优秀执法人员的重要场所。在日本劳动行政执法发展过程中，国家设有专门的培训机构，既包括理论培训，也注重案件处理等实践活动，为更好地探索劳动行政执法的发展道路奠定了基础。

第四，日本当地政府的大力支持。日本劳动行政执法取得如今的成就，离不开人才，离不开环境，也离不开当地政府。日本政府为开展劳动行政执法工作，实行了一系列的措施，具体如下：①日本政府成立了专门的工作组织以及培训机构，有利于提高执法人员的素养，提高劳动行政执法的工作质量。②日本政府鼓励劳动行政执法的发展，并为之增加了投资力度。③日本政府制定了一系列的相关政策，以促进日本的劳动行政执法的进一步发展。④日本政府大力支持、鼓励劳动行政执法的创新发展，并为此成立了相关的组织体系，以促进劳动行政执法的长远发展。

综上，我们可以看出，日本的劳动行政执法制度之所以能够取得较好的社会效果，主要在于广泛的群众基础、严密的行政执法模式、地方政府的强有力的执行力、高素质的执法人才等。

二、日本劳动行政执法制度法律借鉴

日本的劳动立法中都将对劳动者安全和健康保障作为劳动行政执法的范围，作为劳动行政执法机构的职能之一，日本还有专门的机构负责安全、健康方面的监察。这显然是关注劳动者人身健康的表现。在日本的劳动行政执法中，政府也重视劳动检查员的思想教育。劳动检查员的思想问题，源自社会发展的方方面面。现代的社会发展节奏快，组织结构多样化，政治思想教育又相对弱化，这样的工作环境使得劳动检查员思想没有得到足够的规范和约束，降低了他们的工作协调性，但也增强了工作创意性。总体上，劳动检查员思想呈现活跃、复杂的发展趋势。社会生活方式多样化、大众媒体和网络信息的快速发展与普及、劳动检查员获取信息的渠道增多，这些也是导致劳动检查员思想特别活跃和不稳定的因素。

劳动检查员思想复杂化是新时期下劳动行政执法部门内部思想工作中遇到的

首要问题。近年来，随着社会主义市场经济体制的不断发展与完善，劳动检查员的市场意识、法律意识、参与意识和自主意识等均明显加强，但由于受市场经济部分负面效应影响，劳动检查员的思想意识也发生了较大的变化。例如，在多样化的职业岗位、个性化的生活方式以及多元化的利益诉求方式的共同作用下：一部分的劳动检查员职业道德缺失，进而为集体带来较大的损失；另一部分，也存在部分劳动检查员因为缺乏明确的人生方向，在工作过程中产生了应付心理，从而对劳动行政执法部门内部工作风气产生了较为不利的影响。因此，劳动检查员思想的复杂化已成为新时期下劳动行政执法部门思想工作应解决的首要难题。

市场经济是改革开放后适应全球经济现状及我国对外开放发展的需求而实行的经济运行模式，具有重要意义，地位不可动摇。在进行市场经济改革以来，我国经济的确得到复苏与飞速发展，可是市场经济的灵活性导致了许多投机行为与不可预料的各种问题，其负面效应也在逐渐扩大。劳动检查员在这么灵活多变的经济市场引诱下容易思想涣散、思维发散，这对于文化思想的多向发展是有益的，可是劳动检查员思想复杂化让劳动行政执法部门的管理更为艰难，所以对劳动检查员管理造成了负面影响。

市场经济的负面效应主要有两点：其一是作为犯罪等社会消极现象重要诱因的拜金主义源自市场经济元素形态的商品货币；其二是市场经济运作为犯罪等社会消极现象提供了外部条件和相关因素，总的来说就是容易引发拜金主义，造成更多的社会犯罪问题。由此可见，市场经济对于社会风气的危害是极大的，而劳动检查员作为社会人员的组成部分同样受到这种氛围的感染，从而导致思想复杂化甚至扭曲化。针对市场经济的负面效应，国家已出台了一系列解决方案，而劳动行政执法部门对劳动检查员思想复杂化的处理可以参考这些方案调整实施，让具有社会人属性的劳动检查员得到更系统的思想政治教育。在市场经济需要充分发展的社会主义初级阶段，市场经济的负面效应是不可避免的，却是可以控制的。市场经济负面效应与市场经济秩序有直接关系。在一般情况下，市场经济秩序越好，市场经济负面效应越大；反之亦然。因此，经济环境治理应先建立起正常的市场经济秩序。社会主义市场经济秩序是通过法律、经济、行政等手段建立起来的市场经济运行的基本规则，这个规则既包括反映经济关系的秩序，也包括政治、思想在内的整个社会活动秩序。

对劳动检查员思想复杂化问题应采取的措施如下：

（1）全面坚持党的以经济建设为中心的基本路线，加快市场经济体制的建

第四章 亚洲国家和地区劳动行政执法制度及法律借鉴

设步伐。随着市场经济水平的提高，市场经济的负面效才能够得到更好的调节和控制，这样，劳动检查员的思想在经济无忧的良好物质环境下即使复杂不可预知，却不容易罔顾规则，那就是说，既提高了活跃性又不会失职渎职，造成劳动行政执法部门或社会的损失。以经济建设为中心，既能增强我国经济实力，也能在生活物质不断丰富的前提下改善劳动者的生活。我国古代著名的政治家管仲曾说过："民富则易治也，民穷则难治也。"我国建设社会主义的指导思想就是"先富带动后富，最终实现共同富裕"，民富与民安是有着直接联系的，使民富裕是抑制市场经济负面效应的重要方法。另外，加强公安队伍建设、法制建设、社会主义精神文明建设都需要经济发展提供良好的物质基础，当这些机制健全完善后，社会管理也能够得到加强，劳动检查员在社会生活中感受到的氛围也就清明和谐了。

（2）为劳动检查员提供发言渠道，给予所有人广阔的晋升空间。市场经济给予了许多敢干敢想的人机会，即使没有采取行动的人也跃跃欲试，固定工资的岗位很难留住员工。如果劳动行政执法部门为劳动检查员提供更广阔的发展前景，并且晋升规则透明公开，人人都有机会去争取，那么岗位将更具吸引力，可以使劳动检查员专注于本职工作并激发起工作积极性。广开言路则赋予劳动检查员主人翁意识，使其心思更集中于工作上。

（3）开展劳动法相关活动，弘扬积极文化思想。劳动法的相关活动可以凝聚劳动检查员等执法人员，让劳动检查员等工作人员更具向心力。活动是轻松的、受人喜爱的，开展活动可以让劳动检查员在繁忙的工作之余享受游戏的快乐。与此同时，对于积极的政治文化思想予以宣传，可以起到事半功倍的效果。劳动行政执法部门本来就是劳动检查员之家，是劳动检查员与劳动行政执法工作情感交流的纽带，开展劳动检查员喜爱的活动对于工作人员来说是一件温暖的事情，劳动行政执法工作想要顺利进行，首先要使执法理念深入劳动检查员的内心，活动宣传的力度可能会比培训教育更潜移默化、影响深远。

（4）对劳动检查员进行思想政治教育。劳动检查员思想觉悟不同，因此其思想政治素养也有所不同。对劳动检查员进行统一的思想政治教育是基础，随后才能具体问题具体分析地对劳动检查员进行培训。展开政治思想研讨活动，了解各劳动检查员的思想现状是第一步，这项工作可以问卷调查的方式进行，然后再根据劳动检查员的具体情况决定是否给予单独的培训。

政府应致力于为广大劳动者创造良好的工作环境。保护劳动者生命安全和身体健康是国家对于实现其劳动安全权利应尽的义务，用人单位也同样有义务为劳动者提供一个排除已知危险的工作场所，提供一个合乎安全、卫生条件的工作环境，严格执行国家劳动安全卫生规程和标准，防止各类职业危害的发生。将劳动者的安全、健康作为保障监察对象是最基本的劳工标准之外的更高层次的要求，是全球范围内的劳动行政执法制度的发展趋势。劳动行政执法部门作为政府负责劳动监管和行政执法的职能部门和重要机构，同劳动群众有着最直接的接触，是依法行政的重要前沿，必须将依法行政等行政执法理念作为劳动行政执法工作运行的灵魂，不断提高依法行政能力和行政执法水平。我国的劳动安全和职业卫生的管理监督职能分别交由安全生产和卫生部门负责，两个部门各管一块，割裂了职业安全、卫生和劳动者福利之间的内在联系。我国在发展市场经济的过程中，因事故造成劳动者生命安全与身体健康和经济损失的威胁不可忽视。因此，我国劳动行政执法的职责范围应扩大，应当将保障劳动者的生命安全和身体健康作为劳动行政执法制度研究中的一项重要课题。

通过对日本劳动行政执法工作的详细了解，我们可以知道，日本的劳动行政执法对于社会发展来说是不可缺少的，是为劳动者以及用人单位的发展解决问题的。但是在日本劳动行政执法发展的前期，由于政府人员和相关的执法工作人员对该组织中工作的正常操作没有一个正确的认识，所以就常常会出现问题，而这一现象也恰恰反映了劳动行政执法部门内部的管理缺乏完善的管理体制以及运行机制。如果劳动行政执法部门缺乏完善的组织体制，那么相关的工作就无法正常进行，劳动者的权利就无法得到维护，社会就会陷入混乱，接下来就会引发一系列的消极反应，例如工作效率下降，执法人员分工不明确导致的职责不明确等。日本非常关注法律的时效，几乎每年都修改完善劳动法律，还会根据每年各地劳动标准监督署执法过程中呈现出的一些问题予以调整和修正。因此，日本劳动法是完善而规范的，始终处于动态之中，顺应时代和社会发展的需要，根据现实需要适时立法，按照实际情况的变化而适时持续地修改法律，为劳动行政执法的开展提供了有效的法律支持，真正实现了有法可依。这一点是非常值得我们借鉴的。

第五章 欧美国家劳动行政执法制度及法律借鉴

欧美国家劳动行政执法制度与法律借鉴,主要阐述与研究英国、美国、德国、法国四个国家的劳动行政执法制度,并从中寻求一些值得借鉴的经验和做法。

第一节 英国劳动行政执法制度及法律借鉴

英国劳动法深受其行政法的影响,特别是在劳动法判例中广泛适用合理性原则与比例原则。合理性原则是从英国雇佣法判例中提炼出的原则,这也是英国个人主义行政法运行模式的具体体现,适用于不公正解雇和雇佣合同默示条款领域中。深受欧洲共同体影响的比例原则主要适用于反雇佣歧视法律和《人权法案》(1998年版)。两个原则各有功能和特点,这些原则都对我国在不正当解雇劳动者、对员工惩戒行为的比例考量、劳动仲裁及劳动诉讼法中对劳动仲裁裁决等方面都有重要的借鉴意义。

一、英国劳动行政执法制度

世界上最早颁布劳动法的国家就是英国,1802年英国议会通过的《学徒健康与道德法》开创世界劳动立法先河。英国劳动法经过十几年的修改、完善,逐渐形成了门类齐全、法规配套的法律体系。作为典型的海洋法系国家,英国没有专门的劳动法典,所有有关劳动的法律都是由单行法或是判例法构成的。

同大多数西方国家一样,英国劳动法的运行轨迹是典型的"私法公法化"模式,本身偏重于私法,但由于行政法的发展有一定历史,自然正义成了其重要的表现内容。英国行政法主要通过两种形式对劳动法产生影响:一是判例法,即通过适用行政法原则对雇主的决定作出裁判;二是制定法,即英国议会基于行政法的原则或重要理念而制定。其中影响最深的就是合理性原则和比例原则。

合理性原则是在1948年温斯伯里(Wednesbury)案中最终确定下来的,是英国司法审查时的重要审查原则,其意义在于判断一项行政行为是否存在超越权限或滥用权力的情形。可以说,合理性原则从英国发源并逐步得到完善和发展,从最初存在概念不清、对行政权的界限不明、审查范围受限等问题到后续的丰富和完善,发展成为一个概念相对宽泛的适用原则。合理性原则包括以下几种可以相互替换的概念:考虑不相关因素;未考虑相关因素;不适当之动机与目的;禁反言之违反;法律期待之违反;忽视公共政策;非理性;反复;恶意;恣意;刚愎;不诚实;荒谬;过分;违反比例原则及法律解释错误等。

相对于源自本土的合理性原则来说,比例原则源自德国,曾被称为行政法中的"皇冠原则"。比例原则是从行政行为追求的目的与采取手段的适当性的角度来考察一个行政行为是否合法、合理、适度。比例原则假设要实现的行政目的与采取的手段之间存在一种可以被量化的因果关系,所以手段与目的之间形成一种"比例"关系,这种关系能够被广泛地应用到各个领域,并经由欧洲法院和欧洲人权法院推广至整个欧洲。在英国,比例原则是在1985年政府通讯总部案中被确立的,其主要事实是:政府通讯总部作为外国联邦部下属的分支机构,负责英国军事及官方通讯的安全并为英国政府提供相关情报。这个部门从事的工作关乎国家的安全,因此国家鼓励这个部门的员工积极参加全国总工会。一直到案发,英国政府和全国总工会之间还遵循着一个惯例——任何关于雇佣条件的改变首先必须通过协商。但是1984年1月25日,外部联邦部州务卿没有经过协商,就在英国下议院宣布,政府通讯总部员工不得再参加全国总工会,而只能加入分部员工协会,并且即时生效。政府通讯部的6个工会及一些员工对此提出异议,以其程序违法,没有在作出决定前听取利害关系人的意见为由将其诉至法庭。这一案件不仅是重要的劳动法案例,而且是典型的公法案例。该案例中迪普洛克勋爵(Lord Diplock)开创性地将比例原则引入了英国行政法,他认为比例原则作为英国司法审查的基础,并为英国传统的合理性原则注入大陆法的精神。在2001年的 Daly 案审理中，英国上议院最终正式接纳了比例原则，并使之成为一个公法原则。随后，2004 年 12 月，英国上议院宣布，2001 年《反恐与安全法》允许不经审判而无限期关押存在恐怖活动嫌疑的外国人的规定违背比例原则和平等原则，也违反《欧洲人权公约》。截至此时，历经 20 年的发展，比例原则终于在人权法领域确立下来，而在此期间，英国援用比例原则皆是基于欧共体法律之要求。

合理性原则与比例原则作为行政行为的基本原则，为行政行为目的合法的前提下行政措施的选择提供了评价标准。它们存在相似之处，即都涉及行政执法过程中行政行为行使的目的与手段的相称或成本与收益之间的均衡，行政合理性原则要求二者之间的适当性，比例原则则要求二者之间存在相称性。相比较而言，比例原则更多侧重于行政自由裁量权在具体行政行为中的运行规则，以及其对公民权利的不利影响或侵害的程度。虽然英国有很多法学专家建议将比例原则的适用范围扩大，使之适用于授益性的行政行为，但目前，这一原则还是适用于"干涉行政"及"侵害行政"的范围内。

在英国的劳动法中，比例原则和合理性原则这两个原则已被渗透到判例法和制定法中。相比比例原则，合理性原则的适用范围相对宽泛一些，自由裁量的空间也较大，被广泛运用于劳动法领域。例如，在解雇员工的劳动法案例中，需要对雇主的决定作出司法判断，对劳动合同的默示条款的效力作出司法判断和解释等，这些都运用到合理性原则，并借助此原则判断用人单位的行为是否存在刚愎、反复、程序不正当、违反合理期待等情形。反就业歧视法律则是比例原则适用的范围，崇尚缔约自由的英国普通法之所以引进比例原则主要是基于欧共体法律适用的要求。相比较而言，英国法院更愿意适用内容较为宽泛的合理性原则。英国法官在判案时更侧重于保护资方的利益，认为雇主的决定是一种自主经营权，应当予以尊重，包括尊重雇主的专业知识、企业的民主程序等。

英国的劳动行政执法部门隶属于政府就业部的卫生和安全执行局，其监察范围主要是劳动关系运行过程中劳动基准的执行情况，包括劳动安全与卫生、劳动者劳动报酬、工时、工伤、保险福利、女劳动者劳动保护等，而对集体合同的审查则是依靠劳动仲裁进行处理。英国劳动仲裁的机构主要是 ACAS（咨询、调解、仲裁服务中心）和 CAC（中央仲裁委员会），ACAS 负责的是集体争议。CAC 负责的是审查集体合同和工资组成是否符合英国同工同酬法的规定以及在集体协商过程中未向经过认可的工会披露信息等事项。① 英国的这种根据权利属性来确定和区分劳动监察和劳动仲裁的受案范围的做法,与其他发达国家有很大的相似之处。

英国是采取三方性管理体制国家的一个典范,即斯堪的纳维亚模式。其特点为,通过第三方机构监督劳动监察机关的劳动执法行为,并对劳动监察机关的执法行为进行评价,第三方机构在组织机构上向政府行政首长或议会负责。在英国,这个第三方机构是卫生和安全委员会。作为劳动监察机关的卫生和安全执行局其虽然不隶属于第三方机构,但其权力来源于第三方机构。当然,第三方机构的设置是政府权力转移的表现,只有在社会组织成熟、强大、独立并自愿处理劳动保护问题时才具备存在的可能性。

二、英国劳动行政执法制度法律借鉴

在英国的公法领域,合理性原则与比例原则已经发展得较为完善,并且得到我国学者的重视,被逐渐引入我国的相关立法中。比如,我国《行政诉讼法》对滥用职权的解释是"行政机关作出的具体行政行为虽然在其自由裁量权限内,但背离了法律、法规的目的和宗旨。"其中规定,对于"滥用职权的"具体行政行为,司法机关可判决撤销或部分撤销;对于"显失公正的"行政处罚行为,司法机关可判决变更。这是我国法院通过行政诉讼对行政行为的合理性进行有限审查的体现。另外,我们还能在一些行政法律法规中找到比例原则的影子。比如,《人民警察使用警械和武器条例》第四条规定的"人民警察使用警械和武器,应当以制止违法犯罪行为,尽量减少人员伤亡、财产损失为原则"。《行政处罚法》第四条规定:"设定和实施行政处罚必须以事实为根据,与违法行为的事实、性质、情节以及社会危害程度相当。"《行政机关公务员处分条例》第四条第二款规定,给予行政机关公务员处分,应当与其违法违纪行为的性质、情节、危害程度相适应等。现实中,司法机关运用比例原则进行判案的例子也很多,比如1995年黑龙江省高院审理的汇丰实业发展有限公司诉哈尔滨市规划局案,法院就是运用比例原则进行判案的。

然而,合理性原则虽然内容宽泛,但是界定标准不清晰,且对法官的专业素

---

① Bernstein, Irving. New Deal Collective Bargaining Policy [M]. Berkeley: Publishing House, 1998: 8 - 13.

质提出更高的要求，导致我国学者对合理性原则的研究还不够透彻，因而司法实践中运用较少。与之相反，比例原则由于其精准、较易操作，因而在我国受到了热烈的追捧。我国学者对比例原则的合法目的、必要性及适当性三要件的研究非常深入，有很多法学文献对此进行了详细介绍。我国在司法实践中也较多地应用了比例原则。

在我国，合理性原则和比例原则的运用都局限在行政法领域，在司法实践中很少涉及劳动法领域。虽然我国属于大陆法系国家，有着自身的特点和国情，不承认判例法，但随着世界融合的脚步加快，大陆法系与英美法系的立法理念也日渐融合，且英美法系因其先进性逐渐占据主导地位，加之我国越来越重视人本管理，从而导致我国的劳动法在司法实践中存在着很多与英国相似甚至相同的问题，[①] 并有趋势向英国劳动法学习、借鉴、运用合理性原则和比例原则对雇主的决定进行适当司法审查。

以劳动合同解除为例，针对用人单位的劳动合同解除行为，英国普通法中有对非法解雇有相关的规定，强调的是解雇理由的违法性；制定法上也有不公正解雇制度的规定，侧重于解雇事由的合理性。而我国劳动法则强调的是法定解除，表现为《劳动合同法》第三十六条规定的协商解除和第三十九条规定的劳动者存在过错的解除情形，而缺乏对解雇事由本身合理性的考量。对于用人单位行使劳动合同解除权是否存在"严重违反""严重失职""严重影响""重大损害"等内容和判断标准，我国《劳动合同法》并没有对做进一步的解释说明，这些都需要法官根据实际情况作出司法裁判。而根据《劳动部办公厅关于〈劳动法〉若干条文的说明》第二十五条第二款的规定，对于"重大损害"的界定权是归属于企业的，即使这个界定标准显失公平性和合理性，我国的劳动仲裁委员会和法院也是无权过问的；只有当企业对"重大损害"的界定缺失或是不清楚时，这一认定的权力才归属于劳动仲裁委员会或法院。从这一点可以说明，我国法院在对用人单位解除劳动合同的行为进行审查时，针对劳动者存在过错性方面的认定方面，为企业内部的规章制度保留了一定的司法审查的权力空间，这也就意味着我国法院和仲裁机构对用人单位的不公正解雇行为的评判具有适用合理原则的裁判空间。

[①] 例如，我国劳动仲裁对雇主决定进行司法审查的能动与自治问题、不当解雇的理性判断方法、针对员工惩戒行为的比例考量问题以及劳动诉讼对劳动仲裁裁决的司法自治问题等与英国劳动法有着相似的地方。

在用人单位内部奖惩制度方面，时常会出现对劳动者处罚过重的情形，严重的甚至可能侵犯人权。在调查中，克扣员工的工资较为普遍。针对这些不合理的规定，我们应该如何做好适当与合理、最小干预用工或者是最小伤害劳动者，需要我国司法机关或仲裁机构结合实际案情作出"三阶段"式的审查，即用人单位限制劳动者的相关权利和自由是否有合法的目的、用人单位采取的相关措施是否是必需的、采取的措施是否具有最少限制或是最小伤害。唯有如此，才能限制和约束用人单位的违法行为，保护劳动者的合法权益。此外，我国的劳动司法实践中，普通百姓对于仲裁缺乏一定的信任度，究其原因，一是由于劳动仲裁行政化的问题，二是劳动仲裁和司法审查的衔接问题。前者导致劳动者对劳动仲裁的公平性产生质疑，后者导致劳动者对劳动仲裁的权威性产生质疑。尽管2008年我国颁布的《劳动争议调解仲裁法》对劳动仲裁和司法审查的衔接问题进行了完善，但相较于英国，这一问题还需要进一步改进。比如在劳动仲裁阶段，引入两个原则对用人单位解除劳动合同的行为与用人单位的奖惩行为、就业歧视行为等是否属于不公正情形进行具体的判断，符合合理性原则的行为，则应当予以尊重；反之，则应当裁决并限期矫正。在劳动仲裁阶段要认真适用这两个原则的要求，才能使劳动仲裁的结果具有信服力，才能确保法院在进行劳动争议案件的司法审查过程对劳动仲裁的决定有足够的尊重，从而也切实规范用人单位的用工行为，保护劳动者的合法权益，实现劳动关系的和谐发展。最终实现在仲裁阶段合理解决问题而无须启动诉讼程序，节约司法资源。

我国当前在劳动法的制定中，针对监察或争议仲裁等相关制度体系的构建，都致力于可拓展其所具备的功能以最大限度对劳动市场各个领域行为进行监管和处理。似乎在相关部门的认知中，管辖范围越宽则能够更好地实现对劳动者自身权益的保障，实际工作展开则会越好。但就实际情况而言，这一思想对我国两种制度重合的情况有不可推卸的责任。通过对英国实行的劳动监察制度的分析研究，可以发现，英国的监察范围只涉及劳动基准与安全卫生，与合同争议相关的内容都是由仲裁机构实施调解或是由调解职能相关委员会对其负责，管辖范围的划分十分明确。通过对英国所制定的体系制度的考察，可以发现，以权力属性作为划分依据能够实现对劳动监察与仲裁工作的更好界定。

第二节　美国劳动行政执法制度及法律借鉴

劳动法颁布至今,我国在强制交付集体协商制度上尚属空白,要想从根本上解决这个问题,需要我们进一步厘清集体协商议题的性质和种类。因此,笔者准备从外部范围和内容结构两个方面入手,通过详细分析、介绍美国集体协商的强制性议题法制,对比观察我国的相关制度,为我国勾勒出强制性议题的体系轮廓。

一、美国劳动行政执法制度

"强制性议题"(Mandatory Bargaining Subjects)一词出自美国劳动法集体协商,其中规定,有些涉及实体权利事项的内容必须通过工会和雇主集体协商的方式解决。该规定源于美国1947年制定的《劳资关系法》,其目的在于保护和促进工会的角色发挥,从而实现集体协商的目的。"强制性议题"的提出得到了社会各界的广泛认可和热切关注,并成为学理界研究的重要课题。在集体协商议题选择及各方义务的承担中,美国政府和法院都扮演着重要的角色。法律规定,美国劳工关系委员会有权对有争议的强制性议题作出首要判断,法院则保留对强制性议题争议案件的终审权。如果案件的当事人有一方对劳动关系委员会的行政裁决不服,就可以向法院提起诉讼。这一点有点像我国的劳动争议仲裁前置程序。在谈判开始前,劳资双方各自提出和共同决定集体协商的议题。为了能够圆满地解决并妥当地处理劳资双方的纠纷和矛盾,集体协商议题的制度需要充分体现集体协商赋予劳资双方当事人的强制性义务,这能够更好地增强协商的约束力。所谓集体协商的强制性议题,主要是指提高集体协商的强制性约束力的特殊规定。通常情况下,协商要求有纠纷的双方解决纠纷时要以当事人自由合意为前提,但强制性议题的设计初衷就是要引入强制性契机,降低对合意程度要求的余地。

1958年,美国出现了一个划时代意义的案例——博格华纳公司案,美国最高法院在《劳资关系法》中"强制性议题"条款的基础上,首次对集体协商内容划分出强制性议题和非强制性议题,并且这个标准一直沿用至今。1971年,匹兹堡钢化玻璃公司案确立的"重大影响的标准"是强制性议题的前身,我们所说的强制性议题的认定标准就是指对雇佣双方权利义务产生直接重大影响的事项。不难看出，美国解决劳资纠纷的基本方式是"把集体协商理解为雇主和劳动者双方之间承担权利义务的合同，并且依照合同义务的规范来约束当事人。"所以，一些关乎劳资双方基本权利义务的议题，诸如薪酬、劳动时间、劳动条件等都要纳入强制性议题中。

需要注意的是，不是所有劳资双方的议题都需要这种方式解决，这一方式的关键不是在于确定劳资双方的权利义务，其设计的实质是在不影响劳资双方权利义务关系的前提下，对相关利益关系作出了微小调整，这包括涉及工会与劳动者之间代表关系的议题（包括工会内部奖惩事务的规定、以要求雇主仅仅承认某种特定形式的工会为内容的"工会承认条款"等）、涉及工会利益的议题（如要求雇主支付与劳动者利益无关的工会活动经费、在雇主商品上贴工会标签等）、涉及产业发展问题的议题（如工会要求雇主考虑建立产业发展基金，而法院认为关于产业发展的议题属于双方当事人"自愿"协商的问题，并不属于直接影响雇主与劳动者之间权利义务关系的议题）。

美国《劳资关系法》第八条第四款有关诚信原则的条款，集体协商要求劳资双方在诚信的基础上承担相应的义务。所谓"诚信原则"，具体包括以下内容：其一，一方当事人对于另一方当事人的议题要作出善意的回应，双方在协商过程中保持真诚和善意，从而取得双方都能够接受的结果。其二，拒绝当事人缺乏诚意的恶意协商。典型的司法案件为2002年麦克拉切报业案。法院认为，劳资双方陷入协商僵局时，只要双方在协商中遵循诚信原则，雇主可以单方面改变劳动条件，并以最后一次协商确定的内容作为新的劳动条件。因此可以看出，当协商陷入僵局时，诚信原则成为使雇主不必经过工会的同意即可单方面改变劳动条件的重要依据。在司法实践中，法院根据诚信原则对强制性议题有关的具体内容作了进一步的细化规定。

1. 不得恶意地拒绝集体协商

劳资双方都需要持有大度的心态以促成双方的协商。如果一方当事人有不同的意见，应该给对方当事人提供讨论的机会。在美国著名的卡彭特市都市计划委员会案中，法院认为，只要工会的罢工行为不构成"恐吓"，同时也不拒绝给予对方当事人协商的机会，美国法律就允许工会以这种侵略性的方式与雇主开展协商，比如在美国，罢工就是一项法律赋予劳动者对抗雇主的权利。最终针对该案件，法院得出工会的行为并不构成"拒绝诚信地进行集体协商"的结论。

2. 雇主负有提供财务信息的义务

通常情况下，凡是涉及劳资双方"强制性议题"方面的信息，作为雇主都负有提供信息的义务。但对于涉及非强制性议题方面的信息，比如有关雇主的利益、生产数量、企业经营者的资料等，出于保护当事人利益的考虑，法院对财务信息是否具有关联性的认定标准较为严格。比如在美国聚苯乙烯公司案中，法院要求工会必须能够举证证明雇主确实陷入了无力支付的经济状况，且雇主的财务信息与集体协商具有关联性，雇主才负有提供财务信息的义务。

从职能划分来看，劳动监察和劳动仲裁在制度设计上是完全独立的。劳动仲裁是一种建立在双方当事人自愿基础上的民间仲裁，主要处理由集体劳动合同引发的劳动争议；而劳动监察主要的对象是违反劳动基准的用人单位，其劳动基准的法律依据是《公平劳动标准法》和《职业安全卫生法》，执法范围包括最低工资、最高工时、加班工资、禁止使用童工以及职业安全卫生等劳动基准性权利，对用人单位违反最低基本标准的行为通过执法的方式予以纠正。

二、美国劳动行政执法制度法律借鉴

美国劳动行政执法制度法律借鉴，主要从美国注重劳动行政执法人员的综合素质、提升企业违法成本和切实维护劳动者权益等方面进行阐述，以便更好地从不同方面进行劳动行政执法制度的法律借鉴。

1. 美国注重劳动行政执法人员的综合素质

在劳动行政执法工作实施下，任务最终能否有效完成的核心在于监察员。监察员自身综合素质十分重要。美国对劳动行政执法工作实施中相关执法人员的工作能力培养十分重视，对监察人员的录用要求十分严格。美国在录用监察员后针对技能培训所设置的课程不仅丰富且十分系统全面，同时会设置法律事务相关课程，从而更好地促进监察员贯彻实施依法行政工作理念，确保监察员在对监察对象进行处理时能够确保裁决的正确性。而且在工作实施中，培训课程也在不断更新，能够更好地促进行政执法工作有效性的提升。但是在现阶段，我国并没有系统且完善的劳动行政工作实施中人员的培训体系以及考核体制，在之后的发展中应该通过对国际先进经验的借鉴，与人事部门共同进行研究，为劳动行政工作执法人员制定完善的管理制度，保证实际操作性，强化培训教材的选择性，构建相对应的人员资格考核制度，采取定期脱产培训的方式，以及网络远程培训等多种手段的结合。通过多方面培训活动的展开，促进执法人员自身工作能力的提升。

同时对劳动行政执法人员采取考核制与绩效管理相结合的形式，促进执法人员实际能力的提升，巩固其法律素养，以此实现对劳动行政执法能力的更好提升。

2. 提升企业违法成本，切实维护劳动者权益

我国劳动行政执法工作可以通过对美国相关工作实施模式的借鉴，建立分散式的执法体制。如美国的工资工时标准监察制度就属于独立的执法系统，联邦政府与各州政府之间互不影响，但又统一管理。美国在劳动行政执法工作实际体制的构建是以联邦执法为核心并与各州之间的执法工作相结合。美国行政执法模式的构建规定，一旦雇主没有对自己所签署的相关协议做到明确履行或没有根据法庭宣判承担义务，大区办公室应该将案件实际内容移交财政处，同时将相关债务转化为国债。如果雇主在款项的偿还过程中经过两年努力仍旧无法按时定期支付被侵害利益的员工的应得报酬，雇主的全部产品将被禁止销售，这在很大程度上促进了雇主自觉守法。

美国《劳资关系法》第9条第1款规定的"薪酬率、薪酬、工作时间或者其他劳动条件"是在博格华纳案的判决予以确定的，其第8条第4款还规定了"薪酬、工作时间及其他劳动条件"。这些都对我国的劳动法有重要的借鉴意义。

下面，我们就一一介绍这几方面的内容：

（1）薪酬。薪酬的范围除了工资外，还包括非奖励性企业红利和退休金。不同于我国，美国的退休金指的是雇主对劳动者的现在及未来支付的报酬，由于现在与将来的部分是不可分割的，因此退休金被列入报酬的范围。在伯克利机械公司案中，美国法院认为，劳动者因提高工作效率、对企业表示忠诚而被雇主加薪所遵循的标准和薪酬具有关联性，这完全符合强制性议题的定义，因此属于集体协议的强制性议题。因此，薪酬的范围还包括企业内部规定的加薪。另外，在伽德印刷公司一案中，对于销售佣金的计算方法，劳资关系委员认为其变更对员工权利存在较大方面的实质性影响，因此雇主无权单方面对此作出改变，从这一点上也说明，销售佣金与薪酬具有关联性，也属于集体协议的强制性议题。四是雇主提供给员工的股票购买计划，这一点就需要根据具体的性质进行判断了。这一条款的制定源自哈勒什公司案，根据一份员工持股的融资合并计划，雇主将把公司一半的股份出售给员工。作为劳动者的代表组织——工会认为雇主有义务向员工提供购买公司股票人员的相关信息。而劳资关系委员会则认为，员工一旦持有公司这些股份，就能够控制公司，决定公司的生产、经营事项，成为公司实际上的股东。因此，这份股票购买计划的实施会导致公司股权发生变更，员工获得

第五章　欧美国家劳动行政执法制度及法律借鉴

的是公司的生产经营权，不属于薪酬，因而不属于集体协议的强制性议题。劳伦斯案与上一案件类似，但不同之处在于，雇主是遵循一项基金投资计划，员工和雇主都提出一定比例的资金打入员工的基金账户，再授权基金管理公司负责管理这部分资金。对于员工来说，一旦加入这个基金投资计划，每月按一定比例提取的这部分薪酬，自己就无法提现了。

（2）工作时间。工作时间对于劳动者来说，是至关重要的工作协商内容。一般来说，雇主无权单方面变更工作时间，必须事先与工会协商。

（3）其他事项。一是其他劳动条件。通常情况下，任何有关劳动条件的改变都属于集体协议的强制性议题。比如劳动争议处理程序中约定的条款、停工、解雇、假期、休假、工作规则等议题。这里所说的改变包括两种情形：一种是直接宣布新的劳动条件，另一种是执行以往从未付诸行动的公司管理决策。二是企业经营决策。关于企业经营决策是否属于强制性议题，美国在1981年的第一国家保险公司案中出台了最终的衡量标准。在这一案件中，出于对整体经营策略的考虑，雇主单方面决定结束一部分外包承揽合同，导致一部分劳动者失业，这部分劳动者将雇主诉至法院，认为雇主单方面终止契约的行为没有遵守强制性议题须经过工会集体协商的程序。法院在调查后认为，雇主单方面终止合同履行的行为确实对员工的利益造成了重大影响，但这是与企业的生产经营密切相关的决策，不同于一般的经营管理决策，其决策最终与雇主的自身利益相关，而不仅仅是雇主与员工之间的劳动关系问题。

对于企业的经营决策是否属于强制性议题，美国法院提出了一个标准。所谓强制性议题，其目的是将涉及劳动者、雇主和社会公众利益的议题以法律的手段强制地交付给集体协商，进而保护劳动者的合法权利。法院认为，"工会应当在最有意义的时间内，以最有意义的方式和雇主进行协商"，使雇主能够在充分考虑劳动者利益的基础上，慎重作出经营决策。

综观我国的劳动法，对于强制交付集体协商的议题即当事人承担的相应的协商义务等问题虽然我国的法学界人士已经开始关注，并尝试论述将该内容纳入劳动合同的必备条款中的合理性、合法性与可行性，但是对于集体协商的强制性议题的选择，我国仍然与美国存在很大的差距：

首先，我国的劳动合同法中有关于必备条款的论述，集体协商强制性议题很大程度上是通过必备条款加以规范的。从我国的司法实践中看，有关工作时间、休假制度、工作地点、职业病危害防护、劳动报酬、社会保险、五险一金、工作内容等方面的规定都是对强制性议题的丰富与完善，并且逐渐形成了强制性议题的实体性内容和基本框架。但强制性议题的种类繁多，通过必备条款进行规定的方式很难将所有强制性议题逐一详细地列入，并且随着时代的发展，新的强制性议题会不断地涌现，这就可能导致劳动者的利益无法得到全面的保护。美国一方面通过法律的方式确立了强制性议题，另一方面还通过判例的方式逐渐地完善和丰富强制性议题的内容、范围，比如前面所说的"重大影响的标准"。这样，美国法院并不局限于法律的一般性规定，还可以通过具体的内容作出实质性的判断。

其次，我国劳动合同法中的诚实信用原则也有其局限性，主要还停留在是否体现了我国民法中诚实信用原则的精神实质，而在集体协商中缺乏对诚实信用原则的规定。因此，法院无法根据诚实信用原则对涉及强制性议题的协商当事人的义务进行审查。在这方面，美国的具体做法给予了我们很大启发，我们可以将灵活运用诚信原则与集体协商的强制性议题完美地结合起来。

对交付集体协商的议题以及当事人在集体协商中应承担的协商义务的研究，对于充实、发展我国劳动法集体协商制度有着重大作用，无论是对于理论还是司法实践，美国都为我国的劳动法集体协商议题的制定提供很好的参照。

第三节　德国劳动行政执法制度及法律借鉴

一、德国劳动行政执法制度

德国劳动法中存在三类劳动关系协调机制，即私人自治、集体自治及国家强制机制。这正是不同阶层利益代表协调参与劳动关系的具体体现。三类协调机制之间存在一定的关系。私人自治中的劳动合同作为基础，受国家立法控制；作为均属于集体合同机制的团体协议和工厂协议，在价值取向、对象、功能及效力上还是存在一定差异的；所有手段中，协调劳动关系效力最低的当数私人自治中的雇主指挥权了。随着社会的发展，以集体合同为核心的劳动关系协调体制受到越来越多的挑战，德国的国家立法提上日程，国家强制机制变得逐渐强大起来。作为一门特殊的法律，劳动法与传统的法律有很大的区别，其中最主要的当数其调整机制的多元化。德国劳动法的调整机制具体包括劳动合同、集体合同、劳动基准、参与管理等。

现代意义上的德国劳动关系协调机制,始于19世纪工业革命,其发展初期是依靠传统的民事合同制度来调整的。然而,随着工业社会的发展,雇主压榨劳动者的现象越来越多,给社会和政治生活的发展带来很多不良影响。德国立法者开始考虑采用不同于民事合同制度的法律手段来调整和干预这种不合理的劳动关系,并制定了工时立法、最低劳动标准等立法规范。与此同时,劳动者为了最大限度地表达自己的意愿,维护自身的权利,成立了劳动者结社——工会。但遗憾的是,1869年以前,工会在德国一直是被禁止的,虽然之后结社逐渐合法,但是直到1919年德国的《魏玛宪法》才对劳动者和雇主的结社活动进一步予以承认,为确保劳动者的结社自由并维持其劳动条件的权利,代表工厂中劳动者利益一方的法律也随之产生。1891年的德国《帝国营业条例》确立了劳动者能够参与企业经营管理的雏形规定。后续的德国《工厂委员会法》赋予劳动者"协同构建企业秩序"的权利。至此,德国多元的劳动关系协调机制框架基本形成。20世纪50年代,德国又引入了一项新的机制——企业层面的劳动者参与管理制度。随后,德国于1951年、1952年和1976年分别通过了三部法律——《五金矿业产业参与决定法》《工厂组织法》《参与决定法》,1996年德国制定了《欧洲工厂委员会法》。至此,德国多元化的劳动关系协调机制全面建立。也就是在这个意义上,很多学者认为,德国的劳动法始于公法。

德国这种特有的多元化的劳动关系协调总体框架,主要通过以下法律制度加以落实。首先是德国宪法保障的私人自治原则和私人自治性协调手段。在这一设计理念的指导下,德国劳动关系立法中才出现了国家强制和集体自制规则的适用问题。在此基础之上,德国的私人自治性协调手段主要包括劳动合同、雇主指示及特别意思表示三种:一是劳动合同。劳动者与雇主之间达成的协议,我们称之为劳动合同。在德国法学家看来,劳动合同是债法上的义务合同。在这样的一份合同中,劳动者享有取得劳动报酬的权利,而雇主则承担支付劳动者报酬的义务。同时,劳动者承担对雇主忠实、不欺骗的义务,雇主享有要求劳动者诚信的权利。二是雇主指示。根据德国《工商业条例》第106条规定,雇主享有单方面通过指示确定劳动条件的权利。根据这一规定,我们可以看出,在德国,如果相关的法律、劳动合同、工厂协议或者团体协议等均没有对劳动条件加以规定的话,那么雇主就可以进一步确定劳动给付的地点、内容及时间,当然,这些是建立在公平裁量的基础上的。因此，有人将雇主的这种权利称为"劳动关系的标志"。三是特别意思表示。这一概念包括总体允诺，即雇主在公开的场合向劳动者或是企业的员工作出了有利于其利益补充性的给付允诺。这个与我国的"要约"非常相似，劳动者以模式形成的方式予以接受，进而使这种公开的允诺成为调整劳动法律关系上的一种补充合意，从而形成工厂习惯。德国法学界认为，这样的重复习惯可以认为是雇主的要约行为，劳动者以实际行动接受了这个要约，那么要约在双方之间就形成了一种合同约束力。

德国劳动关系法律体系中有劳动合同、团体协议、工厂协议、个体自治。那么，在德国的劳动法律关系中，这些不同的协调机制是什么样的关系呢？一是德国的劳动力配置是通过市场完成的，在法律表现上就是通过劳动合同调节，劳动合同关系的私人自治制度就是调整德国劳动关系基础性机制的法律制度。劳动合同中会详细列明具体的劳动关系、合同的权利义务等内容。二是劳动者和用人单位受集体合同的约束，团体协议在某种程度上相当于法律，在某些情况下，集体合同的内容对个别劳动关系强制生效。集体合同相比国家强制具有优先地位，但效力上却落后于国家强制。通常情况下，由于劳资双方的力量悬殊，我们可能会引入集体合同，因为集体合同比国家强制更有利于维护劳动秩序。

德国处理劳动争议的机构主要有两种：一是临时性仲裁机构，因为德国不存在仲裁机构的常设性机构；二是专门的劳动法院，德国劳动案件出现团体诉讼的情况十分常见。团体诉讼本质属于信托，此种方式实施下的行政执法构建制度能够对劳动与资本之间的冲突进行有效解决，实现对劳动者基准权益的更好维护，且在对社会和谐的发展以及建设等多方面所体现出的优越性十分显著。为此我国相关制度运行可以适当借鉴。

二、德国劳动行政执法制度法律借鉴

从前面的介绍，我们得知德国的劳动关系协调机制是多元性的，究其根源就是代表利益的不同。德国与我国同为大陆法系国家，其劳动关系协调机制已然相对成熟，对我国具有很大的借鉴意义。

按照德国劳动法，私人劳动关系中存在两方，即劳动者和雇主。任何一方都是私的利益主体。在我国，按照传统民法中的概念，劳动法就是调整平等主体之间的权利义务关系。在劳动关系中，所谓的劳动合同，是"私人缔结的私法上的合同。"在劳动关系领域，劳资双方的力量并不是均衡的，尽管劳动关系的建立是在私人自愿的基础上签订的劳动合同,但仅仅通过这样一份劳动合同,从某种意义上说也很难维护劳动关系的平衡。德国《基本法》第9条第3款规定劳动者有结社自由的权利,而工会是劳动结社的产物。在一定程度上,劳动结社代表整个产业劳动者的利益和意志,是劳动者权益的保护组织。然而,随着社会化大生产的发展,劳动结社不能与德国的生产发展相适应,工厂委员会应运而生。虽然"工厂委员会至少首先是同一工厂劳动者的利益照管者",但并不是所有人都是劳动结社的成员。比如某一个或某一个社会群体没有劳动结社,所以可能得不到团体协议等制度的保护。但是劳动者在从事生产劳动的过程中,确实需要一个基本的法律框架来调整劳动力市场的运作和协调劳动关系,亟须国家之手慎重地介入劳动关系中。随着经济一体化的到来,德国以集体自治为中心的劳动关系协调机制逐渐转变为国家强制机制。因此,对劳动者最低标准的劳动保护提上日程,《团体协议强化法》就是在这种背景下,成为第十八届立法期的重要议题,这部法典将最低工资法作为第一部分,其中第24条对最低工资标准、最低工资效力、最低工资委员会、最低工资落实等制度都予以详细规定,这部酝酿已久的法典终于由联邦德国议会在2014年7月3日通过。

德国多元化的劳动关系协调机制对我国的劳动关系协调机制的构建具有一定的借鉴意义:

一是劳动关系中存在结构性不平等关系,私主体之间的权利义务关系需要建立多方参与、协作的劳动关系协调机制进行协调解决。调整这样的权利义务关系,完全依赖德国传统的私法意思自治是行不通的。正如前文所言,既不能通过私法意思自治,又不能单纯地通过国家的强制来实现,最好的办法就是将私主体、劳动结社和国家结合起来,处理国家、集体、个人、社会之间的关系,充分发挥不同主体在劳动关系中的协调作用,同时兼顾其他主体的利益诉求。在此,我国可以借鉴德国的经验,建立一个包括劳动合同、集体合同和劳动基准在内的全方位立体式的劳动关系协调机制。目前我国推行的劳动关系协调机制中,一方面缺乏相关的法律规定,另一方面一些重要的制度在功能设置、定位及界限把握等方面不准确,且各种制度之间没有完全理顺,这也导致了我国的劳动关系协调机制没有形成一个完整的构架。由此,完善协调各制度是我国建立劳动关系协调机制中一个应该重点把握的内容。

二是要注意完善三种机制。个人自治的实现需要以个人意思自由为前提,国家强制的实现需要有效的司法和执法机关作为保障,而代表劳动者的集体自治则需要高效的工会组织来实现。基于对德国劳动关系协调机制的上述认识，我国劳动关系协调机制的建立，在能够保障以个人名义平等签订劳动合同的同时，还要加强对国家强制力如司法、执法部门及代表劳动者利益的工会的建设和完善。尽管我国的劳动法对劳动条件、劳动时间、劳动强度等都有较为统一的标准，但在司法实践中，劳动者的权利义务得不到保护的情况时有发生。此外，我国也一直积极推行集体合同制度，但在实践中并没有发挥其应有的作用。究其原因，正是由于我国有关的劳动法律制度没有得到充分的实施。

三是与国际接轨，顺应本国国情。德国的劳动关系协调机制是以集体合同为中心，兼顾团体协议和工厂协议的协议体制。随着生产力的不断提高，全球一体化不断加剧，加工服务也不断发展壮大，私有部门的工会呈逐年下降的趋势，目前已跌至不足10%，德国工会人数也逐年减少。这导致了代表劳动者利益的组织机构——工会的谈判能力不断下降，从而也导致集体合同的规制能力也呈现下降的趋势。德国为了规避这样的现象，加强了国家立法。我国在制定和完善劳动关系协调机制时，也应该充分考虑国际和国家的实际情况，进一步强化基准立法。但我们也要清醒地看到，我国的加工制造业仍居主体地位，我国的产业工人的比重还很大，制造业向来就是集体协商最有利的环境，因此，我国的集体协商制度依然有很广阔的发展空间，建立集体协商制度在我国任重道远。

在劳动关系协调机制的整体框架外，德国还有一些优秀的处理机制值得我们借鉴。比如对集体合同的定位。所谓集体合同，就是劳动者与用人单位采取的一种社会自治模式，主要是通过市场劳动力配置完成的。只要是在法律允许的范围内，劳资双方就可以通过集体合同协商他们之间的利益关系。超越意思自治领域的谈判诉求则属于法律承担和保护的领域。此外有必要阐明工会和职代会的区别。同德国一样，我国的工会是企业内部设立的代表劳动者利益的组织，但我国企业中同时还存在着职代会。一方面工会可以代表劳动者参与集体协商，代表劳动者签订劳动合同；另一方面职代会是劳动者表达诉求、行使民主管理权利的一种平等协商机制。单位可以通过召开民主会的方式，制定企业内部的规章，一些关于单位的重大经营事项也可以在职代会上讨论通过。工会和职代会都可以通过自己的形式调整劳动报酬、工作时间、休息休假、劳动安全卫生、保险福利等内容。

第四节 法国劳动行政执法制度及法律借鉴

对于法国劳动行政执法的制度法律，本节主要从解雇法的模糊性、解雇理由的真实性、解雇理由的严肃性三个方面进行论述；对于法国劳动行政执法的法律借鉴，主要从法国的经验对中国订立新劳动合同法的借鉴、法国法在解雇理由问题上的特色、我国劳动法解雇理由规定、劳动争议的解决办法四个方面分别进行论述。通过以上几个方面的探索与研究，以期促进我国劳动行政执法制度的完善。

一、法国劳动行政执法制度法律

在现实生活中，雇佣者与被雇佣者之间呈现一种非平等的发展关系，这种关系表现为"解雇"与"辞职"两种行为之间的表面上的对等关系。随着人们生活水平的提高，保护雇员享有平等的劳动权利的法律也在不断健全，最为明显的就是要求保证雇员的辞职自由，限制雇主的解雇行为。在这一法律思想的引领下，雇主要想辞退雇员，必须有相应的合理理由。为了解决这个问题，我国的劳动合同法采用列举的方式为雇主提供法律依据，但这限制了法官的自由裁量权。在解决这一问题上，法国除了列举一些常见的情况外，还采取概括的方式进行立法，发展了一系列的判例，这样就能更加具体地保护雇员，明确被解雇的理由类型。将判例与列举相结合的方式使法律与社会之间的关系能够通过司法判例而得以连接。

"解雇"行为是雇主根据个人意愿将自己与雇佣者之间所签订的劳动合同解除，这种解除方式属于法律行为的范畴，该行为同劳动者所发起的"辞职"相对应。无论是雇者做出"解雇"行为，还是劳动者做出"辞职"行为，这两种行为都是职业自由，两者之间的差异在于行为的发起对象，该思想是从法国大革命时期提倡的人文自由思想中确立并发展而来的。这一思想不仅赋予了雇员解除合同的自由，同样为雇主提供了自由解除合同的权利。但是在现实生活中，相对于雇员来说，雇主在经济地位和社会关系中都占据主导地位，因为雇员依附于雇主的经济能力；雇主做出"解雇"行为是一种条件的变更，但是这种行为却剥夺了劳动者的生存权益。因此，现代劳动法以改变这种不平等性为前提，逐步纠正这种不平等的社会关系，并促进了一种趋势的形成，即劳动者在从业过程可以自由地向雇者提出辞职申请，对雇主所发起的解雇行为进行限制。法律对劳动者所提出的辞职理由也同样设置了下限，那就是雇员不能随意地提出辞职，即不能以自由为幌子恶意地提出辞职，滥用法律赋予的权利；同样，法律也对雇主的解雇行为进一步予以限制，雇主有义务证明自己提出的辞退理由。综上所述，雇主有义务证明解雇的理由，但雇员没有证明辞职的理由。用法国法律中一句经典的话来说就是"解雇成了一项'必须证明其理由的行为'"。

这一思想无论是在法国的法律中还是在中国的法律中都有很好的体现，虽然在立法和司法制度上，两个国家存在较大的差异。法国针对雇主与劳动者之间的关系颁布了劳动法典，该法典的第 L. 1231-1 条对雇者与劳动者之间的关系做出如下规定："但凡由个人意愿所产生的解雇行为均需要满足本章节的限定条件。解雇行为应具备真实性与严肃性。"因此，雇主在实施解雇行为时，必须能够提供真实存在的且非常严肃的合理理由证明其行为的正当性。我国立法部门针对雇主与劳动者之间的关系颁布了《劳动法》，我国《劳动法》在第二十五条到第二十七条对雇主所做出的过失性解雇与非过失性解雇做出明确要求。

但是我们必须要考虑这样一个问题，司法实践过程中法官如何对雇主解雇行为的合法性进行判断呢？换句话说，法国的司法在制度设计上是如何规定解雇的理由呢？

法国劳动法典对解雇的理由进行了概括式立法。法国在劳动法典中针对雇主的解雇行为做出的规定同我国劳动法中所做出的规定具有诸多相似之处。但是无论是在法国劳动法典中，还是在我国劳动法律中均存在同样的问题，即如何消除法官在法律判决中所遇到的困难。任何法律在实际应用过程均需要拥有合理的解释，这一解释同立法过程是否存在漏洞没有任何的关系。

1. 解雇法的模糊性

《解雇法》产生于1973年7月13日，以法国劳动法典中所提出的解雇理由为基础，针对解雇问题做出新的阐述。这一法典首次提出了以个人问题为理由所产生的解雇行为。在法国所颁布的解雇法中，司法部门严格规定，雇主想要解雇劳动者，必须提出一个合理的解雇理由，且这个理由必须具备真实性与严肃性，另外在解雇程序上也有一个相对严格的规定。正是从这部法典开始，在法国，雇主对劳动者所做出的解雇行为受到法律的严格限制。尤其是在《解雇法》颁布之后，解雇问题在法律司法体系中形成一个相对独立的类别。在《解雇法》颁布之前，解雇被司法部门视为一个一般性问题，主要运用民法合同的自由原则与相对性原则来处理。雇主既不需要证明解雇雇员的理由，更无从说起解雇的程序，与辞职自由一样，解雇是完全自由合法的。法典的实施使得司法手段开始干预社会关系，使解雇行为在合法的环境下受到约束。雇主在实施解雇行为的过程如何才能够给出一个具有真实性与严肃性的解雇理由？立法者并没有针对这一问题给出一个确切的答案，同样没有在法典中举出具体的案例进行说明，致使立法工作在实施过程中出现巨大的漏洞。法官们面对雇主所给予的解雇理由，主要凭借个人经验对其进行判断，整个判断过程具有较强的主观性，这导致法官具有逃避责任的趋势。将雇主解雇行为的合法判断责任转移到法官的身上，法官因为没有严谨的统一衡量标准，只能依据个别案例对雇主解雇行为的真实性与严肃性进行判断。因此，有关雇主解雇行为合法性的立法在学术界备受争议，呈现两种极端性评价。一方认为，雇主解雇行为真实性与严肃性条例的规定太过模糊，缺乏明确性与准确性，赋予法官极大的自由裁量权。积极的评价则认为，虽然法律规定不明确，但有了法律的约束，雇主也不敢任意妄为。无论如何，雇主在行使解雇权的时候都需要给出一个"真实且严肃的理由"，否则将支付给被解雇者6个月工资以上的赔偿。

  法国多年的司法判例，均对"真实性严肃性的理由"做出明确的定义。法国的司法判例对其立法过程产生了一些负面的影响，具体表现如下：

  一是立法者为法官预留出过大的发挥空间，增加法官判断的主观性，致使法官在决断的过程会出现臆断专行。大陆法系非常忌讳这样的想象空间存在，在大陆法系国家，司法界非常担心法官会任意曲解立法者的立法初衷。G. Lyon – Caen 教授就曾对这样的情况有所忧心。

  二是降低司法审级制度的功能。法国所颁布的劳动司法制度针对个体劳动关系做出两审终审的要求。法国的劳动司法制度要求劳动法庭负责个体劳动关系案件的一审工作，上诉法院负责个体劳动关系案件的二审工作。其中，劳动法庭与上诉法院的法官均属于事实审法官，注重针对个体劳动关系案件的事实性进行判定，无论是劳动法庭的法官，还是上诉法院的法官，在个体劳动关系案件的判定工作中均具备至高无上的权利。最高司法机关仅对法律审核工作进行负责，不能只因为事实问题对其进行审查。但需要注意的是，自1973年起，针对雇主解雇理由合法性的判断问题，法国最高法院企图对雇主解雇理由的合法性内容进行限制与规定，对雇主解雇问题进行个案式判断，由法国最高法院对下级法院的审批结果进行挑战，很大程度上导致了大量的三审案件出现。1985年12月，法国最高司法法院针对个体劳动关系提出法院不再负责审理这一部分的事实。但是最高法院在个体劳动关系案件中并没有将这一规定落实到位，仍旧频频参与个体劳动关系案件。

三是法律中所存在的模糊规定无法保证当事人的权利与义务。雇主对劳动者实施解雇行为时，雇主所拥有的解雇权范围不清楚，劳动者对个人权利是否遭到侵犯也不清楚，劳动者不知道应该如何保护自己的权利，更不知道如果诉至法院，结果会是怎样的。

立法为法官预留较大的发展空间，法官对个体案例进行判断则受到了一定限制。就像法条中所阐述的那样，雇主实施解雇行为时，必须具备真实性与严肃性，法官对个体案例中解雇行为的合法性进行判断时，需要针对雇主行为的真实性与严肃性进行判断，构建具有法国特色的裁判体系。

2. 解雇理由的真实性

这一理由是针对雇主解雇理由本身是否存在真实性而言的。换句话说，雇主绝对不能找一个根本不存在的理由或是表面上看上去合理为掩盖非法目的而提出的理由解雇雇员。

雇主所提出的解雇理由是否具备真实性，在最高司法法院法官所给予的判决书中有所体现，可从以下三方面进行判断：

第一，客观上来讲，雇主提出的解雇理由必须是在生产经营中表现出来的，并且得到了充分的验证。若雇主实施解雇行为的过程无法给予雇员客观性答案，此时雇主所实施的解雇行为具有较强的主观性。雇主只有明确举出雇员所存在的问题，且该问题对企业的正常运营活动带来负面影响，此刻雇主所做出的解雇行为才具备真实性。若雇主所给予的答案仅是雇主的个人感觉，那么雇主所做出的解雇行为就没有真凭实据，雇主则无法以此为由提出解雇雇员。在司法实践中，解雇理由是否具备客观性与标准性，是最高法院司法法院对雇主解雇行为合法性进行判断的重要标准，而且需要历经多个案例的论证。例如"丧失信任"是否属于解雇雇员的合法理由？雇主如果对雇员丧失最基本的信任，纵使雇主不具备明确的证据证明其对雇员存在不信任，也有权解除劳动合同。虽然这个判例遭到学术界的全面抨击，但是法国最高司法法院依然坚持这一决断。直到1990年，出现"Mme Fenray"这一典型案例，法国最高司法法院对个体案例的判断开始发生变化,自此将"失去信任"从合法解雇理由转变为不合法解雇理由。在这个经典案例之后,法国最高法院确立了一个标准,即怀疑不可作为雇者行使权利的法律依据。

第二,解雇所提出的理由必须是真实存在的。法官作为案件事实的判断者,担负着判断解雇理由是否真实的职责。例如,就"职业能力不足"的判断而言,在司法实践中,法国最高法院曾出现了多个判决。

第三,雇主所提出的解雇理由的真实性由准确性决定。雇主所提出的解雇理由必须与心理上真实的理由保持绝对的统一。若雇主所提出的解雇理由同自己内心真正想法无法匹配,则此时雇主所做出的解雇行为具有非法性。例如,法国最高司法法院接手过一个案件,一家旅店的老板将店内的一位女服务员解雇,老板针对他的这个解雇行为所提出的解雇理由是这名女服务员经常将客人遗留下来的黄油、果酱占为己有。随后,法官通过实地调查发现,虽然这名女服务员的确做出将客人遗留下来的黄油和果酱占为己有的这一行为,但是该行为并不是旅店老板想要解雇这名女服务员的真正原因,其真正原因是这名女服务员在酒店老板和他前妻的离婚案件中出庭作证,做出了不利于雇主的指证。因此,雇主提出服务员私占客人扔掉的黄油和果酱都是借口,据此,法院对雇主解雇服务员的行为作出了非法解雇的判决。

3. 解雇理由的严肃性

除了要有真实性外,解雇的理由还要具备一定程度上的严重性,也就是我们俗称的严肃性,必须有万不得已的原因才能解雇。在1973年法国立法中,法国的劳动部门针对解雇理由提出"严肃性"这一要求。在法国劳动部门看来,解雇理由必须具备严重性,确保雇者是在雇员对企业发展带来损害的情况下,才实施解雇这一行为。

何种解雇理由才具备严肃性?法国立法部门并没有针对解雇理由的严肃性做出明确的规定,仅是在法国劳动法典的第 L.1231-1 条规定中提出"雇者实施解雇行为时,必须保证所提出的解雇理由具备真实性与严肃性"。从法国劳动立法,解雇的理由主要分为两大部分,即雇员有过错和雇员无过错。

但是在具体的司法实践中,这两部分也具备多样性。法国最高法院针对雇主做出解雇行为的严肃性持不同的态度,具备表现如下:

(1)劳动法中所提出的过错概念。在劳动立法中,过错责任原则是一个非常繁杂的概念。此概念具备复杂性与多样性,不仅涉及民法方面的内容,还涉及刑法方面的内容，是行为人因做出违反企业内部纪律的过错行为要承担的责任。因此，我们可以将过错视为一种在劳动关系或者是劳动合同的基础上所产生的过错行为，例如违反企业内部所制定的劳动纪律、违背与企业所签订的劳动合同。法国的劳动立法中，判例经过多年的发展，其过错责任制度已经远远不同于传统民法意义上的概念。这主要体现在以下两个方面：

第一，对于过错的分类。轻过错、重过错和故意过错，这是法国民法理论中对过错的基本分类。法国所颁布的劳动法针对劳动者在劳动过程中的错误行为做出划分，从而形成三种类型的过程，即严肃过错行为、重过错行为、重大过错行为。从中我们能够发现，法国劳动法并没有将轻过错纳入其中，劳动法与民法没有对应，即轻过错并没有被法国立法部门视为一种过错行为，轻过错无法构成雇主对员工实施解雇行为的理由。

第二，过错行为的结果不同。民法条例中所提出的"过错行为"，将轻度过错纳入其中，认为人在仍使权利和承担义务时，但凡做出侵权行为，就需要侵权人承担相应的民事法律责任；劳动法条例中所提出的"过错行为"，并没有将轻度过错纳入其中，行为人只有做出严重过错行为，才需要承担刑事责任。

劳动法条例中的"过错"行为为何与民法条例中的"过错"行为有所不同？其原因主要有两个方面：

一方面是过错行为同劳动合同以及劳动关系具有密不可分的关系。众所周知，雇主与雇员之间所形成的民事主体关系不具备平等性，雇主对雇员的行为具有管理权利，在雇佣阶段雇员需要服从雇主的安排。因此，雇员的过错行为在一定程度上是遵循雇主命令所产生的，那么出现这种情况，雇主要对过错行为负责，而不能将过错归咎于雇员。

另一方面在审判此类案件时，法官需要运用平衡原则。正是因为在现实生活中，雇主与雇员的经济实力相去甚远，雇员是要受制于雇主的，所以法律更应该保护雇员。

另外，法国劳动法中，一般雇员的过错指的仅仅是在职业活动中因违反了劳动合同规定的义务、单位的内部规定，比如偷盗单位的财物、因操作失误损害企业或者是其他员工的利益。个人私事方面的行为即劳动时间之外的活动是不构成这里所说的过错的。雇主不能以这样的理由解雇雇员，这一点恰恰与我国劳动法规定的内容相反。我国规定不论是劳动时间还是非劳动时间，只要发生了刑事责任，单位都有权解雇雇员。其实法国的劳动法中这一原则也不是一成不变的，比如雇员在非劳动时间做出的某些行为扰乱企业内部的正常运营秩序,那么雇主解雇员工就是合法的。法国劳动法庭曾有一个案例,保安公司的一名员工休息时间去超市购物,在购物过程中实施盗窃行为被超市工作人员发现,最终因此被所在的单位解雇。法官将保安公司所实施的解雇行为视为合法行为。法国最高法院也曾经审理过类似的案件,一名企业的雇员在其非工作期间袭击了他的下属,这个事件虽然不是工作期间发生的,隶属于私生活的范畴,最高法院认为雇员行为能够影响他所从事的工作,所以这个解雇理由具有真实性和严肃性。

(2)其他构成过错的情形。在雇佣过程,雇员是否能够对雇主所做出的行为进行指证?雇员指证雇主的过错是否属于过错行为?雇主是否能够对做出指证的雇员实施解雇行为?这些问题涉及宪法性权利之间的关系。首先,雇员拥有言论自由权。但是雇员在被雇佣期间不可滥用这项权利,不能以此为借口对他人进行诋毁、谩骂或者泄露商业秘密等。其次,雇主拥有经营管理的自由权。雇主自身所享有的解雇权其实是从经营自由权中所延伸出来的一种新型权利。例如在一个案件中,雇员对雇主进行举报,经过详细调查,这个举报根本就不成立,雇主据此解雇了雇员。这个案件最终由最高司法法院接手。最高司法法院在审理该案件时,认为虽然举报事实未获得验证,但因雇员行为不存在恶意,就没有构成严重过错行为。若雇主因雇员所做出的举报行为对其实施解雇处理,此时雇主的行为就属于恶意行为。法国是一个言论自由的国家,劳动者的言论不仅受到法律的保护,还会受到职业性质的影响。这也有一个经典的案例,某位议员的私人顾问向上级部门举报,称其雇主涉嫌虚报工作,最终这位私人顾问被议员解雇。法官表示,每一个人均具备言论自由权,且言论自由权隶属于人权宣言保护的范畴。雇员行为受职业范畴的限制,雇主不可对雇员进行解雇处理。还有一个案例同样是一个解雇案件,雇主提出的解雇理由是雇员举报他贪污。法官表示,因雇主在实施解雇行为时以雇员的举报行为为行事动机,此时无论雇主所举报的内容是否具备真实性,但凡雇员没有任何的恶意,那么雇员的行为均不构成雇主做出解雇行为的理由。也就是说,只要雇主的解雇动机不纯,侵犯雇员的合法权益,并且雇员行为不具备恶意,在法院看来雇主所实施的解雇行为均缺乏法律支持,隶属于非法解雇的范畴。但是,如果雇员的言论是恶意的,那么这名雇员的行为就不会受到言论自由的保护。另一个案例中某雇主所雇佣的雇员私下向顾客收取服务费,并在后期被雇主发现,雇主以违反行业竞争为由对员工实施解雇处理,最终解雇了这名员工。这名员工在收到雇主开出的解雇信后,立即将其所收取的服务费上交给雇主,并上诉法庭。此时,上诉法庭表示,雇员既然已经将服务费交给雇主,那么雇主在这个过程就没有任何的损失,雇主对雇员所做出的解雇行为属于非法解雇行为。

法国劳动行政执法部门拥有绝对的权利范畴。在整个行政执法过程,但凡与劳动行政执法有关的内容均可归属到劳动行政执法的范畴。法律劳动行政执法部门所拥有的权力过于集中,所行使的权限范围相对比较大,能够对劳动者的权益给予最大限度的保护。法国劳动行政执法机构涉及多个权限范围,例如全国调解委员会、劳资争议委员会等。劳资调解委员会是公权与自治的结合体,是一个准审判机构,主要对集体劳动案件中的争议性问题进行调解与仲裁。因个人单位同劳动者之间所建立的委员会,是通过选举的形式产生委员。因此,个人劳资调解委员会同法院有所不同。劳动争议的行政执法中,对行政执法程序十分重视,其行政执法程序具有较强的简化性,通过运用审判制度对个别劳动基准争议进行处理,运用仲裁制度对集体劳动基准争议进行处理,并将审理劳动争议纳入小额基准争议的范畴,有效提升劳动争议案例的诉讼效率。①

总而言之,法国的劳动争议处理程序比较简便,劳资争议委员会同一审法院具有诸多相似之处。在个别劳动基准争议的问题上,劳资争议委员会具备一审法院的调解性质,需要劳资调解委员会对个别劳动基准争议进行调解,若调解工作失败,才需要实施判决处理,劳资调解委员会所具备的调解作用是将调解作为诉前必经程序,如果调解工作无法达到目的,则需要向上申诉,或者是将案件移交到最高法院社会庭。

法国劳动行政执法制度有几个特色:第一,法国劳动争议的行政执法中,需要保证程序具备简化性。法国司法部门在处理劳动争议问题时,先对劳动争议进行划分,了解劳动争议是属于个别劳动争议的范畴,还是属于集体劳动基准争议的范畴。这是因为个别劳动基准争议与集体劳动基准争议的行政执法部门不同,所运用的处理程序不同。无论是审判程序,还是仲裁程序,在执行过程均需要坚持"一审终局"制度或者是"一裁终局"制度。因劳动案件拥有其自身的独特性,法国司法部门在处理个别劳动争议问题时,将小额争议特别诉讼程序引入到个别劳动争议的范畴中,有效提升了个别劳动争议速冻效率,切实维护了广大劳动者的合法权益。第二,法国对劳动行政执法部门的调解工作十分重视,将调解

---

① Douglas LesLie, Labor Law [M]. Minnesota: West Publishing Co., 1979: 20-25.

工作作为仲裁工作与审批工作开展之前的必经程序。劳动行政执法部门针对个别劳动争议与集体劳动争议进行处理时均需要采取调解的方式,将调解的功能与价值有效发挥出来。[①] 在法国劳动行政执法部门看来,处理劳动争议的根本目的是处理用人单位与劳动者之间所存在的矛盾,促使用人单位与劳动者恢复一种相对平衡的状态。调解是用人单位与劳动者之间恢复一种相对平衡状的最佳推进方式,法国将调解作为一审终局的判断模式,有效节约了司法资源,降低了司法运营成本。

二、法国劳动行政执法制度法律借鉴

工业时代发展初期,法国政府还无法切实保证劳动者所享有的合法权利。在后期的发展中,法国劳动行政执法制度不断发展变化,目前,法国的劳动法已经发展为一个成熟的法律体系,对于保障劳动者权益起到了积极的作用。如今的《法国劳动法典》共有 990 项内容。在工业化发展初期,法国针对劳动工作者所出台的法律无法有效保证劳动者的合法权益,现如今所实施的《法国劳动法典》除一般性原则性以外,针对劳务工作中的一些动态性问题制定出一系列具有可行性的量化规定。与法国所实施的《劳动法》相比,我国所实施的《劳动法》过于简单,绝大多数法律条例均属于原则性范畴,在实际应用中缺乏可操作性。

(一)对我国修订劳动合同法的借鉴意义

上文通过对法国所颁布的《法国劳动法典》进行分析发现,该法典的制定对我国修订劳动法具有以下借鉴之处:

1. 对劳资关系中的弱者进行保护

法国针对劳资问题中所存在的劳资关系实施立法处理时,将维护劳资关系作为突破口,试图打造一个平等的劳资关系,保护处于弱势地位的劳动者。对于法国所颁布的劳动法的应用价值,我们特地采访了一些在我国工作的法国人,从他们口中得知现如今,法国所实施的劳动法以保护劳动者的合法权益为己任。企业在经营过程需要承受较大的运营风险。例如用人单位不可随意解雇劳动者,用人单位在解雇劳动者时需要通过合法的正当途径,否则企业很可能成为法庭中的被告。同时,企业在一定程度上也要承担一定的经济责任,比如我们熟知的"五险

---

① 郑尚元,李海明,邑春海.劳动和社会保障法学[M].北京:中国政法大学出版社,2008:334.

一金"如养老基金、失业基金、退休基金、工伤事故基金等。在劳动合同法中劳动者享有很多权利，最主要的就是工资、工作时间、工作条件等多方面。众所周知，与世界各国的劳动时间相比，我国规定的劳动时间是相对较少的，每天8小时，一周工作5天，此外，还有各种法定节假日和年休假等规定。法律是在人人平等的基础上所创建的一种制度，这种制度的形成与确立，均为维护人与人之间的平等关系而存在，但是劳动合同关系的形成就是一种打破人人平等状态的一种行为。雇主和雇员之间通过签订劳动合同，自认而然地形成了从属关系，在劳动合同的作用下雇员需要依附于雇主，一切听从雇主的安排和指挥。雇主与雇员之间所形成的从属关系是一种常见现象，这种现象同其他领域所形成的从属关系具有本质差异。例如军队中所形成的从属关系，即军人需要时刻服从上级领导的安排与指挥，这是对国家的服从和忠诚。劳动合同将雇主同雇员置于一个相对不平等的地位，以此所构建的关系自然就是一种不平等关系，这样的不平等关系的存在就引发了一系列问题。劳动法的形成与建立以维护弱势群体的合法权益为目的，借助法律这一强制手段，企图维护雇主与雇员之间因劳动合同所形成的不平等关系的平衡，使从属关系得到协调，最大限度地保护弱势群体，从而协调处理一系列的问题。而劳动合同法实际是劳动法的补充，是劳动法的细化。劳动合同法本身就隶属于劳动法体系，因此劳动合同法在运用的过程必将受到法律的保护。我国相关研究学者表示，在起草劳动合同的过程需要将合同法作为起草蓝本，以维护当事人的合法权益为目的。经济法中针对合同做出如下规定：合同是平等主体之间签订的合同，双方之间的平等地位是签订合同的基础和前提。况且，我国是人口大国，劳动力过剩现象普遍存在。单位与劳动者在签订劳动合同的过程，需要注重对劳动者权益的保护。因此，在我国新劳动合同法的起草过程，将劳资双方之间所存在的利益冲突作为突破口，通过协调各方关系，使之保持一种相对平衡、稳定的状态。

  法国是将现行社会保障制度与劳动法作为构建基础，根据实际情况对企业实施放松化管理，对过度保护劳动者的法律进行修正。我国法律仅注重对劳动者合法权益的保护。换言之，法国在劳动法的创建与应用中具有丰富的经验。

  劳资双方进行集体谈判是一种常见方式。资方在劳资双方谈判中凭借其自身拥有的雄厚实力和雇佣精通劳动立法的代表进行谈判，我国同样如此，绝大多数企业均有其法律顾问。法国与中国在劳资方面所存在的差异主要表现在劳动者方面。在法国，劳动者能够像雇主一样拥有谈判代表，且劳动者对劳动法的各项内容均十分精通，各个劳动组织均有自己的社会保障专家或者是劳动法专家。相关法律规定，单位内部的工会代表、员工代表均需要接受法律培训和指导，这样才能随着时代的发展而发展，更好地胜任这份工作。

但是在我国，工会、员工代表中这样的法律人才十分稀少。纵使有这样的人才，在社会发展进程中也无法发挥其应有的作用与价值。在这种社会发展局面下，劳动者如何维护自身的合法权益呢？劳动者自身的利益又由谁来保护呢？从实践中看，劳资双方的矛盾不能激化，只能协调解决，这样才能促进社会的和谐稳定，助推社会的不断进步。因此，劳动合同法就应运而生了。劳动法通过法律条文的形式，维护弱势群体——劳动者的合法权益，使处于弱势一方的地位不断地提高，使之与雇主的地位平衡，最终实现双方在一种相对平等的状态下进行协商。通过明确法律条例，细化劳动合同法的各项内容，协调了劳资之间的关系，缓和了劳资之间的冲突矛盾。

2. 无固定期限劳动合同

无固定期限劳动合同（CDI）是法国最常用的一种劳动合同形式。雇主与雇员在签订无固定期限劳动合同之后，雇主解雇某位员工所要走的流程十分复杂。劳资双方在签订合同时没有明确约定终止时间，因此这种合同又被称为没有特定期限的劳动合同。劳资双方在签订无固定期限劳动合同之后，如果劳资双方没有做出解除劳动合同的行为，劳资双方所签订的劳动合同就会一直维持下去，无论是用人单位，还是劳动者不可无缘无故地将已签订好的劳动合同解除。

法国所颁布的劳动法典对劳动合同在签订过程做出一定的限定与规范。无固定期限劳动合同在签订过程中没有明确期限，雇员与雇主签订的有固定期限的合同则称为定期劳动合同。法国法律针对定期劳动合同签订作出以下要求：一是企业经营活动变化时，对季节性或临时增加的工作岗位适用；二是替代休病假、产假等劳动合同暂停执行的雇员的工作；三是为了处理部分人失业问题而订立的特殊劳动合同。法国的劳动法中还规定了禁止签订定期劳动合同两种情况，一方面雇员在工作过程因集体劳动产生冲突所出现的停工状态；另一方面规章中含有高危工作岗位。在法国，雇主和雇员能够平等地协商劳动合同的内容。前文中已经提到，无固定期限劳动合同是法国劳动合同签订过程最常见的一种形式。在签订劳动合同的过程，需要将雇主与雇员置于一个相对平等的状态，通过雇主与雇员进行协商、讨论，劳动合同的签订内容具有随意性和自由性，比如对劳动报酬、交通补助、知识产权条款的规定等。但是需要注意的是，合同的条款不能与劳法相违背。

无固定期限劳动合同使劳动者的权利得到了很好的保护，这是因为企业在经营过程不可根据自己的意念随意对雇员做出解雇行为。有些法国人认为，在无固定期限劳动合同的束缚下劳动者不能随意地更换工作，或者是根据自己的意愿做自己喜欢或者是擅长的工作。大多数法国人在无固定期限劳动合同持比较满意的态度，即使其中还存在一些问题。由此可见，法国的劳动合同法充分考虑到劳动者的权利与利益。

企业与劳动者在签订无固定期限劳动合同时，需要充分考虑到劳动者的合法权益，为劳动者的合法权益尽可能提供保证，避免损害到劳动者的合法权益。无固定期限合同使企业不能够随意解雇劳动者，劳动者能够在自己的岗位上建立良好的工作心态，以谋求更好的发展。无固定期限劳动合同无论是对于用人单位还是劳动者个人来讲，都有一定的稳定感，能够形成一股凝聚力和向心力，既维护企业的可持续发展，又能使劳动者拥有一个良好的职业规划。

从司法实践中，我们可以看出，我国在劳动合同的制定方面尚且存在一定的不足，例如劳动合同的相关规定不明确，很多中小企业会钻法律的空子，致使劳动者与企业之间所签订的无固定期限劳动合同比定期劳动合同更具不确定性。这是因为，劳动者可能随时随地会被老板解雇。正因如此，劳动者在从事各项生产劳动的过程，丧失了发表自己看法、意见的权利。

从就业市场和企业发展的具体情况看，我国对劳动合同的订立期限在法律上进行整体限定有一定的难度，在实践中，还是应该将之视为一种独特的劳动合同形式。劳动合同需要法律的规范与整合。法国在劳动合同方面的做法为我们提供了一个有意义的借鉴。当然，在借鉴的过程中，我们也应该根据我国的国情，不能完全照抄照搬。

（二）法国劳动法在解雇理由问题上的特色

在解雇理由的问题上，法国着重从两个方面出发，即解雇理由的原则性与解雇理由的限制性。首先，立法者运用概括式立法办法，对雇主所提出的解雇理由进行原则性限定，雇主的解雇理由必须具备规范性与合法性；其次，法官针对雇主与雇员之间的问题进行裁断、处理时，从个案出发，对解雇理由的界限进行有效圈定，实现对雇主解雇行为的合理限定。

通过对比分析，法国在解雇理由的问题上的立法与我国具有诸多的差异，虽然两国法律均属于大陆法律体系的范畴。法国法官和我国法官在法律体系中所扮演的角色有所不同。法国法官在解雇问题上充分发挥法官所具备的司法创造职能，可以有效保护劳动者的合法权益，避免劳动者的合法权益被雇主侵犯。因此，法国劳动法能够将企业与劳动者之间的关系维持在一个相对平衡的状态，有效保护劳动者的合法权益，缓解法律与社会之间所存在的紧张关系，切实维护社会的和谐与稳定。在整个立法过程，法国法官充分认识到雇主与雇员之间所存在的不平衡关系，企图利用法律手段对雇主与雇员之间的不平衡关系进行处理与优化，使雇主与雇员之间的关系能够恢复到一种相对平衡的状态，避免雇主根据自己的意愿随意解雇雇员。

然而，从我国立法视角来看，我国所制定的劳动法过于注重法律手段的严肃性，在整个立法过程通过有限的举例立法模式，对劳动法的内容进行限制与规划。例如，我国所颁布的《中华人民共和国劳动法》在第二十五条和第二十六条，分别针对企业辞退劳动者的两种行为进行规定，即过失性辞退与非过失性辞退。不同的辞退类型拥有不同的要求与标准，需要企业严格按照我国法律规定的具体要求，阐明解雇理由，确保解雇行为具有合法性。2007年我国所出台的《劳动合同法》，针对解雇行为的解雇理由做出进一步的补充与完善，在"过失性辞退"中进一步细化了两项内容。比如劳动者在与一家单位创建劳动关系的同时又与另一家单位创建了劳动关系，这种重复的劳动关系对单位的日常运营带来严重的负面影响，单位可对劳动者进行辞退处理。如果劳动者的行为对企业的日常运营的负面影响过大，企业还可按照法律的各项要求，对劳动者提出追究刑事责任的申请。我国劳动法对解雇理由做出了规定。原因上做出如下要求：一是劳动者在企业运行过程中存在过错。例如劳动者在企业运营中没有严格遵守企业的规章秩序，做出违反劳动纪律的行为，且劳动者的行为对企业的运营带来严重损失和诸多的不利影响。二是劳动者缺乏工作能力，不能胜任本职工作。例如劳动者不符合企业的实际运营要求，缺乏专业技能。

劳动者是否符合企业的用人条件与用人标准。这一标准需要按照我国《劳动法》中的相关标准与规定对劳动者的能力进行评判，如果劳动者不符合企业的录用条件，并未在工作中出现过错，那么劳动者完全不用为企业的损失做出任何的补偿。如果劳动者符合企业的录用条件，但是在工作中出现错误，那么劳动者就需要为企业的损失做出相应的补偿。劳动者与企业的录用条件不匹配，是因为其自身能力不足，而在工作中出现问题则必然会对企业产生影响。

(三) 劳动争议解决的借鉴

1. 简易程序的普遍适用

由于劳动争议具有一定的特殊性，各个国家都希望能够提高解决劳动争议的效率。法国司法机构做出了明确的规定，劳资调解委员会在处理案件的过程中，以一审终审制度为主，双方没有上诉权；同时针对劳动基准争议中所有与小额诉讼相关的工作程序做出了明确的规定。鉴于劳动争议案件的社会性特点，应当对涉案金额较少、争议不大的案件给予单独处理。当前我国的"一裁两审"制度，在实际处理中成了"三审终审"形式，导致资源消耗较大，不利于工作的有效实施。

2. 重视诉讼中的调解原则

当劳动者和用人单位产生纠纷，法国更加注重和平调解的形式，避免矛盾加重，调解的作用十分明显。法国对劳动争议在处理中的方式设定为独立程序，在诉讼中对调解的作用十分重视，在法国的相关规定中，法院判决前需要先实施调解，将调解作为审判的前提，当调解失败之后再进行审判。由此可见，由于劳动案件自身的特殊性，调解的应用十分普遍，以和平方式对劳资基准争议进行解决，能够更好地促进社会经济的发展。

第六章 和谐劳动关系语境下我国劳动行政执法改革

第一节 和谐劳动关系语境下我国劳动行政执法观念改革

国家权力中最活跃、最广泛以及与老百姓关系最密切的是政府的行政权和行政执法权。劳动行政执法部门作为政府负责劳动监管和行政执法的职能部门和重要机构,同劳动者群众有着最直接的接触,是依法行政的重要前沿,必须将依法行政等行政执法理念作为劳动行政执法工作的灵魂,不断提高依法执政能力和行政执法水平。作为保证劳动法实施的重要手段,劳动监察制度是以用人单位为监察对象,以劳动基准法为核心内容,以劳动法律法规规定为基本框架的法治架构。从劳动监察的法律性质来看,劳动监察并不是对普通民事平权主体的合同争议进行管理与监督,而是对在法律上权利不对等的劳动关系进行干预,它通过对劳动者合法权益进行强化保护,矫正和补救劳动者在劳动关系中处于相对弱势地位的问题。所以,劳动监察的出发点就是制约、约束和限制处于强势地位的用人单位的行为扩张,特别是对肆意侵犯劳动者基本人权的行为进行惩处,从而维护社会和法律的实质正义。当然,劳动监察尽管是以劳动者权益保护为基本理念,但它只能对劳动者合法、正当权利和要求进行维护,劳动监察的客体只能是用人单位非法侵犯劳动者合法权益的行为,而不能对用人单位正常经营行为和管理行为的随意干预,更不是对用人单位的合法行为和正当利益进行侵犯。① 这就是说,劳动监察必须按照法律规定和法定程序进行,它绝不意味着劳动行政监察机关可以随意干涉用人单位的正常生产经营活动,更不意味着劳动监察机关可以滥用职权,干扰用人单位与劳动者之间合法的劳动关系。劳动监察的基本功能在于彰显劳动法治,即在劳动者与用人单位之间设置了第三种力量,这种力量是以明确维护劳动者权益的面目出现的,其目的在于使失衡的劳动关系再次获得相对平衡,使劳动者可以据此取得与用人单位相抗衡的法律地位,并通过这种基本的维权手段取得平等权和自由权,从而真正成为法律上的平权利益主体和权利主体。劳动监察制度的形成及其运作,表明了现代国家不仅具有管理社会公共事务的职能,而且对于像劳动合同这样的民事法律关系也采取主动介入和干预的态度。这说明现代市场经济条件下的国家,已不再像自由竞争市场经济时期的国家那样,完全对经济运行和当事人的法律关系采取放任自由的态度,而是采取了积极调整和介入的姿态。只不过国家对劳动合同当事人之间关系的调整,已不是像在计划经济时期那样,采取完全"大包大揽"的行政强制安排手段,而是必须严格按照法律规定的内容和程序进行,必须做到依法办事。

和谐劳动关系的构建需要劳动执法机关转变几个观念:一是转变"官贵民贱"的观念,树立"法律面前人人平等"的意识。作为劳动行政执法人员必须遵法守法,严格依法办事,不能游离于法律之外;而作为公民一方(主要是用人单位)应当享有与行政机关相抗衡的权利和途径,表现为陈述权、申辩权、知情权和行政赔偿、行政诉讼等责任追究机制。劳动执行执法过程中的官与民的平等对话是社会关系和谐的重要基础。二是转变"权大于法"的观念,树立"职权法定"和"程序意识",禁止以权弃法、徇私枉法。以劳动监察为核心的劳动行政执法机构,应当在获得法律授权的前提下,依据法律的内容和法定程序对用人单位进行检查并对其侵犯劳动者合法权益的行为进行处罚,这既是职权也是职责。依据现行法律规定,劳动行政执法程序主要包括如下制度:行政听证制度、信息公开制度、行政调查制度、说明理由制度、行政案卷制度等。行政行为程序合法和行政主体依法执政一样重要,程序不合法的行政处理或行政处罚,同样也会损害当事人的合法权益。劳动保障监察应严格按照法定程序的要求进行操作,确保程序正义,改变过去注重实体而忽视程序的现象,因为绕开了程序正义的实

---

① 齐香真. 如何维护劳动者的劳动报酬权益[J]. 经济经纬,2003(6).

体正义是非正义。三是转变"人治"观念,树立"法治"观念。执法人员要尚法,执法过程要把法放在首位,防止"长官意志""个人专断"等导致的劳动行政执法虚无或滥用。

创新是所有事物得以发展的核心,是社会迅速发展的巨大动力,而任何事物的发展都离不开专业人才的参与。面对劳动执法过程中越来越多的问题,确立依法行政的观念是很有必要的,而且行政观念的转变可以一改劳动执法现状,使办事效率能够有所提高,从而解决这些问题。其实无论在国外还是国内,任何行业的发展都需要专业型人才的参与,因为人才是行业发展中的重要力量。所以我国应转变人才观念,加强该部门专业人才的培养,制订有关培养专业人才的计划,以此来达到培养人才的目的。随着社会的发展,人才的培养在观念上也发生了转变。人才培养要扭转以往只重视学历不重视能力的观念,并改变以学历或职称作为唯一标准的观念。同时,我国需要调整人力资源的开发布局,为知识型专业人才的成长提供保障,要制定科学的政策,要做好知识型专业人才的培养教育工作,并根据这一项工作制定相应的控制策略。只有在发展出现问题的同时想出一定的对策,才能使事物更加顺利发展。在人才的培养教育方面,国家采取了一系列的措施,比如教育与培训的规划、培训的方法以及在教育培养过程中人与人之间的交流问题。现在社会,基本都是各自顾各自的,把个人利益放大了,丢失了团队精神,缺乏深刻的团队意识,这是十分影响人才培养的。在面对和谐劳动关系语境下的劳动执法中出现的问题,确立依法行政观念,进行劳动行政执法的改革,是十分有必要的。

在和谐劳动关系语境下进行的劳动行政执法的观念改革,适应了社会的发展趋势,也从根本上解决了劳动者与用人单位之间出现的问题。为推进依法行政的改革、社会的发展与个人的发展,完善和谐劳动关系的劳动行政执法观念,需要采取一定的有力措施,以造福广大人民。和谐劳动关系的建立,需要我们大家共同努力,而劳动法行政执法也需要大家去配合,以便创建一个和谐的社会。

第二节 和谐劳动关系语境下我国劳动行政执法模式改革

劳动行政执法是政府基于其利益均衡的行政任务对劳动力市场结构发挥制衡

作用的表现。研究发现,对劳动力市场和劳资关系发挥制衡作用的且以劳动监察为核心的劳动行政执法制度能否实现既定的制度目标,既取决于劳动行政部门能否转变成为一个真正意义上的核心劳动行政执法机构,也取决于既有制度所能容纳多元主体共同参与治理的空间。从治理的角度看,劳动监察是国家治理的一部分,应当由多元主体例如政府、劳动者组织和雇主组织以协商和合作的方式实现共同治理,从而对失衡的劳动力市场结构产生制衡作用。

一、传统劳动行政执法模式存在的弊端

目前,我国的劳动行政执法模式随着社会的发展发生了一定的变化,传统的执法模式已经不能满足现代人们的日常需要。传统的劳动行政执法模式基本就是以政府为中心,形成一种官贵民贱的压制型的劳动行政执法模式,不利于劳动法的执行,更不能很好地维护用人单位或者劳动者个人的合法权益。在压制型劳动行政执法模式下,社会上形成了一种以政府为中心的权利体系。在劳动法中,政府占绝对支配地位,却让用人单位和劳动者失去了主体地位。但我们应该清楚,用人单位与劳动者在劳动法的执法过程中占主体地位,因为劳动行政法的提出为的就是维护劳动者的合法权利,通过法律的手段解决用人单位与劳动者之间的关系,真正做到法律面前人人平等。传统的劳动行政执法由政府掌握决定权,劳动者享受不到真正的平等,这样的社会现象十分不利于培养用人单位和劳动者的主体意识,也不利于解决相关的劳动关系中产生的一系列问题。传统的压制型劳动行政执法,无论是在理论或者是实践中,都一致认定政府就是执法的唯一决定方,使劳动法变成了一种单中心的活动。就是这样的发展模式,使社会发展面临着巨大的危机。因为在一个企业中,如果劳动者无法通过劳动法很好地维护自己合法权利就会对企业甚至是社会的发展造成深远的影响,从而导致人们在工作中形成一种懒散的状态,在工作中总是不想付出,不努力工作,因为社会和企业不为自己谋福利,自己也不会想要卖力促进企业的发展。在压制型劳动法中,劳动者得不到自己应该有的,甚至连自己的合法权利都没有办法维护,自然就不会好好工作。面对这一现状,我们应该清醒地认识到一点,劳动者应该学会拿起合法的武器维护自己的合法权利,不能只是依靠劳动法。

由于压制型劳动行政执法模式的存在,导致劳动执法工作上出现了拖拉的现象。因为任何有关劳动法的事务都需要政府去拿主意,权力过于集中。久而久之,案件越来越多,政府就会忙不过来,导致工作出现拖拉现象。

第六章 和谐劳动关系语境下我国劳动行政执法改革

劳动法部门的工作人员身系多种事情，根本无法全身心地投入处理劳动行政执法的工作，这样的现象一来是影响劳动者的工作热情，二来造成工作上的拖拉现象。压制型劳动行政执法模式的存在，彻底改变了替劳动者说话、为劳动者办事的性质，有的人甚至利用自己所处的位置，再加上领导的权利，从中为自己谋取利益，无视劳动者的权利。这样说是有依据的，社会上，一些政府方面的人说话是命令式的，而对普通劳动者来说，为了保住工作，谁也不会选择去顶撞领导。就这个心理来说，政府就与劳动者之间无形中产生了很大隔阂。作为执法人员来说，事情不涉及自己的利益，执法只是自己的一项工作，大多数人自然就不会特别尽心尽力地去解决问题。即便是自己的本职工作，但解决相关问题就好像是要帮别人的忙一样，这就造成了工作拖拉的现象，极大地影响了劳动法的执行，也同样对劳动者与用人单位造成了影响。照这样发展下去，不仅劳动行政执法工作做不好，对一个人甚至企业社会的发展都具有非常消极的影响。

劳动行政执法工作出现拖拉的现象也和劳动者自身脱不了关系。在现在社会发展过程中，很多劳动者因为对劳动法的认识不足，不知道如何去维护自己的合法权益。如今的某些员工，在工作中存在懒惰的现象，因为不太关乎自己的利益，所以大家都觉得自己轻松一点比什么都好。正是这样的一个态度，促进了压制型劳动行政执法模式的盛行。

压制型劳动行政执法模式的盛行使社会变得不再和谐、不再团结，社会的凝聚力不足。劳动者是社会发展中最普遍、人数最多的阶级，也是最重要的阶级，有哪一个社会能在没有劳动者的情况下将经济发展起来并且越做越强？答案可想而知。如果政府不重视劳动者，独断专行，会使劳动者合法权利受到严重影响，从而导致劳动者失去了工作积极性。因为每个劳动者都希望能得到最基本的回报，当政府重视劳动者的根本利益，劳动者才会在工作上变得积极。

二、治理型劳动行政执法模式探讨

随着社会的发展，劳动行政执法模式方面问题需要以科学、合理的办法来解决。在解决问题的过程中，尽量不影响任何组织与部门。在现在的社会中，不论是市场格局的改变还是利益关系的呈现，都与劳动法存在着一定的关系。劳动法的改革与发展，让人们看到了当中存在的越来越多的问题，由于执法的组织体制还不完善、社会地位也不是很高，所以执法过程并不是很顺利。鉴于压制型劳动行政执法，会导致政府与劳动者之间沟通不到位，继而使两者之间的矛盾日益严峻。问题得不到解决就会制约社会的发展。面对这一现象，社会相关部门开始着手解决这个问题，因为行政执法既是政府与劳动者之间沟通的桥梁，也是为社会留住人才的有力保障。国家相关部门将劳动行政执法的模式改革为治理型劳动行政执法模式的决定意义重大：

一是治理型劳动行政执法模式的出现为劳动者带来了福音，让劳动者真正感受到了法律面前人人平等。治理型劳动行政执法模式的出现，做到了真正造福社会、造福劳动者。治理型劳动行政执法模式的出现，打破了传统模式的限制，从以前的独断专行变成了依据事实说话，根据实情去和相关的人员与部门进行商议以便更好地解决问题。传统模式中，政府是劳动法中唯一的主体，但是在现在的新模式下，用人单位与劳动者还有政府形成了多元主体共同存在的现象，有利于劳动法的顺利执行。多元主体共存有利于大家共同学习有关劳动法的法律知识，互相监督，可以起到一个十分积极向上的作用。

二是治理型劳动行政执法模式的出现，有利于用人单位与劳动者之间有效沟通，避免问题和矛盾的出现，并在一定程度上使多个主体保持一个相对平衡的关系。

三是治理型劳动行政执法模式的出现，能够激发劳动者对劳动法的学习兴趣，增加他们相关的法律知识储备，使更多的执法人员懂法会执法，从而促进社会的和谐风气形成。在建立治理型劳动行政执法模式的基础上，国家还进一步建立了三方机制，这也是属于一种创新之举。

任何事物的发展都会经历改革与创新。在现在的生活中，各个事物的发展都讲究创新，因为创新是每个事物发展的核心与前提。尤其是现在的社会发展中，创新是一个值得探索的问题，一个好的创新观念可以促进社会的快速和谐发展。我国经济的发展正处于一个由高速到低速的转换阶段，这个现状导致社会上的市场竞争也越来越激烈。由于传统的劳动行政执法模式已经满足不了社会的正常发展，劳动者与用人单位之间也产生了越来越多的问题。针对这种现象，我们一定要拿出相应的对策。首先是找到问题所在，如果执法模式已经不适合社会的发展趋势，就要进行一系列的改革与创新。在进行这一工作之前，要先引进创新型人才，增强劳动执法队伍力量。在劳动法的发展过程中，创新和改革是核心。如果劳动行政执法的模式一直保持着压制型的状态，就算有再多的政策，也会在压制的道路上慢慢地丢失劳动法的初心。所以，在劳动法发展过程中，引进创新型人才是很有必要的，同时要运用合理的举措来解决相应的问题。劳动行政执法模式的创新与改革,对于社会发展来说固然重要,但在追求劳动法执法模式改革的同时,却不能一味地进行创新与改革,因为执法模式发展到了一种无法符合劳动者的品位的状态,便无法维护劳动者合法权利,脱离了劳动法本来的轨道。而劳动者要加强自己的主体观念。在劳动行政执法过程中,政府工作人员并不是劳动行政执法当中唯一的主体,用人单位和劳动者也是主体。随着时代的变化,劳动法也在变,执法模式也会发生相应的变化,但劳动者在社会中的核心地位不会变。

  在改革过程中,劳动行政执法依然会出现一些问题,这导致劳动行政执法工作的效率无法达到预期效果,使劳动法失去了原有的生机与活力。为了解决这个问题,有人认为应充分尊重劳动者在社会当中的主体地位发挥工会作用。工会是一个为基层劳动者维权的组织,企业工会在实施管理制度时,要全面贯彻与落实一切为劳动者服务的指导方针,把劳动者的福利作为出发点与落脚点。解决劳动行政执法工作中的问题,还要劳动者学会增强自己的维权意识。因为劳动者中有很大一部分人都缺乏维权意识。不管你是什么身份,从事什么职业,你都有维护自己的权利,这是任何人都不能否认的。在劳动法的众多职能中,维权是其中之一。劳动行政执法是否维护好劳动者的权利,是衡量该工作的一个标准。在工作中遇到了问题与困难,许多劳动者都选择沉默,压在心底,这种做法并不正确,这是缺乏维权意识的表现。尤其是在这个利益多元化的时代,大多数人都不太会维权,这就需要劳动法充分发挥维权职能,为劳动者争取到最大的利益。劳动法在发展过程中,要始终把劳动者的利益放在第一位,以便劳动者通过劳动法来维护自己的权利。如果劳动者不会维权,可能会在工作中处于消极态度,久而久之,就会对工作失去信心,导致劳动法在执行过程中失去实际价值。可见,在劳动法的发展中,增强劳动者的维权意识是多么重要。不论是组织专家讲座也好,还是进行相关的法律培训也好,都要让维权意识深深地扎进劳动者的心中。只有这样,才能够更好地促进劳动法工作的进行,从而促进社会的发展。

  在和谐劳动关系语境下,我国劳动行政执法模式的改革还有很多的问题需要专家进一步探索与研究。我国由原来的压制型劳动行政执法改革转变为治理型劳动行政执法模式,顺应了时代的发展,这也是劳动法发展的必然趋势。如果劳动法不与时俱进,就不能很好地为劳动者服务,此时就需要劳动者自己拿起武器维护自己的权益。并且,劳动行政执法要想取得良好的执行效果,必然需要执法人员在执法的过程中做到法律面前人人平等,从而真正借助劳动法为劳动者服务。当执行人员能够站在劳动者的角度看待问题、解决问题,便能有效发挥劳动法中的执法模式价值。只有这样，才可以促进劳动法发展，进而促进社会发展，维护社会的和谐稳定。可见，劳动行政执法的发展，会为劳动者与企业带来直接利益，相关部门应该给予极大的重视。当劳动法执法模式得以完善时，劳动者、企业老板，还有劳动法的执法部门，将会成为最大的受益者，从而为整个社会带来极大的益处。

三、和谐劳动关系中的政府与工会

政府和工会在和谐劳动关系的构建中均发挥着重要的作用，在劳动权的保护中均承担着重要的角色[①]。政府的保护行为是一种公权力保护，体现在劳动监察、劳动争议处理等方面，而工会对劳动权的保护则是权利持有人的一种自我保护的延伸。在社会治理创新的背景下，工会组织作为特定领域内介于国家和社会的中间人，具有四重身份：职工利益的代表者、党和国家政策的坚定维护者和推动者、社会组织的枢纽运行者、劳动关系的协调者，这四重身份就使得工会组织拥有了更大的使命和担当。只有努力整合自治力量并推动多元主体在社会治理过程中共同参与，才能构建共建共治共享的治理格局。

当前，工会行政化是制约工会回归社会组织基本属性的最大障碍。工会的行政化表现在人事制度和运行方式、经费管理等方面。工会行政化一方面源于计划经济模式下工会的工作惯性，另一方面是因为对新《工会法》关于工会职责是维护全国人民总体利益和维护职工合法权益中"双重维护"的理解模糊性。特别是当工会维护的两方利益不一致时，工会不能够旗帜鲜明地站在个体职工一边。行政化的一个隐性表现就是仅仅利用行政资源开展工会工作，对职工权益的服务范围和服务能力都大打折扣，进而导致工会脱离群众，影响到我党的执政之基。所以工会组织要更好地履行其在社会治理新形势下的基本职能，必须"去行政化"，其必由之路就是向枢纽型社会组织转型。

工会具有的独特的优势和其承担的社会职能是向"枢纽型社会组织"转型的必要条件。然而工会"去行政化"的改革使得工会在社会治理中陷入了公信力流失的困境。因为"非营利组织公信力的保证首要的是政府的因素，最后才是组织自身的自律。"[②] 工会在社会治理中作用的强弱与其信用资源的掌握程度成

---

① 政府在劳动关系中的角色，是规制者、守护者也是监督者；工会参在劳动关系中，是执行者、维护者也是协调者。
② 李虹.论非营利组织社会公信力的建设[J].上海交通大学学报（哲学社会科学版），2003（1）.

正比,而信用资源的掌握程度则依靠其与行政机关的隶属关系。"去行政化"对工会在社会治理中的地位和作用而言,最大的冲击就是其公信力受到质疑,最终导致其社会职能无法推进。如何确保"去行政化"不会造成工会在社会治理中的公信力受到质疑的冲击,是一个需要在法理上予以分析、解决的问题。

政府与工会之间关系的变革,有赖于宪政制度中的国家与社会之间的权力配置中国家治理和社会自治的合理分工。在政府与工会之间关系的问题上,应当首先明确政府的职责是支持工会的独立地位,而不能将工会作为政府的"另一只手"。其次,工会履行枢纽型社会组织职能时,要有本地政府的正式"认定",特别是工会承接政府的部分职能应当有明确的法律依据或行政委托授权为其公信力提供法律保障,否则就是越权行为,其行为的公信力也就大打折扣。

现阶段,工会维权职能的发挥需要国家和政府的支持。党的十八届四中全会强调,要加强社会组织立法,规范和引导各类社会组织健康发展。这为工会作为"枢纽型社会组织"参与社会治理提供了新的战略机遇。在加快建设社会组织现代管理体制的背景下,政府需要摒弃管制主义策略,比如强化培育理念,推动社会组织承接政府转移的职能,加大工会赋权,拓展其他社会组织的生长空间。我国的社会转型是政府主导的,社会组织存在先天发展不足的弱势,因而创新社会治理需要强化政府赋权、积极培育、扶持社会组织的发展。郭道晖先生认为,"基于我国特有的国情,如果要形成法治社会,就需要发展社会组织,而社会组织的发展和壮大又需要国家权力的扶持"。[1] 这就需要国家力量对社会力量进行扶持,以实现国家和社会之间的良性互动。实际上,"包括国家在内的社会组织和其他社会组织都是共生共存的"。[2]

根据党的十八届四中全会的决议精神,培育和扶持工会等社会组织的具体措施主要包含:

第一,政府要做好顶层设计,确保社会组织自主、自治。社会组织管理的精髓在于自治,包括工会在内的(枢纽型)社会组织的发展离不开政府的参与,工会在社会治理中作用的落实,还需要发挥党政工各方优势,形成工作合力。但是政府对社会组织干预的权限应当受到限制,尤其是人员配置上,从而一定程度上保持社会组织的自主性和自治性,破除行政化桎梏,激发社会组织活力。

---

[1] 郭道晖. 法治国家与法治社会、公民社会 [J]. 政法论丛, 2007 (5).
[2] 米格代尔. 社会中的国家:国家与社会如何相互改变与相互构成 [M]. 李杨, 郭一聪, 译. 南京:江苏人民出版社, 2013:58.

第二，强化培育理念，加大财政扶持、权益保障、税收优惠等各项培育和扶持措施，推动社会组织在社会治理中的共建、共治、共享。德鲁克指出，"为了转变政府职能，激发政府活力，重要的就是培育社会组织"①。随着社会经济的发展，社会公众的需求不断增长并呈现多元化，而政府提供的公共产品和服务不能满足社会大众对公共服务日益增长的需求，如教育、医疗、养老、文化等方面。由于非政府组织具有非营利性、公益性和志愿性的特征，可以通过专业、灵活、有效的服务满足社会多样化、专业化、个性化的需求。推动政府向社会组织购买服务，对于增强公众参与意识、激发社会经济活力具有重要意义。工会作为枢纽型社会组织的作用之一在于孵化和管理其他社会组织，从而满足社会治理的需要。资金来源是社会组织发展的头等大事，"政府的财政支持和购买服务具有十分重要的作用，然而这样的途径对于社会组织的独立发展非常不利"②。因此在政府加大对社会组织资金扶持力度的同时，也需要拓宽社会组织的资金来源渠道。

第三，健全与完善社会组织法律体系，加大对工会等枢纽型社会组织的赋权。由于我国法律没有就如何支持社会组织做出明确的规定，一些措施只是散见于相关政策文件之中（如工会系统内部文件或者是一些部门规章），地方政府在确定政策支持的范围和标准上缺乏明确依据。例如，政府向社会组织购买服务是政府激发社会组织活力、明确社会组织职能的重要途径，然而我国目前尚无专门的立法。这就需要我们尽快确立政府支持社会组织的范围和标准，使各种措施具体化、制度化。工会去行政化改革使工会枢纽型社会组织的作用陷入困境，需要通过立法赋权提高工会公信力。按照行政法原理，工会作为社会团体可以通过法律、法规授权成为行政主体，履行行政职权，承担行政义务。因而笔者建议通过立法，强化工会组织在社会治理体制中的法律地位，明确规定工会组织的社团化运作定位，在党委领导下加强工会组织的独立性，明确规定工会枢纽型社会组织的地位、作用、权限责任及权限责任的履行方式、履行手段和保障措施，政府也需要制定工会枢纽型社会组织承接其政府职能的项目清单，为工会充分发挥其枢纽型社会组织的作用保驾护航。

---

① 德鲁克. 社会的管理 [M]. 徐大建，译. 上海：上海财经大学出版社，2006：73.
② 刘旺洪主编. 中国县域法治国情调查报告（昆山卷）[M]. 北京：法律出版社，2016：67.

第三节 和谐劳动关系语境下我国劳动行政执法的制度设计

我国政府所具备的公权力在调整劳动关系中实际采用的介入方式分为两个执法体系：其一，劳动争议工作实施中，实际所坚持的处理制度将劳动仲裁作为核心内容；其二，执法制度的实施以劳动监察为核心。这两种制度在实际实施中所坚持的依据具有不同的性质：第一种是以劳动合同作为直接依据，属于私权救济的形式；第二种是以劳动基准法作为直接依据，属于公权救济形式。劳动法兼容公权与私权，实现利益的融合，并以此为基础，对我国当前劳动执法体制的构建做出了相应的要求，要求各部门应该根据自身所维护的权利对实际的执行范围进行确定。制度设计应对职能进行严格划分。但是，在现有劳动法律中，劳动监察和劳动争议仲裁两者之间的实际边界与内容并不明确。这导致各地区劳动行政机关在工作实施中，无法实现对两种制度的均衡运作以及对权力的平衡把控，劳动监察部门与劳动仲裁机构之间的工作职责出现严重的交叉情况，行政执法中不作为或乱作为等现象十分严重。为此，在我国劳动执法工作的实施中，要对其体制所具备的功能进行重塑，不仅要重新审视我国的劳动立法，同时也要对我国现行的劳动执法工作实施下的相关体制作出二次设计。完善劳动法的内容，能够更好地促进公法与私法两方面制度内容的明确化，也是在社会经济发展下，国际劳动公约对我国当前劳动立法工作与执法体制的根本要求。

一、我国劳动执法体制功能失位的原因分析

如前分析，我国现行的两种劳动执法体制存在职能交叉、功能定位不清晰、衔接不力等问题。一方面，我国劳动执法体制整体呈现出公权力干预过度的特点，表现为理应发挥私权救济功能的劳动仲裁制度的行政化倾向，劳动监察范围涉足私法范畴且受地方政府干预。另一方面，受"公法私法化"执法理念的影响，我国劳动监察执法的力度又是较为宽松的，公权力的运作更多地寄托于企业和职工的内部约束管理上，导致劳资力量严重失衡。从这种局面可以看出，我国劳动立法和执法对劳动法公私融合的价值取向把控不力，没有调整好私法性规范

与公法性规范的平衡。

公私法的明确界分始于近代资产阶级革命对政治社会与市民社会的界定。正如孟德斯鸠提出："民法是以私人利益为目的的……政治法是以国家的利益与保全为目的的"①。但是随着经济社会的发展，价值取向呈多元化趋势。市场与政府双重失灵的背景下，出现了"私法公法化"和"公法私法化"两种趋势。劳动法等社会法的产生便是公法与私法相互渗透的结果。我国劳动法的产生也经历了公私法融合的过程，从计划经济时期的劳动行政规制到市场经济的劳动合同自由再到1994年《劳动法》的制定，劳动法呈现出了"私法公法化"和"公法私法化"的演绎进程并逐步得到发展和完善。现行劳动立法规范中既包含以契约自由为核心的私法性规范，也包括以公正秩序为理念的公法性规范。劳资双方可以自由订立劳动合同但是不得违反劳动基准立法的规定，国家作为公权力的行使者还负有保护弱势群体合法权益和平衡劳资双方利益的义务。可见，劳动法公私双赢的立法目的是很明确的。但是如何在公益与私益之间掌控平衡，从而使"以自治为导向的私法规范与以管制为目标的公法规范能够在同一法律体制下和谐相处"，②这成为劳动法在构建和谐劳动关系中的一项重大技术性难题。在我国现行"大政府、小社会"的模式下，公权力具有染指和干预私法领域的随意性，这一点从我国劳动仲裁机构设置的行政化可见一斑。司法实践中我国劳动者的诸多权益如就业权、劳动报酬权、职业安全权、社会保险权等权利的实现往往是在政府的介入下才更有保障，而通过诉讼等方式则难以实现，从而在劳动执法领域形成了"大政府"的管理模式，这种模式使公权力以维护公共利益为借口对私法自治的领域干预过多，对于市民社会的形成来讲是很不利的，这也成为我国劳动者自助能力不足的体制性原因。正如江平教授所言：市场经济必须贯彻公权力不与民争利的原则。在劳动执法领域，我们需要把公权力关在笼子里，对于国家公权力介入私域的范围、程度等都应当有明确的权力清单，严防公权力的滥用。当然，随着福利国家的兴起，政府对社会权利的保障功能凸显，因为"任何须经政府规制和控制的活动，由于它是现实和发展社会团结所必不可少的……只要它具有这样的一种性质，即除非政府干预，它就无法得以保证"。③ 劳动权的实现离不开公权力的保障，保障劳动权也是国家的义务。公权力与私权利是具有同一

---

① 孟德斯鸠. 论法的精神：下册［M］. 许明龙，译. 北京：商务印书馆，1982：19.
② 钟瑞栋. "私法公法化"的反思与超越［J］. 法商研究，2013（4）：126.
③ 哈洛，罗林斯. 法律与行政：上卷［M］. 杨伟东，等译. 北京：商务印书馆，2004：160.

性的,政府作为公权力的拥有者理应成为公民私权利的最大保护者,劳动者权益的基本人权特性也决定了政府在劳动关系领域中责无旁贷,因为"一切公法权利皆需借助公共权力来创设推行和实现"①。但是在以市场为取向的改革背景下,由于地方政府的自利性,我国政府对劳动关系规制的处理上陷入盲目放松的歧途,表现在我国劳动执法活动合法性和有效性的缺失。当然,改革开放之初政府放松规制对于促进经济效率和社会发展是有利的。但是随着改革的深入,劳资力量失衡严重的情况下,政府应当加强对劳资关系的规制,承担起社会利益衡平者的责任。国际劳工组织在1998年提出了核心劳动标准(Core Labor Standards),具体包括结社自由和集体谈判的权利;消除一切形式的强迫劳动;禁止使用童工;消除歧视等,作为保障劳动权的底线。在此,国家对劳动关系公权力的干预应以最低标准为限,从而达到保障劳动者基本生存权的同时,又不妨碍劳动关系自治的目的。在构建和谐社会的今天,自由并非人们追求的唯一价值,人们对秩序、平等、正义等价值的追求也是不容忽视的。当然,公权力对私权利的干预是为了避免自由成为一种"邪恶的自由",使社会地位低劣者以及经济上的弱者,免予在"契约自由之美名下,为社会地位之优越者及经济上之强者所迫"②,而非取代私法自治。公权力不能过度干预私人权利,否则整个社会秩序将会紊乱。因而,在我国劳动执法领域中,公权力介入私权利领域的程度要掌控恰当,让公法更好地为私法办事,让私法更有利于公法的施行,从而使劳资双方在意思自治和实质的正义间找到一个较好的利益平衡点。据此,劳动法的发展其实是公法制度与私法制度同步完善的过程,任何一项制度的缺失都会影响劳动法功能的发挥。

二、劳动行政执法的功能定位和职责范围

(一)我国劳动仲裁制度私权救济功能的重塑

劳动关系的建立在理论上是契约化的结果,政府对此应予以尊重并固守自身职责范围而不能随意干预。正如哈耶克所言,"现代意识强调的是尊重社会的自发秩序和自发规则,政府不应在非公共生活的领域有太多的自以为是的作为。"③

---

① 夏勇.走向权利的时代[M].北京:中国政法大学出版社,1995:684.
② 内田贵.契约的再生[A].胡宝海,译//梁慧星.民商法论丛:第3卷[C].北京:法律出版社,1995:602.
③ 哈耶克.自由秩序原理[M].邓正来,译.上海:上海三联书店,1997:67.

仲裁机构与政府机关或司法机构是不同的,并不享有国家行政权或司法权。相反,仲裁机构的公正性取决于它特有的民间性或社会性。由于仲裁是一种由双方当事人共同信赖的第三方进行公正裁断的制度,劳动仲裁作为仲裁制度的组成部分应当具备仲裁的性质和程序规则,否则就不能称其为仲裁。我国劳动仲裁制度的行政化倾向使其染指了公法范畴,弱化了劳动监察的职能,也严重影响了其私法救济功能的发挥。因而,劳动仲裁作为劳动执法私权救济方式,应首先与"劳动行政"相分离。改革现有劳动仲裁机构应把握好以下几点:一是劳动争议仲裁委员会应当从劳动行政部门中独立出来,与民事仲裁委员会一并不按行政区划设置,使劳动仲裁回归仲裁的民事特点;二是在逐步确立工会自治的基础上,严格按照"三方原则"组织劳动争议仲裁委员会,建立真正独立的劳动仲裁委员会和公正、公平的"三方参与机制";三是提高劳动仲裁员的任职资格要求和专业素质,取消(由劳动行政部门的人担任)专职仲裁员的设置,从而在机构设置上使劳动仲裁的私权救济功能得以归位;四是要构建裁审分离、区别对待的纷争解决机制,以强化劳动仲裁的权威性和公信力。现行劳动争议"一裁二审"的解决机制已然被学界所质疑,立法者原本是为了缓解法院压力,维护和谐稳定的劳动关系,实际操作中却牺牲了程序效益,造成了制度设置的重叠、司法资源的浪费,给当事人平添了诉讼成本。劳动仲裁就应重树仲裁的权威性和回归独立,应当尊重当事人的私法自治和程序选择权,实行"裁审分离"。目前从理论上,我们普遍把劳动争议划分为集体劳动争议和个体劳动争议,前者以利益调整为核心,旨在保护劳动者的"劳工三权",而后者以权利争议为核心。然而现行劳动法律规范却规定集体劳动争议事项仅限于因签订、履行集体合同发生的争议,不包括其他的集体争议行为[7]。而且《劳动争议调解仲裁法》明确将劳动调解仲裁的受案范围限定为"权利争议事项",因履行集体合同所发生的劳动争议也被纳入劳动仲裁的范围。由此可见,"我国的劳动争议处理机制没有为传统意义的集体劳动争议提供可行的救济途径"[1]。按我国现行法律规定,对于前述的"其他集体劳动争议",只能由政府行政介入进行协调,这种将集体利益置于政府严密控制之下的做法与劳资自治的精神是相悖的,对于减少集体劳动争议,有效化解劳资冲突也是很不利的。因而修订《劳动合同法》《劳动争议调解仲裁法》等法

---

① 薛长礼,李菁. 集体劳动争议处理机制的反思与重构[J]. 北京化工大学学报(社会科学版), 2013(2): 5.

第六章 和谐劳动关系语境下我国劳动行政执法改革

律规范,重塑我国的集体劳动争议调解仲裁制度是非常必要的。对于集体劳动争议,考虑到其影响面大、涉及因素众多,建议以革新现有劳动仲裁机构为契机,将集体劳动争议仲裁分为两种——自愿仲裁与强制仲裁。其中,自愿仲裁须由当事人申请,强制仲裁则主要针对具有公益性的集体劳动争议。但无论是哪种仲裁,裁决的终局性是对劳动仲裁权威的重要保障。而对于个体劳动争议则应一律实行"自愿仲裁、一裁终局",以体现劳资自治,给劳资双方较大的自由选择权。

(二) 我国劳动监察制度公权救济功能的重塑

按照国际劳动公约规定,劳动监察是一项公共职能,也是一项政府责任。劳动监察的功能定位"主要集中于国家机关以社会关系的管理者和社会利益衡平者的身份出现,运用国家公权力对用人单位侵犯劳动者合法权益的各种不法行为进行事前干预、事中制止和事后处罚,以维护劳动者合法的劳动权、人身权与财产权,最终实现劳资关系的实质性平等"。[①] 因而,劳动监察介入劳动关系领域边界的框定应以劳动者权益保护为标准。从国外的劳动监察现状来看,各劳动监察机构的职责范围是非常广泛的,不仅包括常规的工资工时、休息休假、社会保险等职责,还包括工作岗位的安全卫生问题,甚至还包括移民劳动者的工作环境及非法就业问题。然而,无论权限有多大,劳动监察执法范围的公法性特征不能违背。从目前我国劳动执法体制来看,劳动监察作为保障劳动法律法规实施的一套劳动执法制度,同时也是行政机关以国家公权力身份介入劳动关系领域的一种行政执法行为,承担着劳动者权益保障的"底线控制"的责任。因而,在执法范畴上,劳动监察的内容应严格限定在具有公法规制功能的劳动基准法的范围内,而劳动关系协调法属于劳资双方可以通过劳动契约自由协商的部分,隶属私法体系,其争议解决方式应采取调解、仲裁等私法救济的程序。另外,劳动监察的公权特征和行政性特征决定了它不应是被动地解决劳动争议的手段,而是主动地执法;不仅仅是一种事后救济模式,还应承担起事前预防的功能。劳动监察应当成为政府的一项重要的公共监管服务手段,履行相应的经济职能,通过对劳动者倾斜性立法的践行,确保监察体系能够覆盖到劳动基准和劳动保障领域的各个方面,以促进劳资关系的平衡。

---

① Sean C. The New Taiwan and Its Old Labour Law: Authoritarian Legislation in a Democratised Society [J]. Comparative Labor Law & Policy Journal, 1996 (18): 61.

三、完善劳动行政执法体制

从国际社会上看，劳动监察已然成为社会治理的重要工具。我国劳动保障监察部门要担负起"社会警察"的重任，就必须将"关口前移"，在劳资矛盾纠纷之初，或者用人单位不守法之前，主动依法监督检查，尽量避免劳动争议、劳动保障纠纷、突发事件、生产事故等矛盾和冲突的发生或者将纠纷降低到可控范围内。相对而言，这种预防性执法和全程性的监管，较之以往的事后执法和反应性执法难度更大，也对我们的劳动监察部门和职员提出了更高的要求，需要我们对现行的劳动监察制度包括劳动监察法制体系、劳动保障监察部门的体系和机构设置、劳动监察的程序运行机制和监督机制等进行重新设计，以在改变劳动监察"权力虚置"状态的同时，确保劳动监察行政执法行为的理性。如在劳动保障监察管理体制上，我们可以借鉴《（工商业）劳动监察公约》（第81号）的规定以及多数国家采取的中央垂直领导的劳动保障监察管理体制。通过完善劳动监察体系一方面，可以使劳动监察免受地方政府保护主义的影响，依法行使行政职权；另一方面，也有利于科学配置资源，提高劳动监察效率，统一执法尺度，消除经济发展不平衡给劳动监察带来的不良影响。劳动保障监察部门"社会警察"的角色定位，要求我们应当以立法的形式赋予其必要的强制执行权，如依法查封、扣押、冻结等权力。近年来，世界各国也都开始关注劳动监察执法的法律效力和执行力，并赋予劳动保障监察部门必要的司法或警察的权力，如2010年萨尔瓦多通过《工作场所风险预防法》赋予监察员一定的处罚权。劳动保障监察部门有权采取强制制裁措施，有助于树立劳动监察执法的权威，同时也能更好地发挥其劳权保障的公权救济功能。

四、完善劳动行政执法责任制度

由于公权力的社会稀缺性特征及其行使过程的强力特质，如果没有法律的制约和限制，将会激发公权力机关及公权力掌握者本性。正如孟德斯鸠所言，没有制约的权力必然产生腐败。"权力必须尊重权利及其法定权限；同时，权力的某些特性也使人们有理由相信，对权力进行恰当限制是保障权利和自由最好的办法之一"。① 行政权力在本质上即具有侵犯个人私权的倾向，作为公共权力机关，

---

① 程燎原，王人博. 赢得神圣：权利及其救济通论 [M]. 济南：山东人民出版社，1998：190.

政府的决定对整个社会都有约束力，政府享有其他任何组织所不能享有的权力和社会影响力。如果不通过法治限制政府权力，则公民权利、自由便可能受到侵害，所以"以法治的方式对政府科以责任，就是使政府的权力得到严格约束，建立相应的行政责任制度"[①]。劳动监察在法律性质上属于国家公权力介入和调整社会主体私益领域的行政执法，其运作的目的是实现国家运用行政权力对用人单位的违法行为的监督。但是权力在客观上具有较强的扩张性，如果不对其加以适当的控制，便有可能造成权力的滥用，从而侵害行政相对人的合法权益。对劳动监察部门的权力的监督和限制除了由行政相对人采取行政复议、行政诉讼等司法方式之外，还有一种很重要的监督和限制方式，即行政责任制度。然而，《劳动保障监察条例》第三十一条仅仅规定了劳动保障监察员滥用职权、玩忽职守、徇私舞弊或者泄露在履行职责过程中知悉的商业秘密的，依法给予行政处分；构成犯罪的，依法追究刑事责任；劳动保障行政部门和劳动保障监察员违法行使职权，侵犯用人单位或者劳动者的合法权益的，依法承担赔偿责任。这样的原则性规定在现实操作过程中就显得过于模糊，应该予以细化。责任是政府管理的核心，也是法律的生命。针对劳动监察推行完善的行政责任制度，对加强劳动监察执法有着十分重要的作用，有利于监督劳动监察机关依法行使职权，防止违法或不当具体行政行为的发生，防止劳动监察执法人员在行使职权的过程中出现滥用职权、随意执法等不良现象，提高执法人员的责任感，使其更好地行使手中的权力。

第四节 和谐劳动关系语境下我国劳动行政执法的立法完善

当前，我国劳动行政执法依据的法律体系不健全是劳动行政执法制度诸多问题的源头所在。完善劳动行政执法依据——劳动基准立法和劳动监察法，可以从源头上和制度上解决根本性问题，有利于保障劳动法律、法规的贯彻实施，有利于管理我国劳动力市场和保障劳资双方的合法权益，是构建和谐劳动关系的重要

[①] 胡肖华. 走向责任政府：行政责任制研究[M]. 北京：法律出版社，2006：12.

保证。

一、健全劳动基准立法

劳动基准是劳动行政执法的主要内容和依据,其中对劳动者劳动时间、劳动报酬和劳动条件等基本标准或最低劳动保护标准作出了具体规定。无论是从劳动法的起源还是从其发展来看,劳动基准在劳动法的体系中均处于最基础的地位,是劳动关系调整体系中最重要的环节。尤其是在体制改革和社会转型阶段的我国,劳资双方实际上的不对等,而集体谈判和集体协商的职能发挥不到位,劳动基准作为集体谈判和劳动执法的依据由于体现了国家的强制力,其现实意义更加突出。

(一)健全劳动基准立法的意义

为建设法治强国,我们的党和国家对于劳动法律工作的重视程度都很高,党的十八大报告中将"健全劳动标准体系"作为党和国家在新的时期法制建设的新任务。这个任务具有里程碑的意义。"健全劳动标准体系"在新的历史时期有非常重要的战略地位,是党和国家的重要部署。健全劳动标准体系有以下几方面的重要作用:一是对于提高就业质量起着至关重要的作用;二是对于新时期构建和谐劳动关系起着不可忽视的作用;三是对于改善民生也有重要的意义。

国家劳动法的颁布在一定程度上规范了雇主的行为,保障了就业者的权益。将更加全面地保障劳动基准法就业者的权益。一个具有现代高度文明的国家必须要由一批批的建设者来推动,没有这些建设者,没有保障这些建设者权益的法律,社会的秩序就会混乱,国家前进的步伐就会变慢。所以,面对建立法治强国的重任,面对国际的竞争,面对一切的挑战,我国必须对法律上进行研究、改革。健全劳动基准法就是在保障我国劳动者权益的方面的进一步、精细化的工作,必须得到落实,才能适应社会的新形势的变化。

时代在改变,我们关于就业的相关法律和措施也必须得到改革。例如,在我们目前的就业人员中已经有很多的"90后",甚至一些"00后"。他们对于自身工作待遇的要求与"60后""70后""80后"等完全不一样,也许他们会对工资的要求不是特别高,但是对于其他的福利要求会比后者高得多,比如对于住房条件、假期、五险一金、晋升等方面的要求。如此一来,他们就会与雇佣方发生一系列的问题,最终要对这些事情进行妥善解决,就离不开合理的劳动规范。只有不断地健全劳动基准立法,才能应对不断改变的就业环境,处理好雇佣双方关系，切实保障双方的基本权益。在这样的情况下，尤其需要对劳动基准立法的标准体系进行完善。

毋庸置疑，劳动基准立法的标准体系得以完善之后，其发展速度一定会加快。基于以上原因，我国劳动基准立法发展的状况如何？怎么去进行状况评估？如何进行策划？这些都是摆在大家面前的难题，是劳动法研究中的几个关键的难题。因此，我们可以很清楚地发现健全劳动标准体系所需要了解和认识的内容很多、涉及的范围很广，是一项浩大的工程。同时，我国劳动基准立法的进程会因为很多的因素受到影响。一方面，如何描述和评价我国目前劳动基准立法的状况会影响其进程；另一方面，如何认识劳动基准立法的重要性和可行性也会影响它的进程。

（二）我国劳动基准立法的必要性

我国劳动基准立法比劳动合同法要落后很多。在我国劳动立法中，"劳动基准"这个术语没有被直接使用。在我国的官方正式文件中也极少见到"劳动基准"这个术语。在颁布《劳动合同法》之前，仅仅有一例提到"劳动基准"这个词语，即"制定劳动基准规范劳动关系"。1993年12月21日之后，随着国家劳动法制的展开，劳动合同成为劳动法制的核心，而"劳动基准"在我国的劳动法律中就再也没有出现过。事实上，"劳动基准"是翻译自外来的词语"labor standard"，如果按照字面意思翻译，译为"劳动标准"更加准确。我国的法律中对于劳动标准也是有提及的，比如在党的十八大报告中就有"健全劳动标准体系"的概念的提出，而且它的含义就是"劳动基准"的相关内容。所以，从概念上来讲，"劳动基准"不是一个官方上很常用的词语，但是这并不影响它在未来对于劳动规范方面的重要作用。

劳动基准法的内容不仅包含其所规范内容的体系和外延，而且也必定包含两方面的内容：一是个别劳动合同的相关内容，二是集体劳动合同的相关内容。简言之，劳动基准其实是一类规范，它和劳动合同、集体合同等的关系不是我们认为的逻辑上的并列关系。我国劳动法中的诸多事项都是劳动基准规范的体现，如工资、工时、安全卫生、劳动合同、集体协商等。可见"劳动基准法"涉及的内容非常广泛。

当前，我国劳动基准的相关规定基本上比较分散。如前所述，我国劳动基准的内容主要包括工资基准、工时基准、休息休假、劳动安全卫生和特殊劳动者保护等方面。这些内容分散在法律、行政法规、地方性法规、部门规章等各种效力位阶的规范性文件中。如关于休息休假的劳动基准规定主要存在诸多问题：一是存在立法分散、部分休息休假基准法律位阶低的情况，关于六种法定假期的规定分散在各个法律、法规、规章之中，多以"规定""说明""办法"等呈现，如病假仅仅是通过劳动部的"执行意见"规定的。二是部分法律规定过于陈旧，如1981年国务院关于探亲假的规定①，在国家推行公务员制度、劳动合同制度和事业单位聘用制改革的情境下，该规定已经不合时宜。三是部分法律规定过于笼统，操作性不强。如职工带薪年休假的假期受累计工作时间限制②，其中"累计工作"时间的判断标准成为司法实践中操作的难题，尤其是在当前劳动力流动频繁的背景下。从我国的这些法律文件中可以很清楚地看到，这些法律文件多头，法律位阶较低，出台时间久远，劳动基准规定的缺失和不明确、劳动基准的地区差异、劳动基准间的相互冲突现象时有所见。因而亟须加快健全劳动基准立法。

（三）我国劳动基准立法的基本思路

从目前来看，我国尚不具备综合立法的条件，但是从长远来看，制定专门的《劳动基准法》的意义非比寻常：一是可以系统地清理目前混乱的劳动基准立法，促进劳动基准的体系化建设；二是建立规范、统一的适用全国范围的劳动基准，使劳动基准的各项内容之间相互协调、相互衔接。这也是国内大多数学者的呼吁，体现了人们对劳动基准立法的期待。从我国的劳动基准立法现状来看，诸多劳动基准问题的研究还不成熟，比如"工资工时法难产、工休法分散、劳动安全卫生法易名、特殊群体保护法进展缓慢"③等问题，劳动基准的子法不完备，则母法的制定难度加大。因而笔者建议先颁布配套的子法——《工资法》《工时法》等，再在立法时机成熟时，制定统一的《劳动基准法》。

有良法才有法治。《劳动基准法》本身就是"倾斜性立法"的产物，因而劳动基准立法应当贯彻"劳动者利益优先"的原则，尤其是要关注最底层劳动者的利益。目前党和政府对于民生特别关注，而"劳动基准法"关注的也是与民生息息相关的内容。所以，人们对于"劳动基准法"的呼唤就显得更加迫切，

---

① 国务院《关于职工探亲待遇的规定》第二条："凡在国家机关、人民团体和全民所有制企业、事业单位工作满一年的固定职工，与配偶不住在一起，又不能在公休假日团聚的，可以享受本规定探望配偶的待遇；与父亲、母亲都不住在一起，又不能在公休假日团聚的，可以享受本规定探望父母的待遇。但是，职工与父亲或与母亲一方能够在公休假日团聚的，不能享受本规定探望父母的待遇。"

② 国务院《职工带薪年休假条例》第三条："职工累计工作已满1年不满10年的，年休假5天；已满10年不满20年的，年休假10天；已满20年的，年休假15天。"

③ 涂永前. 我国劳动基准立法的现状与进路［J］. 社会科学，2014（3）：95.

劳动基准之法顺应了时代发展的潮流，也是利国利民的大事。我国"劳动基准法"的发展道路注定是不平坦的，因为很多问题需要一步步解决，虽然对其他国家、地区的借鉴也对我国劳动基准之法有一定的作用和意义，但是我们并不能抛开实际情况去照搬，这样只能让"劳动基准法"的成长之路更加不畅。所以，在"劳动基准法"的发展过程中既要对我国自身情况进行细致分析，还要对其他国家相关的内容进行合理借鉴，站在历史的高度对整个问题进行审视，找到最适合我们国家发展的道路，这样才能让"劳动基准法"为我国的现代化建设带来积极的促进作用。

（四）现行各项劳动基准的完善

劳动基准的立法活动，除了要对分散的劳动基准进行集中梳理外，还要对陈旧、过时的劳动基准予以废止，对不适应社会经济现实的规定进行修改，同时要对劳动基准缺失的内容进行补充。

1. 工资基准

最低工资标准的设定是劳动关系中最重要，也是最基本的问题，关系到劳动关系的确立和未来劳动力的延续。劳动工资基准立法通过为劳动力市场价格划定底线，确保劳动者能够获得维系基本生活所需的最低工资保障，有利于缓解劳资矛盾。然而通过前述我国相关立法现状的分析发现，处于效力位阶最高位的《劳动法》规定过于笼统，可操作性差，而规定较为具体的地方性法规和部门规章效力位阶则较低，且规定分散、不成体系。受各地区差异性的影响，各地规定的最低工资标准计算方式不统一。因而笔者建议对现行规定中关于确定最低工资标准需要考虑的因素进行统一，如就是否考虑"劳动生产率"的因素，是否考虑"住房公积金"的因素等作出统一的规定。另外，随着时代的发展，确定最低工资标准还应考虑到企业的支付能力，从而平衡职工劳动报酬权和用人单位的经济效益。为保护底层劳动者的利益，笔者建议建立欠薪保障制度[1]，以解决当前农民工讨薪的社会问题。

2. 工时基准

工时基准的规定旨在保障劳动者的身体健康和休息权，但如果企业不能很好地遵守工时标准，而执法者又难以执行到位，则法律的权威性将受到严重影响，

---

[1] 对此，可以借鉴法国和中国香港的立法经验。如法国在立法中分别确立了工资债权优先权和工资支付保险金制度。《香港破产欠薪保障条例》规定：设立破产欠薪委员会，破产欠薪的雇主或雇员可向委员会提出申请，经委员会严格审查核实后，从基金款项中拨付。

劳动者的合法权益也就得不到有效保障。目前我国司法实践中存在对"工作的时间"界定不清的情况,导致劳资纠纷中找不到相关的法律依据①来解决问题。因而,笔者建议通过劳动工时基准立法处理标准工时的认定问题。同时,从司法实践来看,劳动法对延长工时的限制性规定过于严格,"每月不超过36小时"的延长工时对于很多企业来说很难遵守,而执法机构也难以判断和监督。因而笔者建议适当调整最长工时制度,放宽对加班时间的上限。

3. 休息休假基准

目前我国关于休息休假的规定(包括带薪年休假、病假、探亲假、婚丧假、产假及哺乳假等)较为分散②,建议立法对各种法定假期进行统一规定,同时取消探亲假的规定。针对部分法律规定过于笼统,可操作性不强的问题,笔者建议明确"累计工作"时间的判断标准,以防止用人单位规避法律;针对各地对带薪休假引起的劳动争议进行仲裁时效裁决标准不同的问题,建议明确带薪休假的法律性质,从而更好地保护劳动者的权益。

二、规范劳动监察立法

劳动监察法律制度是依照国家立法程序制定的,国家劳动行政机关依法对用人单位进行监督检查的制度。在我国劳动监察的内容中,最多的是安全监察,其中关于矿山和锅炉压力容器等方面的内容较多,常见的有《矿山安全条例》《锅炉压力容器安全监察暂行条例》等,其中有很翔实的劳动监察制度。劳动监察的目的在于保护处于弱势地位的劳动者的合法权益,劳动监察立法对劳动监察的程序、监察的内容和法律责任等的规范,是保证劳动行政执法机关实现这一目的的重要保障。

目前,我国劳动行政执法的直接法律依据是2004年国务院制定的《劳动保障监察条例》。为了适应现行劳动关系的变化形式,笔者建议对这部法规进行如下规范。首先,要在立法上准确界清劳动监察机关的功能,明确其行政管辖范围,避免出现行政乱作为的现象。在我国行政乱作为的现象相对严重,也具有很

---

① 如深圳西铁城表链厂停工事件,劳资双方争议的焦点问题就是企业是否将每天40分钟工间休息计入工作时间。

② 表现在2007年国务院颁布的《职工带薪年休假条例》、1995年劳动部《关于贯彻执行〈中华人民共和国劳动法〉若干问题的意见》、1981年国务院《关于职工探亲待遇的规定》《计划生育法》、2012年《女职工劳动保护特别规定》等法律法规和一些地方法规和规章。

大危害,这损害了劳动者的个人权益,也不利于形成良好的社会运行机制。现行《劳动保障监察条例》(简称《条例》)将劳动合同的订立情况列入劳动监察范围是不妥的,因为这属于劳动仲裁(私法解决机制)的内容,这一规定容易形成国家行政权对劳动关系当事人双方自主权的不恰当干预。而在用人单位参加各项社会保险和缴纳社会保险费的情况中这种关系本身"已不是劳动关系,而是一种劳动行政关系"[①],且社会保险机构本身即具有行政强制力,因而无须再通过劳动监察去调整。劳动监察立法的指导思想应以劳动基准制度为核心,以维护劳动者基本人权为理念。其次是设定规范的行政执法程序来规范劳动监察的实际运作。尽管劳动法赋予了行政机关解决劳动争议和纠纷的权力,但《条例》在对劳动行政机关行使劳动执法权的制度设计上存在诸多问题,如劳动行政强制措施缺乏、劳动监察处罚力度不够、缺乏自行强制执行权等,使得劳动行政机关在规范资方的劳动用工行为方面显得过于乏力。

  概括起来,劳动监察作用的发挥主要受以下几个方面的问题影响。首先,劳动保障监察执法中存在不作为的现象,而且执法不到位现象也比较突出。同时,在此过程中的责任追究机制也不完善,造成劳动保障监察执法人的各种不合理、不合法的行为和职责上的缺失。其次,《条例》中关于开展劳动保障监察工作的程序不够规范,这就造成了在实践中存在一系列不统一的问题,如对案件受理范围过窄的问题处理,查处期限过长的处理方案,在操作流程方面的不统一等。还有就是劳动监察执法手段不足,还需要进一步完善,而且执法力度不够,必须进行逐步提升。比如《条例》规定在对于女职工和未成年人的保护方面就非常有限。最根本的原因是雇主违法所付出的代价比较低,因此他们就毫不在意,甚至无视《条例》的规定。在实际生活中,雇主违法延长女职工和未成年人工作时间的行为是屡禁不止的,即使劳动保障监察部门对他们进行了罚款处理,但由于《条例》规定的罚款标准很低,这就让很多用人单位无视《条例》的存在,情愿缴纳低廉的罚款去追逐更多的个人利益,其结果是相关违法行为在社会上层出不穷,影响了社会风气,使广大的妇女和未成年人的合法权益得不到有效的保障,也阻碍了国家法制的前进步伐。

  为此,我们应当在劳动监察立法上明确以下几个问题:劳动监察的行政执法手段有哪些?具有哪些权限?劳动监察机关的行政强制权和处罚权的范围是什

---

① 董保华. 完善我国劳动执法体系的思考 [J]. 中国劳动科学, 1996 (7).

么？需要对其进行完善的内容是哪些？下面就结合这些内容进行分析。

关于如何对劳动保障监察机构的职权和责任进行强化的问题，应遵循"关口前移、重心下沉"的原则，变被动执法为主动执法，并对劳动保障监察的机构设置和监管格局进行规定，使其更加优化，作用更加突出。在劳动保障监察机构的权力方面，应提升劳动保障监察机构行政级别。而且在管理体制上笔者建议，一方面要建立更高层级的统一管理体制，另一方面要建立垂直管理体制。这样就可以杜绝出现不具备独立性的劳动保障监察机构，以及杜绝地方保护主义干预劳动保障监察机构执法的情形。同时，笔者建议充实劳动保障监察的执法力量，并改善现今的执法条件，诸如扩充执法的人员以及完善执法的设施和提高经费。最后，笔者建议加强劳动保障监察执法责任制落实，比如建立责任追究机制，追究的主体是直接负责事件处理的主管人员，以此减少劳动保障监察的相关乱象，打击不执法、乱执法的现象。

另外，还要完善劳动保障监察实施机制。要对劳动关系进行监控，不只是相关部门的主动出击就可以解决的，还需要借力借势，如与工会等群团组织建立劳动监察联动机制，充分发挥社会组织的治理能力。同时，劳动保障监察机构还要提升违法用工案件的处理速度，建立快速高效的查处机制。随着互联网的快速渗透，监察部门必须将劳动保障监察日常监督和网络监督进行有效的结合，如此才能做到主动预防和及时发现违法用工的案件。还有一个非常重要的方面就是，各部门的监察机制的合作。无论是国家的其他行政执法部门，还是社会组织的联合监察机制在劳动保障监察中都具有积极作用，只有多方合作，才能扩大监察工作在各领域的覆盖面，增强监察实效。还有一点也是值得注意的，关于劳动保障监察行政处罚的力度，我国的社会主义建设初期由于社会发展的需要，对于用人单位的处罚力度是较轻，以致将他们养成了"惯犯"。只有提高了用人单位违法成本，才能改变被雇佣者的弱势地位，也才能强化《条例》的权威和震慑力。

为防止权力的滥用，我们在设定和加强劳动监察行政执法权力的同时，还应在法律上设置相应的运行程序和制约机制。在劳动监察行政执法的过程中，有的时候会出现相关部门的执行不到位，权力不够集中等问题，但是与之相反的权力滥用问题也是常有的。这就需要适当的、科学的运行程序和制约机制。要怎样制定合适的运行机制和制约机制就需要对我们国家的国情进行分析，结合其他国家和地区的先进经验制定符合我们国家发展的相关制度。这也是一个循序渐进的过程，因为我国人口众多，地域广阔，各个地区的发展也不尽相同，因此可以从地域上进行区分，采取分步走的策略，比如可以先进行小范围的试验，再进行更大范围的推广，以防止权力滥用。

最后，《劳动监察条例》属于国务院颁布的行政法规，层级效力较低，严重影响了劳动监察的效力，应尽快制定和颁布《劳动监察法》，把劳动监察的行政执法功能提高到应有的高度，切实保护劳动者的合法权益。我国必须重视劳动监察立法，不仅要对劳动监察的各主体的权力和职责进行规定，还要形成科学的运行机制，在社会上形成多方合力。同时，以上内容还要在实践中不断地完善。只有建立和完善了劳动监察立法才能全方位地保障劳动者的权益，只有国家机构、个人、社会多方面的共同努力才能形成巨大的社会力量，才能让法治强国落到实处。

附录：山东省社会科学规划课题《社会治理创新背景下工会枢纽型社会组织的作用研究》（项目编号17CSHJ11）研究报告

专题报告一 中国工会在社会治理中的角色定位及作用研究

随着中国特色社会主义进入新时代，社会治理面临着更加复杂多变的问题和挑战，因此我国需要加强和创新社会治理，打造共建共治共享的治理格局。党的十九届四中全会审议通过了《中共中央关于坚持和完善中国特色社会主义制度、推进国家治理体系和治理能力现代化若干重大问题的决定》，将推进国家治理体系和治理能力现代化纳入"第五个现代化"，这昭示我们迈入"中国之治"的新境界。中国的社会治理是在"党委领导、政府负责、民主协商、社会协同、公众参与、法治保障"的总体格局下运行的中国特色社会治理。创新社会治理体制需要转变传统的单一的自上而下的管理方式，形成一个政府、企业组织、社会组织和居民自治组织等多元主体共治（上下互动、彼此合作）的社会治理体系。有了良好的社会治理体系，才能不断提升社会治理水平，增强社会发展活力。工会作为连接党和政府与职工群众的桥梁和纽带，在社会治理体系中具有重要的地位，在创新社会治理和维护社会稳定和谐中发挥着重要的作用。

附录：山东省社会科学规划课题《社会治理创新背景下工会枢纽型社会组织的作用研究》（项目编号17CSHJ11）研究报告

一、中国工会参与社会治理的必要性和可行性

（一）中国工会参与社会治理的必要性

社会治理强调治理主体的多元化，而社会组织是社会治理的中坚力量。工会作为群团组织是工人阶级的永续集合体，自然成为分量较重的社会治理主体之一。

关于工会同党和国家政权的关系，列宁有着经典概括，即"工会是站在党和国家之间的'传动装置'，是国家政权的'蓄水池'"。[1] 工会同共产党的关系体现为，二者都是工人阶级的组织，前者是工人阶级最广泛的群众性组织，而后者是工人阶级的先锋队——政党。共产党作为工人阶级的先锋队，只有先进分子才能加入，因而在数量上始终只能是少数，共产党必须通过工会组织才能团结好本阶级的群众，引导他们按党指引的路线方针前进。由于工会是群众性组织，不能行使国家权力，其巩固无产阶级专政作用的发挥必须依靠工人阶级的先锋队——共产党的领导。按照列宁的说法，工会的作用就好像是一个把无产阶级先锋队和工人群众联系起来的"传动装置"，"党就是通过这个机构同本阶级和群众取得密切联系的。"[2]

按照《中国工会章程》的规定，中国工会组织兼具政治性、先进性和群众性。

首先，工会要忠于党的事业，自觉接受党的领导。这是工会政治性的要求，也是牢牢把握时代主题，保持工会先进性的需要。坚持和维护共产党的领导，是中国工会的最大特色和政治优势，也正是基于此，工会与一般社会组织相比具有很强的政治影响力和较高的社会地位，在凝聚社会资源、服务职工、服务社会上具有较高的社会优势。所谓政治性，即工会要认真履行其政治职责，保持政治清醒，增强政治定力，严守政治纪律，要强化忧患意识，坚持底线思维，团结引导亿万职工群众听党话、跟党走，切实维护劳动领域的政治安全。所谓先进性，即工会要不断增强工人阶级队伍的文化素质和理论素养，加强对广大职工群众的社会主义核心价值观和中国梦指导思想的教育，通过组织各种形式的劳动技能大赛提升广大职工群众职业技能和创新能力，保持工人阶级的先进性。自机器大工业生产方式以来，工人阶级登上历史舞台，成为先进生产力和生产关系的代表者。在当前中国，工人阶级已经成为社会物质财富和精神财富的最主要创造者。中国

---

[1] 列宁. 论工会、目前局势及托洛茨基同志的错误 [A] //列宁全集：第40卷 [M]. 北京：人民出版社，1992.

[2] 列宁. 共产主义运动中的"左派"幼稚病 [A] //列宁选集：第4卷 [M]. 北京：人民出版社，1972.

的革命和建设实践也一再证明,中国工人阶级始终是推动社会进步的最基本动力,是革命和各项事业建设的主力军。工人阶级队伍的先进性为作为先锋队的中国共产党保持自身先进性奠定了阶级基础,正因为如此,中国的政治经济和社会发展才能独秀于世界之林。

其次,维护职工群众的利益是工会群众性的要求,也是工会的基本职责。所谓群众性,即工会工作要竭诚服务职工,更多关注、关心、关爱普通职工群众,切实履行好工会基本职责,面对面、心贴心、实打实做好职工群众工作。早在1950年邓小平就指出:"依靠工人阶级,首先必须依靠工会,通过工会把工人的最大多数组织到工会中去,并依靠工会去教育工人,启发其阶级觉悟,发挥其生产积极性。"[①] 在国外,工会履行职能的途径主要是两种——集体谈判和罢工,通过集体谈判调解劳资利益,而罢工则是劳资双方沟通严重不畅的结果。中国《工会法》和《工会章程》规定了工会的四项社会职能:维护、建设、参与、教育。其中,维护职工合法权益是工会的基本职责,高于并统率其他社会职能。工会的社会职能表明工会在社会治理中扮演着重要的角色,在政治上具有桥梁纽带作用,在职工维权主业上占据龙头地位,拥有天然的枢纽特性和潜质,注定成为重要的社会治理主体。

(二)中国工会参与社会治理的可行性

在全面深化改革的背景下,党的十八届三中全会提出了创新社会治理的任务和价值目标,即社会治理的目的是在促进社会治理效率的基础上进一步化解社会矛盾,促进社会公正、激发社会活力,推动和谐社会的构建。体制的建立蕴含着效率(社会工作)、公正(资源分配)和利益共享(多方参与)等价值理念。其中,保障和改善民生,最大限度地维护公民的社会权利和满足民众的需求,是创新社会治理的出发点和落脚点;处理好多元的社会利益关系,及时化解社会矛盾,提升社会的包容性和公正性,是创新社会治理面临的重大任务;优化政府职能,通过政府向社会简政放权,激发社会组织参与社会治理的主动性、积极性和创造性,是创新社会治理的重要途径。而工会的四项基础职能——维护职能、建设职能、参与职能、教育职能恰与社会治理的目标和价值理念相契合。

1. 工会的维护职能对应社会治理化解社会矛盾的目标

和谐劳动关系是和谐社会的基础,职工的合法权益得到保障、劳资矛盾得到解

---

① 邓小平. 在西南局城市工作会议上的报告提纲[A]//邓小平文选:第一卷[M]. 北京:人民出版社,1994.

附录：山东省社会科学规划课题《社会治理创新背景下工会枢纽型社会组织的作用研究》（项目编号 17CSHJ11）研究报告

决是社会和谐发展的保障。根据中国工会法第六条的规定，维护职工合法权益是工会的基本职责。从历史起源上看，"维权"也是工会组织产生的重要渊源。在目前的法律法规框架下，中国工会实现"维权"基本职责的方式，一是从源头上维护，即通过参与法律、法规起草和政策制定等行为，使职工权益从根本上得到保障；二是具体权益维护，即对单个职工或相同情况职工群体的利益（工资权益、保险福利、劳动保护、困难帮扶等）进行维护。基层工会的维权职能大通过第二种方式进行履行，如"开展职工民主管理、进行平等协商，促进厂务民主公开；签订职工集体合同，保护职工劳动基准权益；开展劳动保护和职工社会保障，监督劳动法律执行；介入劳动争议纠纷的调处（预防、调解和仲裁）等"① 工作。

2. 工会的建设职能对应社会治理改善民生的社会发展需要

在社会主义初级阶段，发展是硬道理，经济发展了，其他社会问题也就迎刃而解了。工会的建设职能，是指工会"动员和组织职工积极参加建设和改革，努力促进经济、政治、文化、社会和生态文明建设"。因此，中国工会的建设职能是方方面面的。从中华人民共和国成立初期，到社会主义建设时期和改革开放时期，工会一直带领职工通过开展劳动竞赛、经济技术创新、先进成果评选和推广、合理化建议、"五小发明"、产业工人队伍建设等"比学赶帮超"活动，推动经济快速发展，通过在职工、班组和企业等各个层面评选先优，加强精神引领，弘扬劳动精神、劳模精神、工匠精神，形成了热爱劳动、尊重劳动和崇尚劳动的氛围。工会通过统筹协调劳资双方的关系，使劳资双方充分发挥各自的积极性、主动性和创造性，推动企业和职工的利益共享，进而促进整个社会经济的和谐发展。工会作为党联系职工的桥梁和纽带，作为党执政的阶级基础，只有带领职工投身于现代化建设，才能不断地为人民福利，才能不断地接近实现中华民族伟大复兴的中国梦，才能够得民心顺民意，才能巩固党的执政基础，为中国经济社会的稳定发展提供持续不断的动力。

3. 工会的参与职能对应社会治理提升社会的包容性和公正性的目标

民主、包容是衡量政府善治的核心标准。所谓"包容"，是"指各种利益相关者能参与、影响社会治理主体结构和决策过程，平等共享政策结果、治理收益和社会资源，各种利益相关者的权益能得到尊重和保障。"② 共同构建社会治理的

---

① 陈俊洁，王燕荣. 我国工会维权职责面临的困境及对策研究[J]. 山东工会论坛，2019（6）：47–50.

② 徐倩. 包容性治理：社会治理的新思路[J]. 江苏社会科学，2015（4）：17–25.

协同机制，而社会协同的治理格局需要职工的充分参与，才能彰显工人阶级的主人翁地位。工会代表和组织职工参与国家、社会和企事业单位内部的管理，是实现职工知情权、表达权、参与权和监督权的路径保障。中国工会实现参与职能的途径有两种：一是宏观参与，保证工人阶级特别是一线工人在各级党的代表大会、人民代表大会、政协、群团组织中的代表比例，充分发挥工会组织在团结职工，推动立法和劳动政策制定中的作用。工会作为工人阶级的组织，要广泛收集工人阶级的意见和建议，将那些能够体现工人阶级整体意志的立法和政策建议推动变成法律和国家政策，并引导职工遵守各级政府制定的大政方针，推动国家各项的事业发展。二是内部参与，通过政府与工会的联席会议制度、三方协商制度、职工代表大会、厂务公开、平等协商和集体合同制度、职工董事和职工监事制度等，构建企业内部的沟通协商机制，保障职工的基层民主权利，对企事业单位实行民主管理和监督。

4. 工会的教育职能对应社会治理激发社会活力的目标

职工的职业素质和技能的提升是提升社会活力、激发社会创造力和创新力的源泉。工会的教育职能，是指通过宣传、教育、培训、交流等多种形式，不断提升职工的文化素质和技能水平，激励和引导职工进步，打造出一支具有先进思想文化、职业纪律和职业技能的高素质的职工队伍，进而推动中国社会经济建设的长足发展。工会实现教育职能的途径，一是思想教育，通过宣传、座谈会等方式发挥工会的政治引领作用和企事业单位的文化导向作用，强化工会教育职能的"三性"（政治性、先进性及群众性）；二是职业教育，通过培训、竞赛、交流等方式提升职工的文化素质和职业技能水平，加快产业工人队伍建设，广泛推动师带徒、技能竞赛、职业培训、职业进修等多种途径，搭建线上线下学习平台，为职工成才提供通道。

综上，工会的四大社会职能与中国社会治理的价值理念和目标要求是相关联的，工会四大社会职能的履行是实现社会治理目标的重要途径。

二、中国工会在社会治理中的角色定位

工会十七大报告明确要求，各级工会要立足共建共治共享社会治理新格局，组织动员职工积极参与社会治理，在完善社会治理机制和提升社会治理水平中发挥工会的优势和作用。可以说，新时代下的工会组织作为群团组织的重要力量，在社会治理参与中被党和国家赋予了重要的使命担当。

（一）职工利益的代表者

《中国工会章程》明确指出，中国工会"是会员和职工利益的代表"。工会

附录：山东省社会科学规划课题《社会治理创新背景下工会枢纽型社会组织的作用研究》（项目编号17CSHJ11）研究报告

是劳动关系矛盾的产物，作为枢纽型社会组织，维护职工合法权益是工会的存在基础与核心职责，也是工会践行党的群众路线的要求。

工会作为枢纽型社会组织，要维护好职工群众的合法权益，为职工解决实际问题，不断增强职工的信任感与归属感。工会工作应该借助枢纽优势，引导其他社会组织为职工服务，以强化内部民主为切入点，将工作发展与劳动者的需求有机结合起来。工会工作在充分掌握劳动者意愿的情况下，才能有针对性地制定方案，真正为劳动者解决问题、创造希望，如此一来，劳动者才会更加信任工会，工会的影响力也会相应提高，推动工会更健康地发展。唯有如此，我们的工会组织方可立于不败之地。现阶段，我国工会队伍中的弱势群体占据相当比例，工会要转变思维最大限度维护好这个群体的利益。工会应全面掌握弱势群体真正的需要，增加培训规模与次数，从整体上提高职业综合素质，还要把他们的工资与福利问题放在考虑的重点，让其合法利益得到保障。总之，工会应坚持以维护会员权利为核心，提高职工群体的获得感、幸福感、安全感和满意度。在此基础上，工会才会逐渐壮大，从而给会员创造更大的价值，并进而对社会公平分配、经济平衡发展等产生较大的影响。

（二）党和国家政策的坚定维护者和推动者

党的十九届四中全会指出，"加强党对坚持和完善中国特色社会主义制度、推进国家治理体系和治理能力现代化的领导"。[1] 工会组织产生于党和国家革命建设改革事业中，因而"必须把执行党的意志的坚定性和为职工服务的实效性统一起来"[2]。工会工作离不开党和政府，工会必须把自身置于党的坚强领导下，做党和国家政策的坚定维护者和推动者，充分发挥能动性和创造性，通过一系列创新性工作开展方式和活动形式，在政府的简政放权中承担起更多的社会治理和公共服务任务，解决好群众最关心最直接最现实的利益问题，在扎实有效的工会工作中把贯彻党和国家的治国方略及政策方针落实到广大职工群众中去。

（三）社会组织的枢纽运行者

当前社会治理强调社会多元主体的协同共治，以推进治理的社会化和专业化水平，但我国社会组织在规范发展和有效参与上存在种种问题，需要工会组织以

---

[1] 中共中央关于坚持和完善中国特色社会主义制度 推进国家治理体系和治理能力现代化若干重大问题的决定［N］．人民日报，2019－11－6：1．

[2] 习近平．团结动员亿万职工积极建功新时代 开创我国工运事业和工会工作新局面［N］．人民日报，2018－10－30：1．

枢纽组织的角色，承接政府的部分管理职能，培育和引导与工会相关领域的各种社会组织，使社会组织充分发挥自身力量，推动社会治理现代化建设。工会作为枢纽型社会组织，不仅要承担传统的党联系群众的桥梁纽带作用，还应当充当国家和社会组织的枢纽，即党政—社会—职工三者的枢纽。工会组织拥有着其他组织没有的优势，其自身的群众性和政治性为参与社会治理提供了较为充分的人力资源、制度资源和物质资源，而工会组织相对于其社会组织和群团组织，其丰富功能和庞大规模使得自身可以成为一个提供公共服务的综合性组织，可以通过不断满足广大职工群众需求来推动社会民生持续改善。工会通过搭建资源共享和交流平台，整合政府资源和社会资源，合理调配资源，调动和培育其他社会组织，激发社会组织的活力，使社会组织充分发挥自身力量，推动社会治理现代化建设。

（四）劳动关系的协调者

工会是劳动关系矛盾的产物，协调劳动关系是工会组织的重要功能。劳动关系领域的冲突主要是企业和职工之间的经济利益冲突。和谐的劳资关系不仅关系到职工群众能否在工作劳动中获得充分的劳动权益、劳动回报和自身发展，而且关系到企事业单位能否实现良好运转和发展。工会的维权职能是化解此项矛盾的重要途径。工会组织通过调解劳资利益纠纷，化解劳资关系矛盾，可以实现职工群众和企事业单位双方的互利共赢和利益共享。

三、中国工会在社会治理中的作用

中国工会在社会治理中的作用是其政治性、先进性、群众性的具体体现。"共建共治共享"社会治理格局的构建，需要党领导下的社会多元主体进行有机互动和协同合作。工会组织通过自身的四重角色，带动社会各方力量共同参与社会治理问题，促进社会经济发展成果为社会成员共同享有。

（一）思想政治引领作用

工会作为党领导下的群团组织，不仅是社会组织，还是重要的政治组织，是党联系职工群众的桥梁和纽带，首先担负着对职工和关联社会组织的思想政治引领责任。党和国家要加强对社会各领域的领导，除了借助传统治理体制内的制度机制和组织架构，还要依靠工会等群团组织去贯彻执行各级党政机关的政策方针，协作各项社会治理和公共服务工作开展。

（1）加强工会组织与党政部门的合作。工会作为群团组织，其具体工作的开展需要各种政策和资源，离不开各级党政部门的支持和配合。工会组织通过一

附录：山东省社会科学规划课题《社会治理创新背景下工会枢纽型社会组织的作用研究》（项目编号 17CSHJ11）研究报告

系列治理活动创新，不但将双方工作内容在任务执行上有机结合起来，而且建立起工会组织与党政的各职能部门的联动机制，发挥各方优势和资源解决共同目标。如通过定期联席会议、不定期沟通会议、多方维权领导小组、多方维权指导中心、多元劳动人事争议调解仲裁机制、线上多部门恳谈会等各种制度，使工会组织与政府部门、地方人大、司法部门等建立广泛合作平台，充分整合体制内资源和力量，促进工会与党政部门的协商对话。

（2）引领广大职工群众团结凝聚在党的周围。强化党对社会治理的领导的落脚点和出发点，就是团结广大职工群众共同投身于党领导的中国特色社会主义事业中。党不仅要依靠各级党委组织直接组织、动员和教育广大职工群众，还需要借助工会组织来发挥连接党组织与广大职工群众的纽带作用。工会组织要积极开展党建工作和职工组织工作，充分将职工群众引导和整合起来，确保广大职工群众在参与社会治理中始终跟党走。

（3）在职工队伍中筑牢精神支柱。中国工会具有鲜明的政治性。根据《中共中央关于加强和改进党的群团工作的意见》指示，"党的群团工作是党治国理政的一项经常性、基础性工作"。政治性是群团组织的灵魂。党和工会的关系，"前者是工人阶级最先进的组织，后者是工人阶级的群众性组织，因而工会必须接受党的领导"。[①] 在职工的思想政治引领层面，工会负有直接责任。工会必须明确自身的政治属性和职责定位，增强主业意识和主动精神，主动担当，积极作为。工会的思想政治引领要以习近平新时代中国特色社会主义思想为统领，以社会主义核心价值观为主线，大力弘扬劳模精神、劳动精神和工匠精神，引领广大职工爱岗敬业，把自身的利益同党和国家以及企业的前途紧密地联系在一起，促进职工在理想信念、价值理念、道德观念上紧紧团结在一起，深入实施职工职业道德建设工程，以坚定的理想信念在职工队伍中筑牢精神之基。

（二）促进职工全面发展的作用

作为基数最为庞大的群体，职工群众是广大人民群众的主要部分。目前，我国经济发展过程中出现的劳资关系不平等和不规范，使得职工群体的权益问题成了社会不安定和社会矛盾的重要源头。工会组织产生于工人阶级抗争运动的历史背景，是广大工人阶级群众争取平等权利和维护自身合法利益的产物。在新时代中国特色社会主义的今天，维护职工权益仍然是工会组织的首要任务，"组织起

---

① 中国工运学院．李立三赖若愚论工会［M］．北京：档案出版社，1987．

来,切实维权"是全国工会组织的指导方针。工会组织必须充分利用法律手段和行政资源,通过各种方式来维护职工群体的合法权益,通过维护权益去化解社会矛盾,通过社会矛盾化解去维护社会稳定,让各行各业的职工群众能平等共享治理成果,并通过劳动竞赛、劳模工匠选树、产业工人队伍建设等举措,搭建职工成长平台,实现单位发展与个人发展相结合,借助工作平台满足职工自我实现和全面发展的需求。同时工会要通过开展就业培训(包括技能培训和创业培训),提升劳动者的职业素质;通过集体协商、民主管理等手段积极参与工资分配和社会保障,推动企业建立工资共决机制,解决分配领域中的不公平问题;通过协助政府劳动执法部门监督检查企业的劳动安全卫生情况,以及组织职工群众参与查隐患、堵漏洞、献良策、保安全等安全管理创新竞赛活动,督促企业不断改善劳动条件;通过精准帮扶帮助贫困职工解决制约发展的物质和精神障碍;通过普惠服务特别是学习资源服务,不断满足职工的全面发展需要。

(三)枢纽协调作用

社会管理是一个社会协调、多元参与的过程,统筹、协调、联系、引导是工会作为枢纽型社会组织的四大基础功能。工会作为枢纽型社会组织,需要协调好社会组织与工会、社会组织与党政、职工和企业、社会组织与职工以及各类社会组织之间的关系,培育、扶持和规范管理社会组织,确立社会组织在社会治理中的主体地位。在多元化的社会治理模式中,政府、工会、企业、其他社会组织分别承担着不同的角色,而每个部门都活跃于自己所擅长的领域。将不同部门的资源和专业知识整合在一起,共同面对公共议题,是解决公共问题的最佳办法。政府与社会组织的合作互动是社会治理的现实需求。工会的枢纽协调作用具体表现在以下三个方面:

1. 资源整合作用

与行政系统的科层制不同,社会组织是扁平化的组织架构,其活动方式是开放式的互动,为改变现有组织之间沟通碎片化的局面,社会组织需要一个平台做支撑,从而实现长效互动、精准治理。工会作为枢纽型社会组织便承接了这个职能。工会作为枢纽型社会组织,其首要功能就是"聚力",在业务上发挥龙头聚合作用,为政府与社会组织之间搭建了协同合作的枢纽平台。社会组织通过承接政府职能,参与社会管理和服务,推动各级政府优化政府职能,重新定位政府角色;而政府通过职能转移实现社会权力的回归和政府角色的转换。工会牵头,吸纳、凝聚诸多社会资源和社会力量参与社会服务,如帮扶困难职工、为职工提供

附录：山东省社会科学规划课题《社会治理创新背景下工会枢纽型社会组织的作用研究》（项目编号 17CSHJ11）研究报告

培训就业服务等，或通过承接政府委托项目、政府购买社会服务，然后转移给有能力的社会组织，从而加强工会与其他社会组织的互动，实现协同治理。

2. 枢纽引领作用

以枢纽型组织身份培育和引导社会组织是工会组织的重要任务。党的十九届四中全会指出，要"发挥群团组织、社会组织作用，发挥行业协会商会自律功能"①，夯实基层社会治理基础。当前社会组织在社会治理的协同参与中，遇到了机制失灵、能力不高、资源缺乏、组织不健全、行为不规范、参与空间狭小、准入管控过死、协作不足等低效化、碎片化、失范化问题。工会组织作为枢纽型社会组织，可以充分发挥引导者、协调者、管理者、培育者的作用，以更加专业、更加合理的方式实施管理，整合领域内社会组织和志愿资源，形成集约效应并避免多头治理，加快社会组织成长和吸纳自发性的草根组织，推动相关社会组织依法参与社会治理。

在多元化的社会治理主体中，社会组织是社会治理的中坚力量。然而实践中，我国的社会组织却存在规模小、自我发展和建设能力不足、社会服务能力弱、诉求无法整合等问题，缺人缺钱缺政策的现实局面严重影响了社会组织治理能力的发挥。社会治理的推进迫切需要培育和发展社会组织，工会作为枢纽型社会组织需要着力"解决社会转型面临的多元组织分化散乱、组织管理体制涣散僵化、部分地区社会组织创新发展等问题"，②规范、引导、整合、孵化、管理社会组织。工会作为枢纽型社会组织对其他关联社会组织的培育孵化，既是使命也是自身组织价值认同和提升的过程。工会可以通过制度引导和资金引导的方式对关联社会组织施加影响。而关联社会组织借助工会这个枢纽平台，一是可以获得资金和人才支持，增强自身的实力和专业水平，从而提高服务社会的能力；二是可以获得业务指导、承接工会的项目，如劳动就业、技能培训、养老助残、扶贫帮困等，提升其社会影响力；三是可以建立与其他社会组织的长效互动，取长补短，共建共享共同成长；四是可以较快得到自身利益诉求的回应，获得更多扶持和帮助，推动社会组织的良性发展。

---

① 中共中央关于坚持和完善中国特色社会主义制度 推进国家治理体系和治理能力现代化若干重大问题的决定［N］.人民日报，2019－11－6：1.

② 单友方，单丽.枢纽式治理：城市基层社会治理的新发展［J］.江苏省社会主义学院学报，2019（3）：73－76.

3. 劳动关系协调作用

劳动关系的协调实质是一个利益协调的过程。利益需求多样化是社会经济发展的现实问题，如何建立公平合理的社会利益格局是我国社会治理面临的挑战。劳动关系领域利益的冲突主要是企业和职工之间的经济利益冲突。劳动者与企事业单位之间的利益关系主要表现为经济关系，而经济关系受多重因素的影响具有复杂性。尤其是互联网时代，不仅培育了新兴业态，也催生了"不求所有、但求所用"的新型用工模式，传统的劳动关系受到极大的挑战。司法实践中，劳动仲裁、劳动监察、劳动诉讼是解决劳动纠纷的三驾马车，工会在处理劳动争议中的作用主要体现在调解和仲裁两个阶段，工会在其中既是参与者也扮演着独立的角色。而劳动立法的滞后为工会创新劳动者维权模式提供了完善的空间，如通过网上集体协商、平台集体决策等协调模式，代表职工与企业就工资、工时、劳动保护、生活福利、职工培训、保险及用工制度等问题通过平等协商签订集体合同，科学地解决了企业与职工利益关系的调整问题，更有利于构建和谐的劳动关系。

虽然工会没有权力直接分配社会利益，但是作为枢纽型社会组织，工会在利益导向、利益表达、利益整合和冲突调处等方面可以有所作为。首先，利益导向实质是一种价值引领，在利益分化的现代社会，工会通过发挥其组织优势和政治引领的功能，引导各方社会利益主体（职工、企业和关联社会组织）树立良好的利益需求和整体利益观念，是协调利益关系的前提。其次，畅通利益表达渠道，工会通过建立智慧型平台，构建规范的信息沟通机制，积极回应社会需求，引导社会利益主体合法、理性地表达诉求，提供协调各方利益关系的途径。再次，利益整合是在承认利益多样化的基础上，集合相同的利益诉求、协调不同的利益需求，并反馈给有关部门，通过风险防范和预警机制，避免利益冲突和矛盾的激化。最后，工会的维权职能是化解劳动关系利益冲突的重要途径，工会通过与政府、人大等相关部门建立劳动争议调解、维权工作联动机制等把职工权益维护和劳动关系协调与企事业的良好发展有机结合起来，共同推进社会经济的共享发展。

综上所述，在社会治理创新的背景下，中国工会具有四重身份和使命：职工利益的代表者、党和国家政策的坚定维护者和推动者、社会组织的枢纽运行者、劳动关系的协调者。这四重身份和机制就使得中国工会拥有了更为广大的使命和担当。工会通过其利益协调和社会管理职能的发挥，凝聚社会资源、整合社会诉求、实现社会协同，不断提升其在社会中的公信力和凝聚力，把广大职工群众和社会团体紧紧团结在党和政府周围，开拓了社会治理新局面。

附录：山东省社会科学规划课题《社会治理创新背景下工会枢纽型社会组织的作用研究》（项目编号 17CSHJ11）研究报告

专题报告二　我国工会向枢纽型社会组织转型的现状分析——问题、机遇和挑战

一、工会向"枢纽型社会组织"转型的实践探索

社会治理多元共治体系形成的关键在于政府的职能转型和社会自治主体的发展壮大，通过培育和发展社会组织、激活社会资源，形成承载公民利益诉求表达渠道的社会自治组织。"枢纽型"社会组织便是在创新社会治理的背景下提出来的，其意义在于建立由国家主导调整的国家与社会间的利益传递机制，增强社会组织的自身力量。在此理念指导下，北京、上海、广州、南京等地开启了把工会打造成枢纽型社会组织的实践探索。

（一）北京模式

1. 政府顶层设计

2008 年北京市委、市政府出台的《北京市社会建设实施纲要》《关于加快推进社会组织改革与发展的意见》等文件中，明确提出构建社会组织"枢纽型"工作体系的工作思路。2009 年 3 月，北京市认定了市总工会等第一批市级"枢纽型"社会组织。2009 年 6 月北京市总工会出台的《北京市总工会关于建设三级服务体系的实施方案（试行）》提出开始推动"服务型工会"建设布局①，增强工会在联系同类别、同性质社会组织服务社会中的枢纽作用。2013 年北京市总工会发布《关于进一步完善工会三级服务体系运行机制的实施方案》，这一文件详细规定了工会在这三级服务体系上的具体运行机制和服务目标，规定北京市工会三级服务体系是依托各级工会组织建立并推动工会工作落实和服务职工的工作平台，是工会联系和服务职工的窗口。

2. 运作模式

北京市工会三级服务体系目前具体的运行机制如下：成立工会三级服务体系工

---

① 即建立完善由市职工服务（帮扶）中心、区县（含北京经济技术开发区）职工服务（帮扶）中心和街道乡镇工会服务站构成的覆盖地方的三级服务体系。

作领导小组；每年不定期组织召开工会三级服务体系领导小组办公室成员单位工作会议；三级平台在业务上合理分工，上级平台指导并服务下级平台。其中一级工作平台是市职工服务中心，即市总工会相关职能部门、产业工会和下属单位开展直接服务职工的工作平台。其服务项目有10项，主要包括以"12351"职工服务热线和职工服务网为载体发布信息、接受咨询、办理事务；建立会员信息数据库；为职工提供法律援助、劳动争议调解，接待职工来访、提供职工技能大赛服务、职业介绍、职业培训及为工会会员办理京卡·互助服务卡，拓展和丰富京卡·互助服务卡承载的服务项目等。二级工作平台是区县和局、集团、公司、直属单位职工服务中心，为区县和局、集团、公司、直属单位职工服务中心开展直接服务职工的工作平台。其服务项目有8项，主要包括建立所属区域职工基本情况数据库，劳动争议调解服务，困难职工帮扶，技能培训等及承办"12351"职工服务信息平台事务件派单，为职工提供咨询和求助服务，还有为工会会员办理京卡·互助服务卡，拓展京卡·互助服务卡承载的服务项目。三级工作平台是工会服务站和职工之家，落实街道乡镇总工会、基层单位工会组织直接服务职工的各项服务内容，其服务项目有9项，主要包括建立职工动态数据库，推动区域内单位工资集体协商，接待职工来访，提供法律服务，技能培训，职工疗休养，为工会会员办理京卡·互助服务卡，拓展互助服务卡承载的服务项目及承办"12351"职工服务信息平台事务件派单。

北京市工会的这种三级服务体系的枢纽型社会组织模式在工作实践中的主要特点，其一是扩大覆盖，增进联系[1]；其二是打造公益品牌，促进维权作用发挥[2]。北京市的工会三级服务体系作为新时期工会服务职工、开展工会工作的一个新的平台，直接推进落实对职工个人和会员服务的信息采集、服务项目开发、互助保障、法律服务、职业介绍等主要服务工作。市总工会要求各级工会要统一思想，提高认识，为服务平台运行提供有力支持和保障。各相关单位为本级工会服务平台建立稳定的经费投入机制，保证其尽可能多地搭载服务项目。北京市工会三级服务体系的建立，为工会组织和党政、社会、职工之间搭建了桥梁，整合各方资源，有力地推动了工会工作的社会化，增强了工会组织的凝聚力。

---

[1] 如截至2011年9月，北京市总工会推动"服务型工会"建设，建立了19个职工服务（帮扶）中心，532个工会服务站以及大量基层组织，覆盖近400万工会会员。

[2] 如北京市总工会与人力社保、信访、司法、法院等部门建立解决劳动争议的六方联动机制，在区、街道和局、总公司，各企业普遍建立劳动争议调解中心、劳动争议调解室等调解组织，综合运用法律、政策、经济、行政等手段，预防和化解矛盾纠纷，真正形成了一种社会化的调解格局。

附录：山东省社会科学规划课题《社会治理创新背景下工会枢纽型社会组织的作用研究》（项目编号 17CSHJ11）研究报告

（二）上海模式

上海市工会以群团改革为契机，探索了一条不同于北京模式的工会枢纽型社会组织的改革之路。其总体思路是：以工会去行政化为问题导向，理顺工会的职能定位，优化工会的组织体系，构建全面覆盖的职工服务工作机制，推动工会工作的社会化，加强对相关社会组织的培育和引导。

1. 职能定位

根据上海市群团改革方案，上海市不同层级工会的职能定位是不同的。市区总工会的定位是统筹性，负责编制工作规划，统筹搭建各类平台资源；街道、镇工会定位为枢纽型，负责平台运作、衔接协调、推进项目的运作；行业、区域工会定位为端口型，负责信息收集、项目反馈，推动组建工会，提升职工和工会干部素质；企业工会定位为服务型，负责维护和代表职工的权益。在重构各级工会职能的基础上，上海市工会调整了各级工会的机构设置。通过整合部门职能，精简机构，推进管办分离、政事分开，强化工会服务职工和群众的职能。在工会干部队伍建设上，打破行政体制，实行专兼挂结合的干部管理模式，解决工会干部代表性和专业化不足的问题。

2. 运行机制

上海市工会实施以职工为中心的全覆盖的服务工作机制。一是普遍建立"小三级"工会①，创新企业外职工入会方式。以"哪里有职工，哪里就有工会"为理念，依托平台建设，探索企业外职工的入会方式，吸引非典型就业职工入会，在弱势群体保护、困难帮扶、职工培训等方面创新服务方式。二是优化工会的维权机制，从"零门槛"的法律援助机制到精准帮扶的普惠机制，通过整理各方维权资源，提升工会的维权专业性和服务职工的能力。三是推动工会工作的智慧化。通过整合各级工会网络服务系统，以职工需求为导向，及时收集职工诉求，建立舆情研判机制，拉近职工和工会的距离。四是加强对相关社会组织的培育和引领，推动工会的社会化。如2013年成立的"上海浦东公惠社会工作服务中心"便是承接政府职能、整合三方资源、服务职工的全国工会系统中的首家民办组织。该服务中心以项目化运作、多元化合作、契约化承接、专业化服务、集约化评估等市场化的运作模式，打破了传统的行政化运作体制，能够更好地服务职

---

① "三级法人、三级预算和三级目标体系"的"小三级"工会，即街道、开发区总工会，区域性、行业性工会联合会、企业工会或联合工会。

工、服务社会，拓宽了工会服务职工的范围和路径。工会对相关社会组织的培育和接纳，有利于提升工会在社会治理中的作用。五是组织动员全市职工建功立业，增强工会的先进性。通过高技能人才选树机制（如"浦东工匠"）、创新职工技能竞赛等活动，营造职工干事创业、争当劳模的工作氛围，建设一支知识型、技术型的高素质职工队伍。

（三）广东模式

广东省建设工会枢纽型社会组织的模式兼具北京和上海的部分特征，同时也具有自己独特的特色。其最大特色是突出了工会枢纽型社会组织的联动作用。

2012年5月，广东省第十一次党代会明确指出要"把工会等群团组织打造成为枢纽型社会组织"。广东省总工会担负起"打造'枢纽型'社会组织"的重任。2012年5月16日，由广东省总工会牵头筹建的地方性、非营利性省级社团——"广东省职工服务类社会组织联合会"成立，该机构的组成人员包括研究机构、社会组织和专业人士。[①] 作为枢纽型平台，联合会的主要任务是承接政府转移的社会服务，通过加强与相关社会组织[②]的联系，孵化、培育其他社会组织。2012年8月广东省总工会发布了《关于进一步加强工会构建"枢纽型"社会组织体系工作的意见》，文件将工会定位为枢纽，联合会定位为工作平台，以培育职工服务类社会组织为目标[③]。该意见在广东省各地市得到了落实。

广东省总工会对工会组织的职能定位为工会的实际运作积累了丰富的体制内资源。各地市工会成立了职工服务类社会组织联合会，形成了"1+2+N"的工作格局[④]和"工会+社工+义工"的三工联动的社会化、专业化、项目化的管理模式[⑤]，将工会组织、工会社会工作者和相关义工机构的人员和组织力量进行有机整合，建立三方联席会议，有力地提升了工会在社会治理中的作用。通过对广

---

① 截至目前，联合会包括34家团体会员和55名个体会员，包括职工类协会、公益服务组织、法学研究机构、行业协会、社会律师、专家学者、新闻工作者等，共有20个NGO或职工服务民间组织加入备案团体会员行列。

② 所谓相关社会组织，主要包括工商经济类、社会服务类、群众生活类和职工服务类社会组织。

③ 广东省总工会. 广东省总工会关于构建枢纽型社会组织工作体系的指导意见 [EB/OL]. 2012-8-29. http://www.gdftu.org.cn.

④ "1"指建立1个既有群团组织又有社会组织特征的、涵盖服务职工和服务相关社会组织的枢纽型社会组织体系；"2"指两个服务平台，一个是升级的"职工服务中心"，另一个是"中山市职工服务类社会组织联合会"；"N"指与社会组织合作开展的职工服务项目以及联系的社会组织若干。

⑤ "三工"中的工会，是指工会干部，也指工会组织；"社工"即工会社会工作者；"义工"指义务志愿者。

附录：山东省社会科学规划课题《社会治理创新背景下工会枢纽型社会组织的作用研究》（项目编号 17CSHJ11）研究报告

东的职工服务类社会组织联合会的运行状况分析发现，在组织上，各地联合会与工会分管部门合署办公，联合会组织的成员如理事长、秘书长等多是由同级工会组织成员兼职；在成员构成上，进入联合会的多为工会系统的协会，相关社会组织较少；运作模式主要有两种：一是通过工会自有资源，筹建"职工服务中心""困难帮扶中心"等，直接服务职工，二是通过购买社会服务项目的形式建立"职工律所服务团""职工心理咨询服务中心"等服务职工；在运行资金的来源上，联合会为吸纳更多的社会组织一般不收取会费，而是通过各市总工会拨付、行业企业赞助、承接政府转移的社会服务或社会创新项目等获取运转资金。广东省各地总工会通过联合会这种枢纽形式，联合了更多的社会组织，在一定程度上创新了服务职工的工作机制。然而，目前广东工会联合会枢纽组织的工作模式存在不足之处：一是独立性不足，其负责人和工作人员为工会现职人员兼任，工作内容与工会在相当大程度上是相互嵌入和重叠的。既缺乏专门人才和专业队伍，也不能保证专项资金投入。二是功能发挥受限，按照省总工会的定位，联合会仅仅发挥了联系并吸纳一些服务类社会组织的中介作用，对其他类型的社会组织如维权类的社会组织联系不够，在业务指导、培育引领等方面也是不足的。受广东省各地市经济发展水平不平衡的制约，省总工会只出台了一个指导意见，但具体怎样建设，各地工会没有达成共识，因而联合会在各地的发展并不均衡。由于缺乏的顶层设计，广东省没有形成统一的工会品牌效应。

（四）南京模式

南京市总工会是南京市各级工会组织的领导机关，在建设枢纽型社会组织过程中形成了自身的鲜明特色，具体表现有四个方面：其一，工会工作的网格化。南京市总工会构建了多元化的网格工作模式，一是建立全覆盖式的社区工会，二是建立不同的产业行业工会。其二，合作化的工作平台。工会积极与党政相关部门配合推动工会工作的顺利开展，例如工会与社会建设工委的合作，实现了资源的共享；与司法部门的深度合作，南京市总工会成为南京市司法局管辖下的南京市法律援助中心的职工权益分部，扩大了工会的服务范围，并建立了法律援助团，聘请当地优秀的律师和司法、法院、人社、信访等专业人员参与。其三，标准化的制度规制。南京市工会切实落实国家赋予工会的制度规制，维护法规制度的权威，还及时把好的具体实践经验固化为制度，如维权成本高的工伤案件、农民工讨薪案件，南京市工会和法院、人社联合发文，规定只要是工会呈送的案件实行三快，即快速受理、快速审理、快速判决执行，以确保枢纽型社会组织的服务更有效率,切实提升了服务职工的速度。其四,人性化的职工关爱。南京市成立心理健康中心,普及、开展心理教育。关注民生,加强困难职工帮扶、就业定向招聘、民工权益维护、创业扶持等工作机制。

目前南京市工会的这套枢纽型组织的运转机制,在取得成效的同时,也在实践中遇到了新问题。比如,工会成为枢纽型社会组织面临的主要障碍是自身资源和手段不足、协调能力不够;工会的资源(如经济资源、人才资源、行政资源等)不足,缺少资金支持,工作很难开展到位;工会工作人员在工会枢纽型社会组织的观念上尚未形成共识,工会人才资源不足等。

二、工会向枢纽型社会组织转型存在的问题分析

(一)工会向枢纽型社会组织转型存在的理论问题

1. 工会"去行政化"改革与工会枢纽型社会组织地位的矛盾

工会的行政化表现在其组织人事制度和运行方式、经费管理等方面,这源于计划经济模式下的工会工作惯性和新《工会法》对工会职责中维护全国人民总体利益和维护职工合法权益的"双重维护"规定的模糊性,特别是两方利益不一致时,工会不能够旗帜鲜明地站在个体职工权益一方。行政化的一个隐性表现就是仅仅利用行政资源开展工会工作,对职工权益的服务范围和服务能力都大打折扣,进而导致工会脱离群众,影响到我党的执政之基。工会行政化是制约工会回归社会组织基本属性的最大障碍。所以工会组织要更好地完成其在社会治理新形势下的基本职能,必须"去行政化",其必由之路就是工会向枢纽型社会组织转型。

工会具有的独特优势和承担的社会职能是向"枢纽型社会组织"转型的必要条件。然而工会"去行政化"的改革使得工会在社会治理中陷入了公信力流失的困境。因为"非营利组织公信力的保证首要的是政府的因素,最后才是组织自身的自律"。[①] 工会在社会治理中作用的强弱与其信用资源的掌握程度成正比,而信用资源的掌握程度则依靠其与行政机关的隶属关系。"去行政化"对工会在社会治理的地位和作用而言,最大的冲击就是公信力受到质疑,最终导致其社会职能无法推进。如何确保"去行政化"不会使工会在社会治理中的公信力受到

---

① 李虹. 论非营利组织社会公信力的建设 [J]. 上海交通大学学报(哲学社会科学版), 2003 (1).

附录：山东省社会科学规划课题《社会治理创新背景下工会枢纽型社会组织的作用研究》（项目编号 17CSHJ11）研究报告

质疑，是一个需要在法理上予以分析解决的问题。

政府与工会之间关系的变革，有赖于宪政制度中的国家与社会之间的权力配置、国家治理和社会自治的合理分工。在政府与工会之间关系的问题上，应当首先明确政府的职责是支持工会的独立地位，而不能将工会作为政府的"另一只手"。其次，工会履行枢纽型社会组织职能的联系地位，要有本地政府的正式"认定"。特别是工会承接政府的部分职能应当有明确的法律依据或行政委托授权，为其作为枢纽型社会组织的公信力提供法律保障，否则就是越权行为，其行为的公信力也就大打折扣。

2. 工会枢纽型社会组织的垄断地位与培育其他社会组织功能的矛盾

枢纽型社会组织的法团主义特性，使其垄断性特征备受质疑。然而，无论是枢纽型社会组织的设立还是运行都需要依附于其在领域内的垄断地位，即在业务上，社会组织要处于龙头地位和垄断地位，否则就不具备枢纽型社会组织的设立条件。在运行过程中也是领域内的代表其他社会组织通过枢纽型社会组织向政府表达诉求，从而增强利益表达的代表性和合法性。因此，如果不对枢纽型社会组织的"垄断"行为设定底线，使其制度化、有序化，就很有可能遏制其他社会组织的发展空间，例如在培育孵化具有社会功能的草根社会组织时可能具有不公平选择倾向，有利于凸显工会组织成绩的民间组织得到支持，契合社会需要但短期内不能出显著服务效果的社会组织得不到资源支持等，而这与工会向枢纽型社会组织转型的目的和初衷是相违背的。

工会与其他社会组织的关系，有赖于国家从顶层设计上健全社会组织法律体系，明确对其他社会组织培育和扶持的范围和标准，使各项措施制度化、具体化，推动社会组织在社会治理中的共建、共治、共享。工会与其他社会组织的关系既是管理关系，更是服务、引领、培育的关系。由于工会枢纽型社会组织的构建多是自上而下进行的，工会枢纽型社会组织的功能定位需要各级政府从顶层设计上予以明确，使国家治理和社会自治的分工清晰。而工会枢纽型社会组织内部也要不断完善管理制度，提升治理能力，以实现其运行制度和机制的规范化、合理化，预防制度不透明可能导致的垄断管理行为，进而达到充分吸引、凝聚和服务社会组织发展完善的功能。

（二）工会向"枢纽型社会组织"转型中存在的实践问题

1. 工会作为枢纽型社会组织的功能与目标不匹配

工会作为枢纽型社会组织既承担着代表职工利益、承接政府管理的社会职能，同时还承担起了联系、引领、管理和孵化培育其他同类别、同性质、同领域的社会组织的职能。然而实践中，工会整合社会资源、承接政府职能的初衷往往只是为了更好地服务职工，缺乏对其他社会组织的培育和发展的思考和统筹设计。虽然全国总工会已经出台了《关于推进工会联系引导劳动关系领域社会组织工作的意见》，但是实践中还未形成成熟可推广的做法，很多地方工会只是承担了联系关联社会组织的平台功能，与孵化、培育、管理等目标定位不匹配。例如工会"枢纽型"社会组织应该如何更好地了解同类社会组织的需求，收集社会组织的意见，推动政府加大对社会组织的扶持力度，培育、孵化专业化的服务职工的社会组织等问题，均需要统筹的制度设计。

2. 工会作为枢纽型社会组织的治理能力不足

（1）相关工作人员素质尚达不到枢纽型社会组织专业化、社会化的要求。现代社会的高度专业化与风险性特点，要求相关工作人员应具有较高的专业化能力。而面对现代产业、行业的细化与复杂性，职工权益维护的多元化，由于专业人才储备不足，工会无法提供针对性服务，工会工作的专业化不足。

（2）工会作为枢纽型组织的运转机制不够健全。工会作为枢纽型社会组织，其工作内容具有公益性，所以需要有组织的扁平化和制度规范的透明化建设。而从前述现状调研来看，部分地方的工会枢纽型组织运转机制尚难以担起工会构建枢纽型社会组织平台和载体的重任。工会枢纽型组织在转型和运作过程中，其组织能力和组织结构均没有得到实质性的突破，仅仅是联系了一些相关的社会组织。而对于同类的社会组织而言，仅仅是在形式上多了个平台，自身治理能力和资源上并未得到实质性的改变。受资源的掣肘，某些地方的工会枢纽平台在联系其他社会组织时，不是力争更多，而是能少就少。工会与其他社会组织的关系应是引领与合作的模式，而不是行政命令的模式。这就需要各级工会组织改变工作作风，扬长避短，可以通过成立枢纽型组织平台的理事会制度，使参加其中的同类社会组织获得较公平的发展支持，扩大工会枢纽型组织的影响范围，凝聚更多的社会自治力量。

三、工会向枢纽型社会组织转型的机遇和挑战

（一）工会向枢纽型社会组织转型的机遇

1. 有利于工会社会组织角色的回归

中国工会是中国共产党领导的职工自愿结合的工人阶级群众组织，作为体制

附录：山东省社会科学规划课题《社会治理创新背景下工会枢纽型社会组织的作用研究》（项目编号 17CSHJ11）研究报告

内最大的社会组织，其政治性、先进性和群众性决定了工会参与社会治理的必然性。工会作为党和政府联系群众的桥梁和纽带，向枢纽型社会组织转型，是其原有功能和角色的回归。通过在运行机制上去机关化、行政化、贵族化，找准定位，转变角色，有利于提升其代表性（群众性）和对职工的凝聚力，推动工会工作的社会化和专业化。

工会向枢纽型社会组织转型，必然会借力于其他社会组织，且比普通社会组织拥有更多的枢纽特质。一是在组织体制上具有政治的合法性，有参与政府决策的制度化途径，有完整的组织网络。二是在组织职能上，除了法定的维护职能不可取代外，其他服务性功能可以通过职能转移和项目购买的方式让其他社会组织承接，如工会可以借助专业的社会组织，为职工提供职业培训、法律服务、就业指导等。三是在工作经费上有资金的优势，尤其是基层会费采取税务代收后，经费充足，越是层级高的工会经费越多。地方总工会通过购买社会组织的专业化服务的方式，将一些非核心职能转移出去，可以使更多的工会资源流向基层组织，让更多职工享受更多的专业化服务项目。

2. 有利于工会提升服务职工的能力

社会治理是一项系统的工程，仅仅依靠工会的力量，无法满足职工多元的社会需求。工会向枢纽型社会组织转型，有利于发挥其各项优势，加强工会自身建设，提升其服务职工的能力。一是有利于发挥其政治优势，借助政府行政权力，承接政府服务社会的部分职能，通过与政府建立联动机制，将工会工作纳入政府规划，达到协同治理的目的，更好地保障职工的就业权、参与权、发展权和安全权。二是发挥其资源优势，工会作为党联系职工的桥梁和纽带能够实现多种资源的聚合，既包括行政资源（如政府在购买社会服务时的资源再分配），也包括社会资源（如吸纳体制外的维权组织），使工会组织的影响力延伸至社会的各个层面，改变现有社会组织之间碎片化的局面，凝聚和孵化与职工相关的各类社会组织，通过项目化的运作方式，将工会打造成人力、财力、物力等资源聚集、共享的平台，更好地维护职工的切身利益。

3. 有利于工会提高其社会地位

工会在政治上发挥桥梁纽带作用，在职工维权主业上处于龙头地位，拥有天然的枢纽特性和潜质。习近平总书记指出"坚持全心全意依靠工人阶级，充分发挥工人阶级的主力军作用，这是我们党的一个突出政治优势，也是中国特色社会主义的一个鲜明特点"。① 相比较其他社会组织,工会具有较强的政治优势和社会优势,享有《工会法》授权的合法地位,既对党政中心工作了然于心,又对各领域社会组织的运行规律有所了解,可以更广泛地整合不同利益的诉求,通过构建自下而上的民意表达机制和利益沟通平台,引导职工理性表达诉求,缓解社会矛盾,增进社会的利益共识。工会通过其利益协调者和社会管理职能的发挥,不断提升其在社会中的公信力和凝聚力。从组织体系上看,我国的工会组织覆盖全国,从全国总工会到省市县各级工会,从地方工会到产业工会、基层工会,只要有职工的地方,就有工会。枢纽型社会组织的构建,为工会组织提供了"形象重塑"的良好契机,能够充分发挥工会的组织动员优势,把广大职工群众紧紧团结在党和政府周围,带领广大职工投身社会主义建设事业,开拓社会治理新局面。

(二) 工会向枢纽型社会组织转型的挑战

1. 经济社会转型的社会因素

近些年来,随着改革开放不断深化,我国经济社会结构出现巨大变迁,这不仅促使人们在日常生活中对政府公共服务提出了更多要求,而且也使社会治理在利益和价值分化的状况下变得愈加复杂。在基层社会治理问题中,与工会工作相关的一个突出现象是,区域经济快速发展和产业转型升级导致无数大小企业关停变改增,对普通职业群众的工作生活产生了很大影响,他们的自身权益以及其他困难问题如果没有体制支持难以通过个人力量去解决,特别是农民群体在权益维护和社会服务获取方面仍然属于弱势群体。不过,许多地方基层政府却没有找出社会问题的症结,长期以维护社会稳定和政治安全为目标,缺少对职工群众的法律支持和社会服务,限制了各级工会组织的作用发挥。无法忽视的是,广大职工群众在现代化建设浪潮中民主思维和权利意识快速觉醒,群体组织中产生了维护自身权益并参与社会治理的趋向。不少东南沿海地区已经出现境外势力扶持的各类维权组织将职工群众组织起来但本土的群团社会组织和基层职能部门行动低效的尴尬局面,这无疑对党和国家的政治管理和社会治理造成了巨大挑战。

2. 工会社会治理能力的考验

工会向枢纽型社会组织转型,既是对工会在同类社会组织中业务"中枢"

---

① 习近平同志同中华全国总工会新一届领导班子集体谈话 [N]. 人民日报, 2013 – 10 – 24.

附录：山东省社会科学规划课题《社会治理创新背景下工会枢纽型社会组织的作用研究》（项目编号17CSHJ11）研究报告

地位的认可，也是对其自身业务能力的考验。工会在承担好服务社会功能的同时，还承担起了整合社会资源并联系、引领、管理和培育其他同类别、同性质、同领域的社会组织的职能。虽然后一职能的发挥对前项职能和工会自身的建设具有很大的促进作用，但工会也因此增加了新的社会服务对象，即社会组织。如何与社会组织之间加强联系和协作，凝聚社会资源、整合社会诉求，将社会组织的意愿诉求纳入制度化、有序化的社会参与轨道，从而形成组织合力，实现社会协同，是对工会枢纽型社会组织社会治理能力的考验。

（1）协调多方利益主体的能力。工会向枢纽型社会组织转型，需要协调好社会组织与工会、社会组织与党政、社会组织与职工、各类社会组织之间的关系。一方面工会是职工的利益代表者，另一方面工会是党政机关的执行者，同时工会还是社会组织的枢纽运行者。在多元化的社会治理主体中，社会组织是社会治理的中坚力量。然而实践中，我国的社会组织却存在规模小、自我发展和建设能力不足、社会服务能力弱、诉求无法整合等问题，缺人缺钱缺政策的现实局面严重影响了社会组织治理能力的发挥。社会治理的推进迫切需要培育和发展社会组织，工会枢纽型社会组织需要着力"解决社会转型面临的多元组织分化散乱、组织管理体制涣散僵化、部分地区社会组织创新发展等问题"，[①] 凝聚各类社会组织，整合政府、社会和市场组织资源，激发群众参与热情，从而增进社会组织对社会事务的服务能力。

（2）国家顶层制度机制的完善。目前，工会转型为枢纽型社会组织尚处于探索阶段，具体的职能权限、资源调配机制、评价机制、监督机制等问题尚未达成共识，缺乏顶层设计。一方面，工会转型为枢纽型社会组织是国家社会治理的一部分，需要政府的配套制度和政策支持，而这些都尚不完善。另一方面，我国社会组织的发展还处于初级阶段，培育、扶持和规范社会组织发展的政策法规尚不够健全，政府和社会组织的关系都需要进一步理顺。因而，工会向枢纽型社会组织转型需要发扬改革创新精神，集聚各方智慧，开拓社会治理新格局。

---

① 单友方，单丽. 枢纽式治理：城市基层社会治理的新发展［J］. 江苏省社会主义学院学报，2019（3）：74.

专题报告三 社会治理创新背景下工会向枢纽型社会组织转型的实现路径

工会作为党领导下的群团组织,是党联系职工群众的桥梁和纽带,担负着代表职工协调劳动关系、促进社会和谐稳定的重任。2014年12月中共中央出台的《关于加强和改进党的群团工作的意见》要求,"以工会为代表的群团组织要通过改革实现群团工作的理论创新、实践创新和制度创新"。因此工会改革的方向是顺应国家提出的群团组织改革要求,通过制度创新构建自身的枢纽型社会组织功能。其中"以群众为中心""赢得群众",是工会改革的出发点;运行机制是工会组织改革的核心,重点是加强工会的维权改革,使其回归职工权益维护者的角色,这也是现实社会对工会组织的迫切要求。工会转型为枢纽型社会组织,一要调整其身份定位,强化枢纽型社会组织的服务特征,代表其所联系的社会组织及时与党委政府沟通,反映诉求,表达利益,重构与政府的合作关系,提升工会在所属领域的群体认可程度,提升对社会组织的感召力和凝聚力。二要着重抓好维权主业,处理好维护与服务的关系。在"维护"职能上,进一步明晰工会服务对象是劳动领域的职工个体,通过引领好各种劳工维权组织,借助政府的经费资源、人力支持、大量信息,以及由政府组织的资方、劳方与工会的联席会议,实现信息通报和工作联动,构建协调劳资关系,维护职工利益,提高专业化维权水平,彰显工会在职工维权上的独特地位。而对于具有替代性的服务功能,可以通过委托、购买、合作等市场化方式转移给其他社会组织。最终,通过工会的枢纽型组织体系改革,激活工会群团组织自身改革和能力建设的内在动力,激发工会干部的创新思维,创造一批工会品牌,重塑工会履行社会维护职能和发挥社会枢纽型组织作用的良好新形象。

工会向枢纽型组织转型涉及政府、工会和其他社会组织三个层面,政府的认可、扶持、监督和引导是工会顺利转型的前提,工会枢纽型组织的作用发挥离不开工会自身能力的建设和政府与社会的支持与配合。

附录：山东省社会科学规划课题《社会治理创新背景下工会枢纽型社会组织的作用研究》（项目编号17CSHJ11）研究报告

一、国家要培育和扶持社会组织的发展

党的十八届四中全会强调，要加强社会组织立法，规范和引导各类社会组织健康发展。这为工会作为"枢纽型社会组织"参与社会治理提供了新的战略机遇。在加快建设社会组织现代管理体制的背景下，政府需要摒弃管制主义策略，具体措施为强化培育理念，推动社会组织承接政府转移的职能，加大工会赋权，拓展其他社会组织的生长空间。

我国的社会转型是政府主导型的，社会组织存在先天发展不足的弱势，因而创新社会治理需要强化政府赋权和积极培育、扶持社会组织的发展。郭道晖先生认为，"基于我国特有的国情，如果要形成法治社会，就需要发展社会组织，而社会组织的发展和壮大又需要国家权力的扶持"。[①] 这就需要运用国家的力量对社会力量进行扶持，以实现国家和社会之间的良性互动。实际上，"包括国家在内的社会组织和其他社会组织都是共生共存的"。[②]

根据党的十八届四中全会的决议精神，培育和扶持社会组织的具体措施主要包含：

第一，政府要做好顶层设计，确保社会组织自主、自治。社会组织管理的精髓在于自治，尽管包括工会在内的（枢纽型）社会组织的发展离不开政府的参与，工会在社会治理中作用的落实，需要发挥党政工各方优势，形成工作合力，但是政府对社会组织干预的权限应当受到限制，尤其是人员配置上，从而一定程度上保持社会组织的自主性和自治性，破除行政化桎梏，激发社会组织活力。

第二，强化培育理念，加大财政扶持、权益保障、税收优惠等各项培育和扶持措施，推动社会组织在社会治理中的共建、共治、共享。德鲁克指出，"为了转变政府职能，激发政府活力，重要的就是培育社会组织"[③]。随着社会经济的发展，社会公众的公共需求不断增长并呈现多元化，而政府提供的公共产品和服务不能满足社会大众对公共服务日益增长的需求，如教育、医疗、养老、文化等。由于非政府组织具有非营利性、公益性和志愿性的特征，可以通过专业、灵活、有效的服务满足社会多样化、专业化、个性化的需求。推动政府向社会组织

---

① 郭道晖. 法治国家与法治社会、公民社会［J］. 政法论丛，2007（5）.
② 米格代尔. 社会中的国家：国家与社会如何相互改变与相互构成［M］. 李杨，郭一聪，译. 南京：江苏人民出版社，2013：58.
③ 德鲁克. 社会的管理［M］. 徐大建，译. 上海：上海财经大学出版社，2006：73.

购买服务，对于增强公众参与意识、激发社会经济活力具有重要意义。工会枢纽型社会组织的枢纽作用之一在于孵化和管理其他社会组织，从而满足社会治理的需要。在此，资金来源是社会组织发展的头等大事，"政府的财政支持和购买服务具有十分重要的作用，然而这样的途径对于社会组织的独立发展非常不利"①。因此在政府加大对社会组织资金扶持力度的同时，也需要拓宽社会组织的资金来源渠道。

第三，健全与完善社会组织法律体系，加大对工会等枢纽型社会组织的赋权。由于我国法律没有就如何支持社会组织做出明确的规定，一些措施只是散见于相关政策文件（如工会系统内部文件）或者是一些部门规章之中，地方政府在确定政策支持的范围和标准上缺乏明确依据。例如，政府向社会组织购买服务是政府激发社会组织活力、明确社会组织职能的重要途径，然而我国目前尚无专门的立法。这就需要我们尽快确立政府支持社会组织的范围和标准，使各种措施具体化、制度化。工会去行政化改革使工会枢纽型社会组织的作用陷入履行的困境，需要通过立法赋权给工会。按照行政法原理，工会作为社会团体可以通过法律、法规授权成为行政主体，履行行政职权，承担行政义务。因而笔者建议通过立法，强化工会组织在社会治理体制中的法律地位，明确规定工会组织的社团化运作定位，在党委领导下加强工会组织的独立性，明确规定工会枢纽型社会组织的地位、作用、权限责任及其履行方式、履行手段和保障措施，政府也需要制定工会枢纽型社会组织承接政府职能的项目清单，为工会充分发挥其枢纽型社会组织的作用保驾护航。

二、推动工会在社会治理中的社会化、法治化、智慧化和专业化

为适应国家社会治理创新的需要，工会向枢纽型社会组织转型应当坚持社会治理创新的理念，推动工会在社会治理中的社会化（共建、共治、共享）、法治化、智慧化和专业化。

（一）推动工会工作社会化

当前，我国工会工作的运行机制呈现被动性的特点，其根源在于工会组织行政化的思维模式。我国基层工会主席多是由上级工会委派，这也造成了工会组织行政化的倾向。工会工作的行政化，导致工会工作一味听从行政安排，群众性和

---

① 刘旺洪主编. 中国县域法治国情调查报告：昆山卷［M］. 北京：法律出版社，2016：67.

附录：山东省社会科学规划课题《社会治理创新背景下工会枢纽型社会组织的作用研究》（项目编号 17CSHJ11）研究报告

代表性不足。国家应从"顶层设计"上推动工会工作的社会化，尤其是基层工会、乡镇街工会、区域性工会工作的社会化。工会也要明确自身角色、妥善处理好与国家、关联社会组织的关系，充分发挥工会政策引导、平台搭建、标杆引领和组织动员的优势，通过聘用、考核等机制激发社会组织活力。

（1）承担好自身的社会公共服务工作。满足职工群众的公共服务需求是工会组织的基本职责，除了维护职工群众在劳动生产活动中应有的劳动保护、福利待遇、劳动报酬、休假休息等权益，还需针对职工群众的生活需要给予基本公共服务，特别是农民工群众和高危特殊行业职工群众，使得职工群体无法在政府部门、社区和其他社会组织取得的服务能够在职工群众自己的组织内取得，比如医疗、养老、文娱、教育、保险等各个方面的服务。各级工会应主动承担社会公共服务职能，坚持职工利益无小事，聚焦与职工群众利益密切相关的社会问题，主动关照职工群众的工作与生活，力求为职工群众提供更加细致与广泛的公共服务。

（2）加强对关联社会组织的培育。以枢纽型组织身份培育和引导社会组织是工会组织的重要任务。党的十九届四中全会指出，要"发挥群团组织、社会组织作用，发挥行业协会商会自律功能"[①]，夯实基层社会治理基础。当前社会组织在社会治理的协同参与中，遇到了机制失灵、能力不高、资源缺乏、组织不健全、行为不规范、参与空间狭小、准入管控过死、协作不足等低效化、碎片化、失范化的问题。工会组织作为枢纽型社会组织，可以充分发挥引导者、协调者、管理者、培育者的作用，以更加专业更加合意的方式实施管理，整合领域内社会组织和志愿资源，形成集约效应并避免多头治理，加快社会组织成长和吸纳自发性的草根组织，推动相关社会组织依法参与社会治理。工会工作采取项目制运作的模式，有利于去除行政化的弊端。因而加强对关联社会组织的培育，将工会工作以项目化的方式向社会组织购买相关服务，并且适度发展竞争机制，有利于整合更多的社会专业资源。通过加强与职工服务类社会组织的联系和合作，进而对其他社会组织施与工会理念和价值观的渗透影响，发挥工会枢纽型社会组织的管理、引领作用。在推动体制外工会专业团队建设的同时，让工会展开的服务工作更具专业化与精细化效果。通过建立社会组织的孵化中心和管理机构，为相关社

---

① 中共中央关于坚持和完善中国特色社会主义制度 推进国家治理体系和治理能力现代化若干重大问题的决定［N］．人民日报，2019-11-06：1.

会组织的发展和行动提供制度保障、物质资源、业务培训、政策引导,并在工作改革中逐步承接相关社会组织的部分管理职能,推进领域社会组织的协同互动和战略发展。

(3) 促进社会治理体制内外多方联动。工会组织的中间身份是沟通体制内外治理力量的关键变量。社会组织自身"官民二重性"使其横跨国家治理体系和社会自治力量体系,可以通过协作机制和组织体系的创新,构建起一个由工会组织、社会组织、政府职能部门、职工群众组成的合作治理网络,有效整合体制内外资源。以往社会组织特别是草根社会组织,之所以难以针对一些职工群众及其他群体关心的问题采取行动或进行治理创新,很大程度上就是受到现有制度的过度管控以及缺乏资源供给,所以只能围绕一些常规性事务做工作。政府力量有机嵌入工会组织的社会治理协同系统,可以为工会组织以及社会组织拓展和深化自身治理参与提供更多的行动空间、制度通道和资源支持。党的十九届四中全会指出,要"实现政府治理和社会调节、居民自治良性互动,夯实基层社会治理基础"。[①] 在社会治理的"放管服"革命下,工会组织要积极承接好政府转移的相关公共服务,以多种形式与企业在职工服务工作上开展合作,构建社会事业的共建网络。各级工会要做好公共服务工作,积极推进自身改革,加强与地方政府、企业等的衔接与协调,建立、完善与人社、信访、住建、公安、司法、法院等部门的信息互通和日常工作沟通协调机制。在加强顶层设计,形成各方联动、整体推进的工作局面的同时,继续推进实践探索创新,不仅加强工会内部各部门之间的协调配合,还要加强生产、保障、基层、法律、服务中心等多个政府部门和企业之间的良性互动,共同提升社会公共服务的供给数量与质量。探索服务提供的内部发包、服务外包、内外分工等多种形式,提升工会组织服务提供的专业化和社会化,形成与企业组织、社会组织、基层工会的动态合作架构。

(二) 引导有序参与,推动工会工作的法治化

国家治理现代化涵盖多个领域,依法治国是国家治理现代化的核心,工会工作的法治化是国家治理现代化的必然要求。新时代社会治理的特点是党领导下的人民民主治理,但是治理民主的实际效用还要依靠一定的治理法治及其规则来保障,真正的治理民主只有在良好的政治秩序和制度规范下才能发挥出完全的正向

---

① 中共中央关于坚持和完善中国特色社会主义制度 推进国家治理体系和治理能力现代化若干重大问题的决定 [N]. 人民日报, 2019-11-06: 1.

附录：山东省社会科学规划课题《社会治理创新背景下工会枢纽型社会组织的作用研究》（项目编号17CSHJ11）研究报告

功效。工会组织要引导和组织职工群众有序参与，通过制度化的平台和渠道行使自身民主治理权利。

（1）充当好职工群众意见传输的制度渠道。充当职工群众意见传输的制度渠道，是工会组织代表广大职工群众利益的重要体现。职工群众作为规模最为庞大的社会群体，对社会变迁和经济发展感受是十分敏锐的和直接的。这一群体的利益诉求往往就反映出了社会发展过程中暴露出的许多问题，需要得到社会治理的行动主体的高度重视和认真对待，特别是一些社会整体的经济生产治理需要依照职工群众诉求进行适当调整。但是，在现实中职工群众的诉求很多往往没有得到有效表达和传递，致使职工群众的利益在经济发展同时受到不少损害而导致其产生抗争行动。工会组织可以利用自身具有的政治资源和制度管道，一方面向政府方面反映职工群众的诉求和传递政府方针对问题的回应，起到一个信息传输的作用，另一方面能发挥社会风险化解和释放社会怨气的安全阀作用，使职工权益的争取或抗争运行在制度规范体系中。工会创新改革要增强政治性、先进性、群众性。群众性是工会的重要属性，如果工会不能够关怀职工群众所需，聚焦职工群众所困，工会存在的意义与价值则沦为虚无。工会作为连接政府与职工群众的桥梁，只有充分发挥其上传民情、下达政令的传输作用，才能够完成其使命，实现其价值。

（2）构建社会治理民主协商的制度平台。工会组织实现和维护职工群众的权益，可以通过民主参与社会治理的政策制定和行动决策来实现，以发挥民主协商的重要作用。在这一参与过程中，工会组织代表职工群众的利益或引导职工群众与相关政府部门、企业方进行交流和沟通，充分表达职工群众自身的诉求和需要，确保职工群众的利益在治理政策的制定和执行中得到维护。通过一定的制度建构和规范规约，工会组织围绕问题解决的临时性协商治理行动，也可以发展为围绕民主参与权利的常态化协商治理机制，使得相关的社会矛盾在协商民主互动中有效解决，培育职工群众的协商意识和行动理性，进而推动社会治理在各领域广泛建立起民主协商机制。

（3）推进社会治理参与行动的法治建设。工会组织作为职工群众民主参与制度化和组织化的载体，以法律制度的形式维护社会治理行动的有序性，为社会治理活动的稳定发展提供了保障。社会治理的民主参与，不仅是为了保障人民群众当家做主的政治权利有效实现，更是为了提高基层社会治理的有效性。然而，社会治理参与一旦演变为无序化、非理性的恶性抗争，不仅会因得不到体制内力量的支持而阻碍重重，而且会因过度的行动冲突而导致新的社会失范和治理问题，最终导致参与行动的目标替代和失败。换句话说，民主参与本来是为了促进社会治理的有效性和精准性，使社会发展更稳定持续，使人民群众的生活更加幸福安康，而无序化的参与状态不仅会破坏正常的政治秩序和治理活动，而且所带来的问题会对社会生活的各领域产生负面影响。习近平就要求各级党委和政府坚决执行《工会法》《劳动法》等法律法规，通过制度建设和机制创新推进工会依法维权的能力、方式和职能发展。因此，工会组织应将广大职工群众有效组织起来，通过制度化和组织化的集体参与形式去实现自身权利和表达诉求，用法治力量去规范和引导职工群众，推动基层治理民主的法治化建设。

（4）健全工会法律法规体系。目前我国工会工作的运行制度和职能的发挥多是根据全国总工会、各省总工会的发文进行的，而这些发文则仅限于工会系统内部查阅，对外并不公开。《工会法》由于缺乏程序法和相关实体法律法规，如集体协商、企业民主管理、职代会等制度的立法，在某种意义上更贴近于法律宣言，严重影响着工会工作的实践效果。例如，集体谈判是工会发挥维权职能的重要途径，而我国法律尚未明确规定企业方拒绝谈判的法律责任。因而健全工会法律法规体系是推动工会工作法治化的首要任务。工会法律法规体系的建立可以从实体法和程序法两个方面推进，以工会的职责（权利义务）为主线，实体法上着重于工会的职能及其相关制度（如《集体合同法》《职工参与决策法》等）以及法律责任（明确政府部门如何"责令改正"，司法部门如何"依法处理"）的立法规范；程序法则是从工会履职的程序上进行设计，包括工会主席的选任、工会组建、工会运作模式、工会参与立法、介入司法诉讼、进行劳动监督等程序的立法规范。在此，工会要增强责任感、提高主动性，有效发挥在人大立法中工会的积极作用，为工会工作创造法治化的工作环境，为构建社会主义和谐社会做出应有贡献。

当前，我国工会法治监督存在多种机构并存、各自为政的局面，亟须整合力量，建立沟通有序的法治监督体系。其中审计监督侧重于财政监督，国家权力监督侧重于社会经济发展的宏观监督，舆论监督侧重于社会公开谴责的监督。总之，工会法治监督应当渗透到劳动关系的每一个角落，切实维护职工的合法权益。如2009年，深圳总工会公开谴责企业非法解雇工会主席的行为[①]，便是很好的工会法治监督实例。司法实践中，劳动仲裁、劳动监察、劳动诉讼是解决劳动

---

① 张玮，西夏风．深圳总工会公开谴责企业非法解雇工会主席［J］．工友，2010（1）．

附录：山东省社会科学规划课题《社会治理创新背景下工会枢纽型社会组织的作用研究》（项目编号 17CSHJ11）研究报告

纠纷的三驾马车，工会在处理劳动争议中的作用主要体现在调解和仲裁两个阶段，工会在其中既是参与者也扮演着独立的角色。我国劳动争议案件的处理具有浓厚的本土色彩，表现为劳动法所调整的劳动关系具有很强的"伦理性"，即劳动关系具有强烈的人身依附性特点，因而，案件处理必须准确面对劳动伦理对现实劳动生活的渗透力。当前，各地法院对劳动法律规范理解不同、裁判标准各异，急需培育专业的劳动法治人才来充实司法队伍和工会队伍，从而更好地推进工会工作法治化的进程。

（三）协同多元主体，推动工会工作智慧化

《中共中央关于加强和改进党的群众组织工作的意见》明确提出，要形成线上线下相互促进、有机融合的新型群众组织工作格局。工会十七大报告提出，要"推进'互联网+'工会普惠性服务，积极建设智慧工会，建设实名动态、全面覆盖、安全共享的工会大数据库"等工作要求。推进工会工作智慧化，构建工会支会平台，是国家创新社会治理的需要，旨在协同多元主体，为职工会员提供普惠、便捷、精准、常态化服务，凸显工会"维权、服务"职能，同时也为其他社会组织搭建信息共享的平台。

引导职工的参与是智慧型工会服务精准、普惠的前提，根据不同职工的诉求给予针对性的服务，才能提升职工的幸福感、获得感，让职工切实把智慧工会平台看成维护权益、获取服务的"家"，进而提升工会的凝聚力和向心力。因而智慧平台的内容建设、运行活力、信息更新、职工参与度、服务效果等成为绩效评估的重要指标。当前，智慧工会建设正由各省总工会逐步推进，并在推进中对各地市、企业工会进行引导，明确会员信息的真实性，从而建立起全国唯一职工会员识别号，推进职工流动过程中工会服务的无缝对接。为确保智慧工会平台的活力，各省总工会在推进智慧平台系统运行层面应当管理好权力，构建分工明确、各级协同的工作格局，避免管控过严。各地级总工会应当承担起智慧工会平台运行的枢纽作用，联系并吸纳职工服务类社会组织参与，协同分工、各司其职，共同回应职工诉求和社会关切，引导公众理性合法地表达诉求，缓解社会矛盾，增进社会共识。

（四）加强自身建设，推动工会工作专业化

工会组织的自身建设是参与基层社会治理的前提。目前工会组织存在组织定位不准、职责不清、组织行政化、人力物力不足等问题，建议采取以下措施：

1. 优化工会组织建设

一是加强产业、行业工会建设。2008年中华全国总工会通过的《关于加强和改进新形势下产业工会工作的意见》，对产业工会的主要职责、组织体系、运行机制、工作方式和自身建设进行规范性指导，并试图理顺地方总工会与产业工会之间的关系。但在实践中，地方总工会与产业工会的关系特别是职责划分并不清晰，特别是市级以下产业工会组织不够健全，既缺乏人手也缺乏资金来源，作用没有得到发挥。重视产业、行业工会建设，有利于奠定和凸显工会的职能作用。一方面，可以解决众多小企业工会组建难和运作难的问题；另一方面，能从行业细分的角度使工会开展工资集体协商、签订集体合同具有针对性和代表性，有效避免单个企业工会独立作战和区域性工会无法合理确定谈判标准等弊端。笔者建议在充分考虑国内工会的发展情况后，经基层工会参照所在区域的行业情况等来实现资源整合，为更好地展开法律援助以及技能培训等工作提供足够的力量支持。工会力量的充分发挥，能够营造出行业协商维权的新局面，为职工获取到更多的合法利益，推动社会的稳定发展与进步。

二是加强基层工会建设。工会的维护、参与、建设、教育职能的发挥主要需要依靠基层工会。首先需要加强乡镇街道、经济开发区、工业园区工会建设，配备专职的工会工作者，建立相对稳定的工会干部队伍，在经费上向下倾斜，保证工会开展工作的经费来源。改进行政化的工作方式，由上级下达指令，下级汇报完成情况，转变为更多地为下级解决问题，提供服务。上级工会要帮助下级工会从与工会工作无关的繁重事务中解脱出来，发挥好工会的职能，加强基层工会干部队伍建设，推动配备专职的工会干部，加强工会干部培训，提高工会干部干事创业的本领。

三是推进工会组织的扁平化改革。通过机构精简、职能整合以及人员调整，将工会工作的中心下沉到组织基层，授予基层工会组织更多自主权，提升工会工作的回应力和灵活性，摆脱以往行政化和科层化的弊端，为工作创新提供条件和空间。省总工会为基层工会"瘦身减负"，合理界定基层工会的工作职责，不搞"上下一般粗"，允许基层根据自身基础条件有自选动作，而不是凡事都要求整齐划一。坚持中心下移、力量下移、资源下移、资金下移，保障基层工会有健全的组织、能干的队伍、合理的经费以及基本的制度。

2. 加强工会干部队伍建设

一是健全工会组织干部和工作人员的人力资源管理制度。一方面通过建立科

附录：山东省社会科学规划课题《社会治理创新背景下工会枢纽型社会组织的作用研究》（项目编号 17CSHJ11）研究报告

学化和系统化的人员培训机制和考核机制，提升工会组织人员的综合素养和业务能力。① 另一方面通过建立动态性和市场化的人事制度和薪水激励制度，吸引更多职业化、年轻化的专业人才，激发基层工会人员的工作活力和能动性。如 2018 年 11 月，山东省总工会、民政厅、人社厅联合出台《关于加强工会社会工作专业人才队伍建设的意见》，建立健全工会社会工作专业人才的薪酬保障、评价激励、教育培训、职业发展等机制。到 2020 年，工会社会工作专业人才队伍达到 4000 人以上。

二是加强对工会工作人员的《工会法》《工会章程》学习培训，使之掌握工会的基本理论并运用于实践中，明确工会的四项职能及其相互关系。工会要以奉献、服务精神为指导，始终自警、自省，从维权服务着眼，以参与职能凝聚职工的力量，以建设职能引领职工建功立业，以教育职能提升职工素质，推进工会四项职能齐头并进，积极为工会的事业而努力。

三是引导基层工会处理好以下几对关系：一要处理好工会与业务部门之间的关系。工会应通过宣传发动、组织动员尽可能多的职工参与，通过表彰宣传加强工会文化，营造良好的创新氛围，即工会搭戏台，业务部门来唱戏，职工群众就是实际的唱戏者。二要处理好维权服务和经济技术创新之间的关系。一方面工会要引导职工积极投入到经济技术创新工作大局中，另一方面工会应当通过集体协商或者推动以制度的方式落实创新效益的分配问题，维护好职工的合法利益。三要处理好活动开展和文化氛围之间的关系。经济技术创新需要相应的活动载体，同时更需要良好的创新文化氛围。工会应将职工文化建设与企业创新文化建设相结合，通过线上线下多种渠道打造职工创新文化，营造崇尚创新的文化氛围，促使创新内化为职工的价值观，转化为职工的自主行为。

3. 科学引入社会化工会工作者，充实基层工会队伍

当前，工会工作作为群团组织工作中的重要一环，需要引入年轻化、高学历的社会化工会工作者队伍，为充实基层工会人员队伍、缓解基层工作人手不足、解决工会干部老龄化等相关问题开辟出全新路径。社会化工会工作者队伍建设缺乏科学性，如何解决好社会化工会工作者队伍人员流失的问题，稳定现有队伍，这也是社会化工会工作者的队伍建设面临的最大挑战。要提升社会化工会工作者

---

① 2018 年 7 月颁布的《山东省总工会关于新时代职工之家建设的十条意见》强调，加大工会干部培训力度，制定分级分类培训基层工会干部规划，全面提升工会干部专业素养。

队伍建设与管理的科学性,稳定现有社会化工会工作者队伍,应主要从社会化工会工作者重点关注的薪酬体系、职业前景、考核机制、激励机制等几个方面展开。社会化工会工作者是一种职业,与普通意义的"社工"是完全不同的概念。普通社工是从事非营利的、服务于他人和社会的专业化、职业化活动的人,而社会化工会工作者是各地市工会为充实基层工会工作者队伍,提升工会服务职工能力和水平而通过严格的招聘程序所聘任的能够进入基层工会开展工会具体服务工作的人员。不难发现,两者存在的本质差异就是社会化工会工作者是职业岗位,从业人员是需要获取薪酬的。作为一种职业,社会化工会工作者和其他行业一样需要有明确的职业规划和职业前景,然而当前相关文件对于社会化工会工作者的职业规划和职业前景的具体规定是缺失的。因而,只有通过完善的待遇晋升机制和岗位职务晋升机制,推进身份认同、改变当前同工不同酬的现状,规范对社会化工会工作者的聘用和安排,社会化工会工作者的工作的热情和积极性才能被充分调动,社会化工会工作者的队伍才会更稳定。

三、其他社会组织要借力、借势加强自身的能力建设

"善治"的过程是一个还政于民的过程,与政府组织相比,社会组织植根于社会,反应灵活,专业化强,在提供公共服务方面有自己的独特优势。而且从国家治理的角度,各种社会组织代表着不同的利益群体,是公民参与社会管理的有效渠道,也是培养公民意识和民主精神的土壤。然而,我国社会组织发育不成熟是其参与社会治理、承接政府社会职能的瓶颈。党的十九届四中全会指出,要"构建基层社会治理新格局。完善群众参与基层社会治理的制度化渠道"[①]。枢纽型社会组织的功能之一就是要培育、孵化和规范管理社会组织,提升社会组织的治理能力。当前社会治理的复杂性和不确定性,使政府组织要充分利用社会力量处理公共事务,以弥补自身机制失灵、能力不足和事务过多的弊病。发挥社会力量在社会治理中作用,就必须充分调动基层群众通过各项制度形式和机制进行有效参与,激发出基层群众的治理创新活力。而社会组织自身也要借力、借势加强自身的能力建设,完善组织内部的治理机制,逐步做到领导人自选、经费自筹、决策自主、运行自由、责任自担,同时还要加强社会组织内部治理的公开化、透

---

① 中共中央关于坚持和完善中国特色社会主义制度 推进国家治理体系和治理能力现代化若干重大问题的决定[N].人民日报,2019-11-06:1.

附录：山东省社会科学规划课题《社会治理创新背景下工会枢纽型社会组织的作用研究》
（项目编号 17CSHJ11）研究报告

明化，防止权力专断，促进社会组织的良性发展，从而更大范围地获得政府的信任、社会的青睐、群众的认可。实际上，无论是工会组织的制度载体，还是各种社会组织及相关的制度机制，从本质上讲都是为了使职工群众直接或间接地去解决自身问题、表达自身诉求、满足自身需求、争取自身权益。基层职工群众只有真正成为自身事务的管理者和服务者，方能针对基层治理的不同具体环境和需要，充分发挥出能动性和创造力，因地制宜地探索出新治理形式，进而提升基层社会治理的有效性，深化社会治理的多元格局。

参考文献

[1] 杜茨. 劳动法 [M]. 张国文, 译. 北京: 法律出版社, 2005.

[2] 毛雷尔. 行政法学总论 [M]. 高家伟, 译. 北京: 法律出版社, 2000.

[3] 韦伯. 论经济与社会中的法律 [M]. 张乃根, 译. 北京: 中国大百科全书出版社, 1998.

[4] 魏斯, 施米特. 德国劳动法与劳资关系 [M]. 倪斐, 译. 北京: 商务印书馆, 2012.

[5] 多伊普勒. 德国劳动法 [M]. 王倩, 译. 上海: 上海人民出版社, 2015.

[6] 李希霍芬. 劳动监察: 监察职业指南 [M]. 刘燕斌, 等译. 北京: 中国劳动社会保障出版社, 2004.

[7] 孟德斯鸠. 论法的精神: 下册 [M]. 许明龙, 译. 北京: 商务印书馆, 1982.

[8] 博登海默. 法理学——法律哲学与法律方法 [M]. 修订版. 邓正来, 译. 北京: 中国政法大学出版社, 2004.

[9] 亨金. 权利的时代 [M]. 北京: 知识出版社, 1997.

[10] 莱斯利. 劳动法概要 [M]. 北京: 中国社会科学出版社, 1997.

[11] 诺思. 经济史中的结构与变迁 [M]. 陈郁, 等译. 上海: 上海人民出版社, 1994.

[12] 汉密尔顿, 杰伊, 麦迪逊. 联邦党人文集 [M]. 张晓庆, 译. 北京: 中国社会科学出版社, 2009.

[13] 荻泽清彦. 劳动基准法: 上卷 [M]. 日本: 青林书院, 1996.

［14］木下正义，小川贤一．劳动法［M］．日文原版．日本：成文堂，1992．

［15］内田贵．契约的再生［A］．胡宝海，译．//梁慧星．民商法论丛：第3卷［C］．北京：法律出版社，1995．

［16］内田贵．契约法的现代化——展望21世纪的契约与契约法［A］．胡宝海，译．//梁慧星．民商法论丛：第6卷［C］．北京：法律出版社，1997．

［17］武川正吾，佐藤博树主编．企业保障和社会保障［M］．李黎明，等译．北京：中国劳动社会保障出版社，2003．

［18］阿狄亚．合同法导论［M］．赵旭东，译．北京：法律出版社，2002．

［19］李维斯，等．雇员关系：解析雇佣关系［M］．高嘉勇，等译，大连：东北财经大学出版社，2005．

［20］哈耶克．自由秩序原理［M］．邓正来译．北京：生活·读书·新知三联书店，1997．

［21］哈耶克．法律、立法与自由：第1卷［M］．邓正来，等译．北京：中国大百科全书出版社，2000．

［22］哈洛，罗林斯．法律与行政：上卷［M］．杨伟东，等译．北京：商务印书馆，2004．

［23］贝纳德．欧盟劳动法［M］．付欣，译．北京：中国法制出版社，2005．

［24］狄更斯．英国劳资关系调整机制机构的变迁［M］．北京：北京大学出版社，2007．

［25］洛克林．公法与政治理论［M］．郑戈，译．北京：商务印书馆，2003．

［26］曹绪红．浅议我国基层劳动监察［J］．中国劳动关系学院学报，2006（6）．

［27］常凯．劳权本位：劳动法律体系构建的基点和核心——兼论劳动法律体系的几个基本理论问题［J］．工会理论与实践，2001（12）．

［28］常凯．劳动关系学［M］．北京：中国劳动社会保障出版社，2005．

［29］常凯．劳权本位：劳动法律体系构建的基点和核心——兼论劳动法律体系的几个基本理论问题［J］．工会理论与实践，2001（12）．

［30］常凯．论政府在劳动法律关系中的主体地位和作用［J］．中国劳动，

2004（12）．

　　[31] 陈新民．德国公法学基础理论［M］．济南：山东人民出版社，2001．

　　[32] 陈新民．中国行政法学原理［M］．北京：中国政法大学出版社，2002．

　　[33] 程燎原，王人博．赢得神圣——权利及其救济通论［M］．济南：山东人民出版社，1998．

　　[34] 程延园．劳动关系学［M］．北京：中国劳动社会保障出版社，2005．

　　[35] 邓娟．"放松管制"趋势下我国劳动基准立法的思考［J］．探求，2015（1）．

　　[36] 董保华．"保护劳工神圣"的卫士——劳动法［M］．上海：上海人民出版社，1997．

　　[37] 董保华．劳动关系调整的法律机制［M］．上海：上海交通大学出版社，2000．

　　[38] 董保华．社会法原理［M］．北京：中国政法大学出版社，2001．

　　[39] 董保华．隐蔽雇佣关系研究［J］．法商研究，2011（5）．

　　[40] 董保华．中国劳动基准法的目标选择［J］．法学，2007（1）．

　　[41] 董炯．国家、公民与行政法［M］．北京：北京大学出版社，2001．

　　[42] 杜曙光．当代劳动法学研究［M］．长春：吉林人民出版社，2005．

　　[43] 方世荣．论行政相对人［M］．北京：中国政法大学出版社，2000．

　　[44] 冯彦君．劳动权略论［J］．社会科学战线，2003（1）．

　　[45] 傅红伟．行政奖励研究［M］．北京：北京大学出版社，2003．

　　[46] 甘雯．行政与法律的一般原理［M］．北京：中国法制出版社，2002．

　　[47] 关保英．行政法的私权文化与潜能［M］．山东：山东人民出版社，2003．

　　[48] 何建华，张向军．论人权保障原则在公法中的地位［J］．山西大学学报（哲学社会科学版），2006（4）．

　　[49] 洪在有．劳动监察制度需要改革和完善［J］．中国劳动，2004（11）．

　　[50] 胡芬．劳动权的行政法保护研究［M］．武汉：武汉大学出版社，2009．

　　[51] 胡肖华．走向责任政府——行政责任制研究［M］．北京：法律出版社，2006．

[52] 李凌云．我国劳动标准高低之争的理论溯源［J］．当代法学，2009（4）．

[53] 林丰宾．劳动基准法［M］．台湾：三民书局，1997．

[54] 林嘉．劳动法的原理：体系与问题［M］．北京：法律出版社，2016．

[55] 林嘉主编．劳动和社会保障法论丛：第3辑［M］．北京：中国劳动社会保障出版社，2017．

[56] 林莉红．行政诉讼法学［M］．武汉：武汉大学出版社，2001．

[57] 林晓云．美国劳动雇佣法［M］．北京：法律出版社，2007．

[58] 林艳琴，丁清光．农民工劳动基准现状与对策研究［J］．理论学刊，2006（2）．

[59] 刘平．行政执法原理与技巧（修订版）［M］．上海：上海学林出版社，2018．

[60] 刘炎白．劳动基准法权利救济程序的冲突及其协调［J］．法商研究，2010（3）．

[61] 马怀德．行政法与行政诉讼法［M］．北京：中国法制出版社，2000．

[62] 秦国荣．劳动权保障与《劳动法》的修改［M］．北京：人民出版社，2012．

[63] 沈同仙．我国劳动基准的实施现状及对策［J］．当代法学，2007（4）．

[64] 孙笑侠．法律对行政的控制——现代行政法的法理解释［M］．山东：山东人民出版社，1999．

[65] 田思路，贾秀芬．契约劳动的研究——日本的理论与实践［M］．北京：法律出版社，2017．

[66] 涂永前．我国劳动基准立法的现状与进程［J］．社会科学，2014（3）．

[67] 王黄卉．德国劳动法中的解雇保护制度［J］．中外法学，2007（11）．

[68] 王全兴，沈同仙，冯彦君，等．专家谈：劳动基准问题［J］．中国劳动，2011（5）．

[69] 王全兴．劳动法［M］．北京：高等教育出版社，2011．

[70] 夏云峰．普通行政执法学［M］．北京：中国法制出版社，2018．

［71］徐小洪．冲突与协调：当代中国私营企业的劳资关系研究［M］．北京：中国劳动社会保障出版社，2004．

［72］杨解君．行政法学［M］．北京：中国方正出版社，2002．

［73］叶必丰，周佑勇．行政规范研究［M］．北京：法律出版社，2002．

［74］叶必丰．行政法的人文精神［M］．北京：北京大学出版社，2005．

［75］叶小兰．关系契约视野下的劳动关系研究［M］．北京：北京大学出版社，2018．

［76］余云霞．国际劳工标准：演变与争议［M］．北京：社会科学文献出版社，2006．

［77］张贾，吴冀．日本劳资关系现状与劳动法制建设情况［J］．工会博览，2008（10）．

［78］张文显．法学基本范畴研究［M］．北京：中国政法大学出版社，2001．

［79］郑尚元，李海明，邑春海．劳动和社会保障法学［M］．北京：中国政法大学出版社，2008．

［80］周佑勇．行政法基本原则研究［M］．武汉：武汉大学出版社，2005．

后 记

《和谐劳动关系语境下劳动行政执法问题研究》是本人2014年主持的课题。课题以构建和谐劳动关系为视角，综合劳动法和行政法的学科特点，采用学科交叉法等对劳动行政执法这一特殊领域进行研究。研究过程查阅、整理了大量文献资料，为后续的研究打下了较为坚实的基础。后续主持的课题有两个，均与本课题的研究有着密切的联系：其一，山东省法学会《依法治国背景下我国劳动基准立法研究》（2015~2016年）。由于劳动基准是劳动行政执法的依据。而我国目前劳动基准立法存在诸多问题：一是劳动基准法律规定不合理不科学；二是良性的市场利益博弈机制的缺失；三是政府职能的缺位和行政执法的不力。其二，山东省社会科学规划研究项目《社会治理创新背景下工会枢纽型社会组织的作用研究》（2017~2020年）。研究发现集体谈判既是劳动基准实施不可或缺的基础，也是形成和实现更高劳动标准的有力保障。为此，劳动关系的协调机制成为劳动基准法落实的关键环节，而工会在劳动关系协调中发挥着重要的枢纽作用。我国劳动监察等劳动行政执法在实际生活中，实质上弥补和替代了工会功能，即工会功能的弱化使得行政公权力介入劳资纠纷并成为劳动者维权的替代性选择。因而对工会在社会治理中应发挥的作用及其实现路径成为近期的一项研究重点。

本书的撰写融合了上述三项课题的研究成果，并受到山东省社会科学规划研究项目《社会治理创新背景下工会枢纽型社会组织的作用研究》的资助。书中还收录了课题的阶段性研究成果：《我国劳动执法体制功能的失位与重塑》（CSSCI来源期刊）《德国雇员民主参与的特点及其对我国的启示》（CSSCI来源期刊）《论墨家的劳动人权思想及其现代意义》《劳动权及其行政法保护的理论探源》《中国工会在社会治理中的角色和作用研究》等论文。

由于能力与水平有限,书中可能存在着些许不妥当的地方,有些观点还没有通过实践的检验,敬请各位专家学者、广大读者批评与指正。

陈俊洁
2020 年 4 月于泉城丁香路